WANGLUO WENHUA YANJIU LUNCONG

网络文化研究

·论丛·

（第三辑）

四川大学出版社

项目策划：蒋姗姗
特约编辑：张宇琛
责任编辑：罗　丹
责任校对：谢　鋆
封面设计：墨创文化
责任印制：王　炜

图书在版编目（CIP）数据

网络文化研究论丛．第三辑 / 马洪江，敬枫蓉主编．— 成都 : 四川大学出版社，2018.12
ISBN 978-7-5690-2689-4

Ⅰ．①网… Ⅱ．①马…②敬… Ⅲ．①网络文化－中国－文集 Ⅳ．①G122-53

中国版本图书馆 CIP 数据核字（2018）第 297252 号

书名　网络文化研究论丛（第三辑）

主　编	马洪江　敬枫蓉
出　版	四川大学出版社
地　址	成都市一环路南一段 24 号（610065）
发　行	四川大学出版社
书　号	ISBN 978-7-5690-2689-4
印前制作	四川胜翔数码印务设计有限公司
印　刷	成都金龙印务有限责任公司
成品尺寸	185mm×260mm
印　张	14.25
字　数	345 千字
版　次	2019 年 10 月第 1 版
印　次	2019 年 10 月第 1 次印刷
定　价	58.00 元

扫码加入读者圈

◆ 读者邮购本书，请与本社发行科联系。
电话：(028)85408408/(028)85401670/
(028)86408023　邮政编码：610065
◆ 本社图书如有印装质量问题，请寄回出版社调换。
◆ 网址：http://press.scu.edu.cn

四川大学出版社
微信公众号

序

一个国家、一个民族的强盛，总是以文化兴盛为支撑。坚定文化自信，是事关国运兴衰、事关文化安全、事关民族精神独立性的大问题。实现中华民族的伟大复兴，就需要充分激扬文化自信的强大精神力量。党的十八大以来，习近平总书记明确提出文化自信的重大命题，并从不同角度、不同层面对文化自信做了深刻阐述，传递出他的文化理念和文化观。在建党95周年庆祝大会的重要讲话中，他对文化自信特别加以阐释，指出“文化自信，是更基础、更广泛、更深厚的自信”。

当前，互联网日益成为舆论生成的策源地、信息传播的集散地、思想交锋的主阵地，正以前所未有的冲击力重塑文化环境并形成了网络文化，成为增强文化自信的“双刃剑”。一方面，网络的便捷、自主、高效给人们的文化生活带来了巨大的多样性、感染力和冲击力。另一方面，网络传播内容的碎片化和多元价值取向也冲击着人们对社会主流文化的价值认同。因此，在2016年网络安全和信息化工作座谈会上，习近平总书记强调，要培育积极健康、向上、向善的网络文化，用社会主义核心价值观和人类优秀文明成果滋养人心、滋养社会。

毫无疑问，网络已经对社会大众形成了一种无法回避的包围性力量，而被这力量影响最大的主体就是我们的青年。网络极大地影响着青年对国家、对社会、对工作、对人生的态度和价值观。建设健康发展的高校网络文化，不仅仅是网络文化发展的需要，更是做好高校意识形态工作和思想政治工作的需要。正如习近平总书记在全国高校思想政治工作会议讲话中所要求的，各高校要“更加注重以文化人以文育人”“要运用新媒体新技术使工作活起来”，从而进一步扩大互联网时代对青年学生文化自信的影响力。我们面对更为多元、多样、多变的网络文化时，必须坚守并弘扬社会主义核心价值观，树立网络文化自觉，增强网络文化自信，共享网络文化建设成果。

随着互联网信息技术的日新月异，文化传播与交流的范式在改变，文化传承与发展的路径也在改变。凝聚智慧，汇集力量，交流研讨，共同应对这一挑战，是高校共同的呼声。四川高校网络文化研究会秉承“崇尚学术”的宗旨，积极营造学术氛围，坚持每年与四川网络文化研究中心共同编辑出版学术研究论文集，为全省网络文化工作搭建了一个重要的学术交流平台。

和前两辑《网络文化研究论丛》一样，此次《网络文化研究论丛（第三辑）》的征集得到了各理事单位从事高校网络文化研究的教学和科研工作者的积极响应。综观结集出版的论文，这是大家在全国高校思想政治工作会议精神的指导下，围绕“网络思政教育”“网络平台建设”“网络文化建设”“大学生网络行为”等问题形成的理论研究和实践探索。这些成果从立德树人的高度，研究如何坚持问题导向，加强网络文化建设工作，通过网络积极弘扬中华优秀传统文化和社会主义核心价值观；研究如何充分发挥网络文化的育人功能，使得网络这个“最大变量”成为做好大学生思想政治工作的最佳途径；研究网络环境下的大学生行为习惯，从而增强大学生网络文明意识，提升大学生网络辨别能力和免疫力；探索如何加强网络文化的平台建设，构架高校网络文化的培养教育体系。

希望这些研究成果的集中出版，能够促进各理事单位之间的交流合作，帮助各理事单位有效应对网络发展对高校思想政治教育的挑战，增强网络思想政治教育的针对性和实效性，共同为我省高校思想政治教育工作贡献力量，推动我省高校网络文化繁荣发展。

四川高校思政教育研究会网络文化与网络思政分会和四川网络文化研究中心在四川网络文化建设方面尽了一些绵薄之力，同时也想克己之短更上一层楼，恳请从事相关研究的专家、学者们关注、指导四川高校思政教育研究会网络文化与网络思政分会、四川网络文化研究中心及其工作，为本书提出批评和建议。新征程有你们的支持，高校网络文化的理论与实践探索一定会迈上新台阶。

敬枫蓉

2019年3月

目　录

网络思政教育

网络平台建设

网络文化建设

大学生网络行为

网络文化研究论丛（第三辑）

网络思政教育

党的十九大精神指导下大学生“三进”工作创新路径研究

丁 茜①

成都工业学院

摘 要：党的十九大是在全面建成小康社会决胜阶段、中国特色社会主义进入新时代的关键时期召开的重要会议。在大学生群体中学习贯彻党的十九大精神，是当前高校进行思想政治教育的首要任务。部分高校以思想政治课为主要渠道，结合自身情况编写配套材料，创新课堂模式，用党的十九大主题内容丰富高校教学内容，不断创新思想政治教育，提高大学生思想政治素质，将当代大学生培养成为中国特色社会主义事业的建设者和接班人。

关键词：十九大精神　思想政治教育　新时代大学生　“三进”工作　高校

2017年10月18日，习近平总书记代表第十八届中央委员会在中国共产党第十九次全国代表大会上做报告，题为“决胜全面建成小康社会　夺取新时代中国特色社会主义伟大胜利”。大会的主题是：不忘初心，牢记使命，高举中国特色社会主义伟大旗帜，决胜全面建成小康社会，夺取新时代中国特色社会主义伟大胜利，为实现中华民族伟大复兴的中国梦不懈奋斗。新时代大学生是青年群体中的先进力量，是实现中华民族伟大复兴的重要保障，全面学习习近平新时代中国特色社会主义思想、认真研读十九大报告重要精神，对于提高其思想政治素质，培养其成为中国特色社会主义事业的建设者和接班人，具有重大且深远的战略意义。

一、党的十九大精神对于大学生思想政治教育的重要性

思想政治教育贯穿于大学生生活的方方面面，要以思想政治课堂为主阵地，通过“毛泽东思想和中国特色社会主义理论体系概论”“中国近现代史纲要”“形势与政策”等思想政治课程的教学，对大学生进行系统的马克思主义理论教育，帮助在校大学生了解党的路线、方针、政策，积极接受爱国主义和革命传统教育，了解并掌握社会主义理论的基本内容，树立辩证唯物主义和历史唯物主义的世界观、人生观、价值观，继而将国家命运和自身成长相结合，树立强烈的主人翁意识，提高自身的责任担当意识。

党的十九大报告从过去五年的工作和历史性变革、新时代中国共产党的历史使命、

① 丁茜，成都工业学院讲师、专职辅导员、学生党支部书记，主要研究方向为思想政治教育。

新时代中国特色社会主义思想和基本方略等方面展开论述，包含国家各个领域、各个行业、各个方面的新目标、新方向。作为21世纪的接班人，大学生必须深入学习贯彻习近平新时代中国特色社会主义思想，不断领会中国特色社会主义现代化的新目标、我国经济社会发展的重大战略部署、党的建设总要求。

二、新时代大学生的思想特点

21世纪，随着科学技术的蓬勃发展，新兴产业不断兴起，网络已成为大学生生活中必不可少一部分。大学生已经成年，但他们的思想仍不够成熟，同时也表现出一定的特点。

（一）思想意识活跃

随着国家的不断强大和科技的不断进步，当代大学生获取信息的渠道日益增多。大学生正处于生理和心理迅速成长的阶段，思想意识活跃，对新事物的接受能力较强，但接受和选择信息的能力有待提高。因此，大学生群体更需要在党的十九大重要思想的指引下不断成长。

（二）思想意识尚不成熟

当代大学生大部分为独生子女，生活自理能力较差，对环境的适应能力不强，不利于个人的成长与发展。经调查，大学生在校期间都曾出现过不同程度的迷茫和对未知的恐惧，因此，加强对大学生的思想政治教育十分必要。

（三）思想意识具有不稳定性

当代大学生是掌握、使用新媒体、网络等科技信息手段的重要群体，当前，国内的思想和文化环境呈现一定的复杂性及多样性，再加上西方文化的不断渗透，部分大学生的思想意识状况不太稳定。大学生还不完全具备在科技网络中选取有效信息的能力，容易成为不良势力渗透的对象。

三、党的十九大精神“三进”大学生思想政治教育创新路径

学习贯彻党的十九大精神，特别是全面推动习近平新时代中国特色社会主义思想进教材、进课堂、进头脑，是高校当前和今后一个时期的首要任务。但是，传统的授课形式已无法满足当代大学生的成长需求，要重视学习党的十九大精神，尤其是习近平新时代中国特色社会主义思想，对教学方法、教学形式、教学内容等进行实践探索，根据当今的时代特点和社会发展及当代大学生的需要调整并创新教学理念，拓展当前思想政治教育工作的新领域，发挥思想政治教育在大学生意识形态领域的新功能，为当代大学生的成长成才提供保障。

（一）结合学校实际编写配套材料，让十九大精神走进学生生活

从2007年春季开始，中央马克思主义理论研究和建设工程重点教材《毛泽东思想、邓小平理论和“三个代表”重要思想概论》《中国近现代史纲要》正式在各大高校启用。党的十九大精神作为新时期中国发展方向的指引，其相关内容必须进入大学生思想政治课程教材。为了保持思想政治教育的严肃性，相关教材通常以文字为主，对于现代大学

生而言缺乏吸引力。其实，在统一选定教材之余，各高校可将党的十九大精神与学校实际相结合，编写配套相关教材，拉近和同学们的距离，增强大学生的主人翁意识。例如，在讲述“过去五年的工作和历史性变革”时，引导学生了解国家在各方面取得的成绩和面临的困难与挑战，再结合近五年来学校所属省市的发展变化，增强学生的亲切感，让同学们意识到党的十九大与自身的联系。

（二）不断丰富学生阅读材料

教材是高校学生了解相关内容的主要渠道，除编写配套教材以外，教师还要引导学生通过阅读了解党的十九大的重要内容，如向学生推荐优秀的思想政治期刊、时事报告等，使之作为学生自学和阅读的重要对象，对课堂教学进行有效补充。

（三）尝试翻转课堂，提高学生“抬头率”

教师要认真梳理党的十九大报告的具体内容，及时准确地将党的十九大精神融入思想政治理论课堂。同时，必须在教学方法、教学形式、教学内容等方面进行创新探索和实践。在思想政治课堂中尝试以学生为主体，让学生自学党的十九大精神，并以小组形式进行课堂展示和交流，以培养学生的自主学习能力，要让学生从“听”转变成“讲”，变被动接受为主动查阅，使思想政治课堂气氛活跃起来。

（四）党的十九大精神走进高校“第二课堂”，贴近学生日常生活

党的十九大报告的内容是鲜活的，具有极强的生命力。要让党的十九大精神走进高校，走进大学生的日常生活。例如，开展十九大主题书画展、十九大原创诗词朗诵比赛、十九大知识竞赛、优秀爱国影视作品赏析、十九大专家报告团巡回演讲、经典革命歌曲联唱等活动，鼓励学生进行文艺作品创作和与专业相关的科技类作品创作，加强自我学习，在不断实践创作中领会十九大的重要精神，让“十九大”活起来、动起来。

要在课堂活动中调整并创新教学理念，不断拓展思想政治教育工作的新领域，发挥思想政治教育在大学生意识形态领域的新功能，满足当代大学生成长过程中的思想需要，帮助他们完善人格，增进对思想政治理论内容的理解，准确理解党的重要决议，成长为优秀的社会主义接班人。

（五）利用多媒体科技信息平台，让党的十九大精神“微”起来

党的十九大的会议内容十分丰富，涵盖国家发展的各个方面，是我们的行动指南。当今，科技飞速发展，人们可以通过多种渠道获取各类信息。高校可以在微博、微信等公众平台上系统推出十九大“微”信息，将报告拆分为若干内容，帮助同学们轻松了解十九大。

同时，为了让同学们通过网络随时随地学习相关内容，可以开展十九大在线MOOC，打造一批优秀的网络课程，让十九大也“微”起来。不断尝试新的教学模式，让当代大学生快乐学习，让十九大不仅“高大上”，同时“接地气”。

四、党的十九大精神与“三进”工作

党的十九大是在全面建成小康社会决胜阶段、中国特色社会主义进入新时代的关键时期召开的重要会议。高校工作者要帮助大学生群体学习理解贯彻党的十九大精神，特

别是学习习近平新时代中国特色社会主义思想在当代的重要意义，引导大学生思考自己和党的十九大的关系、如何将个人命运和国家发展联系起来等问题。推动党的十九大精神进教材、进课堂，通过理论与实践的双重学习贯彻，让当代大学生在潜移默化中了解十九大内容，学习十九大精神，将十九大的具体内容与个人日常生活相结合，形成新时代的大学生精神。

参考文献：

[1] 顾海良. 马克思主义发展史 [M]. 北京：中国人民大学出版社，2009.
[2] 中共中央马克思恩格斯列宁斯大林著作编译局. 马克思恩格斯选集 [M]. 北京：人民出版社，1995.
[3] 张耀灿，郑永廷，等. 现代思想政治教育学 [M]. 北京：人民出版社，2006.
[4] 张耀灿. 中国共产党思想政治教育史论 [M]. 北京：高等教育出版社，2006.
[5] 第一时间把十九大精神送进高校思政课堂 [N]. 中国青年网，2017-12-6.
[6] 习近平. 决胜全面建成小康社会　夺取新时代中国特色社会主义伟大胜利 [N]. 新华网，2017-10-27.

新媒体助力高校思想政治教育

——让党的十九大精神在青年中落地生根

乔少平[①]

成都工业学院

摘　要：随着信息时代的发展，当今的信息环境逐渐走向多元、开放、自由和竞争，尤其是以网络为主的新媒体，正深刻影响和改变着人们的思维方式、价值观念和行为方式，青年一代对新生事物超强的接受力决定着他们将是新媒体的宠儿。在开放的、信息多元化的环境下，瞬息万变的国际国内形势通过新媒体时刻影响着当代青年大学生。要想在复杂多变的传媒环境中正确引导他们，培养出思想端正、品德良好、行为规范的优秀人才，必须充分发挥新媒体在高校青年思想政治教育中的有效作用。

关键词：信息时代　新媒体　青年大学生　高校思想政治教育

随着信息化的不断发展，新媒体在人们的生活中扮演着越来越重要的角色，电子产品的不断便利化使多媒体对人们的影响越来越深刻，广大青年群体受到媒体传播影响的程度日益加深，新媒体在高校教育中也发挥着越来越重要的作用，它不仅是一种教学手段，也顺应了当今信息化发展趋势的要求。

思想政治教育是高校教育的重要任务，要做好高校思想政治教育工作，必须结合当代青年的特点，因此，运用新媒体开展思想政治教育工作势在必行。做好思想政治教育工作，首先要做好思想引领，只有对理论的高度认可和透彻学习才能实现思想格局的升华，而党的十九大精神是中国特色社会主义进入新时代，决胜全面建成小康社会，进而全面建设社会主义现代化强国的动员令和宣言书，为实现中华民族伟大复兴的中国梦提供了科学的行动指南和强大的精神力量，所以必须使其成为青年学子的强心剂，在青年思想中落地生根，为实现中国梦提供充足的养分，让青年在无悔的青春中书写华美的篇章。

一、青年学子学习党的十九大精神的必要性

在党的十九大报告中，习近平总书记以一系列新观点、新论断，深刻回答了新时代坚持和发展中国特色社会主义的总目标、总任务、总布局、总战略和发展方向、发展方式、发展动力、战略步骤等一系列基本问题；提出了“十四个坚持”的基本方略，明确

---

① 乔少平，成都工业学院电气工程学院团总支部书记、研究实习员。

了新时代各项事业发展的大政方针。习近平新时代中国特色社会主义思想是一个主题鲜明、逻辑严谨、系统完整的科学理论体系，只有深入领会、准确把握，全面贯彻党的基本理论、基本路线、基本方略，才能更好地引领党和人民事业的发展，才能在民族复兴的伟大征程上早日取得胜利。

青年是祖国的未来、民族的希望，是实现中国梦的主力军，青年学子的思想理论素养和政治觉悟高度直接决定着他们行动的方向和动力。我们党之所以能不断走向新的胜利，就在于始终坚持在实践中不断丰富和发展马克思主义。习近平新时代中国特色社会主义思想是马克思主义中国化的最新成果，是党和人民实践经验和集体智慧的结晶，是全党和全国人民为实现中华民族伟大复兴而奋斗的行动指南。青年人最具勇气和锐气，理应紧跟党的领导走在时代最前列，用最新的理论成果武装头脑，在实现中国梦的征程上应对各种挑战，克服巨大阻力，发挥积极作用，实现伟大胜利。

二、新媒体在青年思想政治教育中的重要作用

青年作为新媒体最活跃的受众群体之一，其生活方式、学习习惯、信息接收渠道、价值观念等都深受新媒体的影响。高校教育者只有意识到思想政治教育必须占领新媒体阵地，顺应青年学子的心理需求，才能取得有效的教育效果。很长一段时间的实践证明，利用新媒体对青年学子进行思想政治教育，可以取得较为良好的效果。当今，各大高校都开通了自己的微博、微信公众号等平台，大到高层会议、学校要闻，小到节假日慰问、作息时间等信息，均通过公众号平台来发布。为了提高公众号的影响力，与广大学子息息相关的教学信息，如高考录取信息的查询、开学注意事项、四六级考试信息、学校的各种活动、评奖评优结果、放假时间等都已成为公众号的常态内容，各种形式的投票、信息统计等也早已屡见不鲜，可以说，公众号已成为高校青年每日必看的平台。而且这一功能较好操作，在4G流量普遍、校园网全覆盖、公共网络便利化的今天，只要一台智能手机便可轻易实现。各高校也在不断探索新的途径，不断创新呈现方式，以期吸引青年学生的关注，从而产生更加明显的教育效果。

传统的思想政治教育主要通过第一课堂来实现，其内容政治性强，课堂形式单一，学生兴趣不高，教育效果也不理想。如今，新媒体平台充分利用学生的碎片化时间，教授内容主题鲜明、形式新颖、条理清晰、简洁明了，克服了传统理论知识冗长、重点不突出的缺点，可以在短时间内迅速把重点传达给学生，便于他们以自己喜欢的方式接收和消化，教育效果自然也比较明显。为了顺应广大青年的这一特点，国家机关及地方高校都越来越注重公众号平台的建设，从最初单一的文字、后来的图文结合、再后来的H5动画视频，到如今直接上传完整视频，最终实现了图文结合、声色并茂地传递信息，用最短的时间，在教育资源耗费最少的情况下，实现了较好的教育效果。

三、利用新媒体让党的十九大精神在高校青年心中落地生根

（一）新媒体平台的时效性和便捷性

党的十九大召开时，国内外各大网络平台均进行了现场直播，大会召开当天，全国各大高校也组织了广大教师和学生进行观看，学生也自发在教室、操场、宿舍、图书馆

等地方通过电视、网络的方式自主观看。大会结束后，各大媒体平台也相继刊登了党的十九大报告原文，发表了众多专家对党的十九大精神的解读，让大家对党的十九大报告的精髓有了更加深入透彻的了解。

新媒体让广大青年学生能够在第一时间接收到关于党的十九大的最新消息，了解到党的十九大在全国学习贯彻的最新动态，不仅让他们学到了最新的理论知识，也让他们看到了其他高校学子在践行党的十九大精神过程中的可取之处并加以借鉴，从而为自身更好地贯彻落实党的十九大精神提供方法经验。

有了新媒体平台，学生可以随时随地查到党的十九大的相关内容，操场上跑步时可以听解读、吃饭时可以看评论、课间休息可以刷最新动态、上思想政治课可以上网查辅助资料、等公交坐地铁时也可以学习提高……有了新媒体平台，学生可以随时随地利用碎片化时间进行学习，每天积累一点点，长此以往，必将厚积薄发。不断学习、理解，再学习、实践，不仅使他们在理论知识储备上有所增加，在思想高度上有所提升，也会使他们在实践中有所收获，最终把党的十九大精神理解透彻。

（二）新媒体平台的启发性

在全国掀起学习党的十九大精神热潮之际，通过何种途径在高校青年学生中开展学习贯彻党的十九大精神的活动，也是高校教育者重点关注和研究的问题。有了新媒体这个宣传展示平台，全国其他单位开展学习活动的形式和内容一目了然，青年学生可以从中学到好的方法经验，得到灵感和启发。把自己的学习实践活动发布在新媒体平台上，让更多的人进行点评，提出宝贵的意见和建议，从而改进自身的方式方法，增强学习效果。

（三）新媒体平台的监督作用和带动作用

新媒体的监督作用体现在两个方面：舆论监督和自我监督。新媒体时代，网络信息的海量性和开放性日益增强，社会舆论监督的主体、渠道和范围也在不断扩大或增多，公众的监督作用也得以放大，越来越多的人关注并参与到舆论监督中来。青年学生由于知识体系尚未成熟、思想认知尚有不足，对党的十九大精神的理解难免出现偏差，利用新媒体进行展示时，他人就会对他进行提醒和指导，使其认识到自身的不足，从而加以改正，尽快提高。同时，青年学生在查看别人的观点和评论时，可以对比自己的认知，认识自己的错误，激发内心的动力，从而督促自己从中学习和成长。在不断学习的过程中，青年学生的自主学习能力不断提高，良好的学习习惯也逐渐养成。

（四）新媒体平台的竞争性

新媒体平台上每天都会更新对党的十九大精神的解读，新的观点、新的认知、新的实践形式等，都给高校学生带来了新的启示和学习动力。

这种竞争性不仅仅存在于个人，高校之间也在互相学习、互相借鉴、互相竞争；而组织上的竞争需要通过个人来实现，也就又促进了个人的学习。为了不断提高，各大高校都互相关注彼此的新媒体平台，竞相提高更新的速度、活动的形式、内容的质量、粉丝的数量、影响面的覆盖……新媒体平台之间的竞争归根到底要通过人来实现，在实现的过程中，最终提高的也是作为个体的人。各大高校新媒体平台每天都会推出高校学习党的十九大的最新消息，这种“竞争”富有一定的借鉴性和监督性，有利于各大高校不断查漏补缺，学习他人的闪光点，使自身得以不断提高。

新媒体平台也激发着人与人之间的“智慧竞争”。随着新媒体平台在高校中的普及，各种形式的比赛和竞赛也不断通过新媒体平台来实现，大到国家级的比赛，小到学校内部的比赛，从系统报名、作品提交、网络投票到专家评审都在线上进行，整个过程透明公开，比赛的规格、参与程度、影响力、作品的展示都一目了然。这种方式使优秀的作品得到了宣传和展现。而各大新媒体平台上各种形式的讲课比赛、征文比赛、实践活动招募等，为高校学子提供了学习和实践党的十九大精神的机会，激发了他们参与的积极性，使党的十九大精神在青年学生心中落地生根。

四、结语

党的十九大精神是我党带领全国各族人民实现中国梦的伟大征程中经验和智慧的结晶，是未来实现两个一百年奋斗目标的行动指南和精神食粮。广大青年学生是未来的生力军，更要全面深刻领会党的十九大精神的精髓，并身体力行进行传承和发扬。新媒体平台为广大青年学生提供了学习和实践的机会，适应了他们的心理需求，以润物无声的形式产生了良好的教育效果。因此，高校要重视新媒体在青年思想政治教育中的作用，充分发挥新媒体的影响力，引领广大青年学生学习贯彻党的十九大精神，把党的十九大精神落到实处，使其在青年学生心中落地生根，为他们提供丰富的精神营养，激励他们用无悔的青春书写华美的人生篇章。

参考文献：

[1] 史向军，夏玉汉. 增强高校思想政治教育的时代性——新时代高校思想政治教育贯彻落实党的十九大精神的几个维度 [J]. 思想理论教育，2017（12）.

[2] 十九大报告为实现中华民族伟大复兴的中国梦提供了科学的行动指南和强大的精神力量 [N]. 人民日报，2017-10-20.

[3] 学习时报记者组. 激扬起学习践行十九大精神的强大力量——中央党校学员浅谈学习十九大精神的初步体会 [N]. 学习时报，2017-10-23.

[4] 邓晖，姚晓丹，晋浩天. 让十九大精神浸润学子心——全国高校掀起党的十九大精神进校园进课堂热潮 [N]. 光明日报，2017-11-01.

新媒体时代艺术类大学生思想政治教育研究

胡忠浩[①]

成都大学

摘　要：新媒体时代有着开放性、互动性、平等性、碎片化等特点，在这个背景下，艺术类大学生的思想政治教育工作遭遇了严峻的挑战。面对挑战，要提升思想政治教育工作者的教学能力，创新思想政治教育内容，充分利用网络思政平台，进一步做好艺术类大学生思想政治教育工作。

关键词：新媒体　艺术类大学生　思想政治教育

随着科学技术的发展，人类进入了新媒体时代，新媒体在人们生活中所占的比重越来越大，其中，艺术类大学生对新媒体更是青睐有加。在这个背景下，艺术类大学生的思想政治教育工作受到了严峻的挑战，主体性地位下降、吸引力不足、思想多元化等问题逐步显现，这就需要艺术类大学生思想政治教育工作者把握新媒体时代的特点，结合艺术类大学生的成长规律，创新艺术类大学生的思想政治教育工作。

一、新媒体时代的特点

随着科学技术的不断发展，新媒体逐渐成为人们生活中的一部分。新媒体时代展现出了开放性、互动性、平等性、碎片化等特点。

（一）开放性

网络和各种新媒体技术不断发展，逐步打破了传统媒体在时间和空间上的封闭性，每个人都可以通过新媒体获得各种各样的信息，信息数量空前提升，信息的范围空前广泛。随着新媒体的发展，人们逐渐步入了信息爆炸的时代，许多内容只要通过网络便可以轻松获得。新媒体时代的开放性还体现在视野的开放性上，东西方思想在网络等新媒体平台上交汇，成为可供人们自由选择的资源。

（二）互动性

新媒体的平台具有显著的互动性。随着微信、QQ 等平台的普及推广，新媒体的双向互动性日益凸显。新媒体使用者可以根据自己的兴趣爱好以及自身情况选择在不同的时间段接收不同的信息，这彻底改变了传统媒体单方面灌输的状态。与此同时，新媒体

---

① 胡忠浩，成都大学美术与影视学院学工办副主任、讲师，主要研究方向为思想政治教育。

使用者还可以把自己对信息的反馈及时上传网络，实现双向互动。这种互动性大大满足了用户的个性需要，并在一定程度上提升了用户的积极性。

（三）平等性

新媒体的开放性和互动性在一定程度上决定了新媒体时代的平等性。新媒体时代大量的信息的接收和选择是由用户自主决定的，传播主体和接收主体双方是平等的；此外，新媒体平台的互动性使得双方交流不断增加，这种交流一定要建立在平等的基础之上。

（四）碎片化

新媒体时代是一个信息爆炸的时代，同时还伴随着一个显著的特点，就是信息碎片化。信息的内容往往不是很长很复杂，信息发布者和阅读者之间的互动可以在短时间内完成，这样既可以合理规划时间，又能使互动随时随地发生。

二、艺术类大学生的特点

艺术类大学生的特点较为显著，他们既存在着大学生群体的共性，又因为其学科背景等各方面原因表现出不同于其他专业大学生的一面，具体表现为：个性明显、人文素养较弱、自我认识不足、社会化较早等。

（一）自我意识凸显，个性鲜明

艺术类大学生思维比较活跃，感性思想明显强于理性思想；受专业影响，其思想和行为具有理想主义和浪漫主义倾向，当自己的想法与现实发生冲突的时候，他们往往不能全面地看待和处理问题；在日常生活中，他们喜欢标新立异，与众不同，对新鲜事物有着浓厚的兴趣，喜欢走在潮流前沿；在课程学习中，艺术类大学生与众不同的培养模式也增强了他们对于个性的追求，导致他们不喜欢受纪律和规则的束缚，集体意识淡薄，容易受情绪的左右，自制力不强。

（二）重专业，轻文化

艺术类大学生要经历专业加文化的双重考核：一方面，在进入高校之前，大部分艺术类学生都是先集中学习艺术，最后突击文化课。这导致很多艺术类大学生文化课成绩不高。另一方面，长期以来集中的艺术类学习使艺术类大学生对专业积累了浓厚的兴趣，对于文化课的重视程度则有所下降。以上种种情况导致许多艺术类大学生进入高校之后，文化课和专业课成绩差距较大，对文化课的兴趣也不高，从而更加忽视了对自身综合素质特别是人文素质的培养。

（三）接触社会较早，社会化影响较严重

艺术类大学生在高考之前通常要集中进行艺术培训，这种培训往往不是由学校组织，而是在校外进行学习，这就使得艺术类大学生比其他大学生提前接触社会培训机构。另外，艺术类大学生的艺考与普通的高考也有所不同，一部分大学生在进入大学后还会参与社会实践，大学生正处于三观形成的时期，辨别是非的能力还有待提高，需要正确的引导。

（四）自我认识有待完善

由于专业的特点，艺术类大学生相比其他专业的学生更容易获得“鲜花和掌声”，这就使他们难以正确地评价自己，自尊心过强，抗挫折能力较弱。在学习和就业方面的直接表现就是眼高手低、好高骛远，如果心理调适不及时，很容易出现问题。

三、新媒体时代艺术类大学生思想政治教育存在的问题

新媒体时代的发展给艺术类大学生思想政治教育工作也带来了巨大的挑战，主要体现在教育主体和教育效果两个方面。在教育主体方面，思想政治教育者的主体地位受到挑战，艺术类大学生对教育主体（即教育者）提出了更高的要求。在教育效果方面，集中表现为思想政治教育吸引力明显不足。

（一）思想政治教育者主体地位下降

在新媒体的影响下，艺术类大学生对教育主体（即教育者）提出了更高的要求，主要表现在四个方面：

第一，教育者对于新媒体的应用的熟练度直接关系到其在学生中的评价。艺术类大学生思维活跃，追逐流行，如果教育者不能熟练使用 QQ、微信、微博等一系列新媒体平台，就会失去与艺术类大学生交流的机会。

第二，教育者要善于使用网络语言。随着网络的发展，一系列网络语言逐渐成为一种“潮流”，如果教育者对这些语言不熟悉，容易出现词不达意、沟通困难等情况。

第三，新媒体的开放性使得思想政治教育者的“主渠道”地位受到挑战。艺术类大学生可以通过新媒体获取各种各样的信息和观点，这使得以前完全依靠教育者获取知识的局面被彻底打破。

第四，新媒体时代使得艺术类大学生更加追求平等。新媒体时代的互动性一方面促使艺术类大学生积极思考、不断追求，另一方面也逐渐改变了教育者的话语权。教育者的教育权威性被不断削弱，艺术类大学生更加渴望互动交流和平等对话。

（二）思想政治教育吸引力不足

1. 思想政治教育的内容不能吸引客体

思想政治教育是一定的阶级、政党和社会群体遵循人们思想品德的形成发展规律，运用一定的思想观念、政治观点和道德规范对其成员施加有目的、有计划、有组织的影响，使他们形成符合一定社会要求的思想品德的实践活动。相对于新媒体所传播的碎片化、自由化和娱乐化的信息来说，思想政治教育内容很难吸引艺术类大学生，再加上在学习过程中形成的“重专业轻其他”的习惯，他们对于社会要求的“思想观念、政治观点、道德规范”具有一定的排斥性。

2. 思想政治教育与网络结合效果不理想

随着新媒体的发展，思想政治教育也在与时俱进。为了更好地对大学生进行思想政治教育，广大思想政治教育实践者都在不断研究占领网络阵地的方式和方法。国家利用“中国大学生在线”“易班”等网络平台来满足同学们对网络的需求，丰富思想政治教育的传播方式。但在实践过程中，这些平台的接受度与微信、微博和 QQ 空间相比差距很

大，再加上有些学校采用“行政命令”的方式推动这些平台的发展，更加刺激了同学们对于这些平台的抵触。

四、新媒体时代艺术类大学生思想政治教育改进措施

在新媒体时代，要结合艺术类大学生的发展规律，不断改进教育方法，提升教育效果。思想政治教育者素质方面，要与时俱进，提升其网络思政能力；教育内容方面，要借鉴传统文化，吸收现代思想；教育方式方面，要创新教育形式，积极发挥隐性教育的作用。

（一）与时俱进，提升思想政治教育工作者的网络思政能力

在新媒体时代，思想政治教育工作者要从以下几个方面提升自己的能力：第一，理解网络语言，熟练使用微信、QQ等聊天工具，第一时间了解最新的动态信息，特别是与专业、国家发展等相关的最新消息；第二，要学会将了解到的最新消息进行加工处理，寻找同学们感兴趣的热点，提炼其中有利于大学生成长成才的内容，与大学生的人才培养方案紧密结合；第三，提升自己的写作能力，积极占领网络思政阵地，多利用新媒体发表自己的观点，与学生展开互动，密切关注学生动态，及时纠正学生出现的问题。

（二）借鉴传统文化，吸收现代思想

在新媒体时代，信息传播越来越方便，信息内容越来越丰富，这就要求思想政治教育工作者借鉴传统文化，吸收现代思想，不断更新思想政治教育内容，增强思想政治教育的针对性。

第一，艺术类大学生思想政治教育内容要结合中国优秀传统文化。要挖掘优秀传统文化的精髓，传承并发扬优秀的传统文化。要帮助艺术类大学生加强对优秀传统文化的理解，引导他们分清良莠，不能一概“拿来”或者一概“否定”。

第二，艺术类大学生思想政治教育内容要充分结合中国现代思想。由于专业特点的限制，部分艺术类大学生对于思政类的内容不感兴趣，对当今社会的变革了解较少，所以在思想政治教育过程中，要充分结合中国的国情，引导艺术类大学生了解国家的发展情况，学习国家社会发展的主流思想，形成正确的世界观、人生观、价值观。

（三）积极占领网络平台，利用新媒体传播思想政治教育内容

新媒体时代下，信息得到了广泛的传播。如何利用新媒体传播思想政治教育内容是每一个思想政治教育工作者都需要思考的问题，思想政治教育者要敢于在网络上发声，积极抢占和建设网络思政平台。

第一，要加强对现有网络平台的建设，推进同学们对这些平台的了解。现有的网络平台采取了多种方式来吸引大学生积极参与，但同学们对这些平台的参与度不高，要想办法提升这些平台的吸引力，切实将这些平台变为同学们生活中的一部分。

第二，要提升思想政治教育者的写作能力。国家对辅导员的网文写作非常重视，各项辅导员比赛中都会涉及网文写作，此外还举办过优秀博文评选等活动。在国家的鼓励下，一大批辅导员开始创办网络公众号，这些文章和内容对于传播思想政治教育有着积

极的作用。当然，公众号只是辅导员工作的一部分，要把辅导员对于网文的写作能力切实作为日常考核的重要参考，鼓励其他思想政治教育工作者也参与到网文创作中去。

随着新媒体的发展，艺术类大学生思想政治教育工作的难度有所加大，对艺术类大学生思想政治教育工作者也提出了更高的要求，只有认清现实，不断努力，才能培养出更多合格的艺术类大学生。

参考文献：

[1] 罗怡宁. 新媒体时代大学生艺术素质教育对策研究 [D]. 西安：西安理工大学，2017.

[2] 张玉新，张德琴. 新媒体对艺术类大学生思想政治教育的影响及对策 [J]. 江苏第二师范学院学报，2017 (02).

[3] 程晓光. 新媒体时代高校艺术类人学生思想政治教育探究 [J]. 艺术教育，2016 (12).

互联网时代下大学生思想政治教育中的以文化人路径研究

顾华宁　丁恒康①

成都理工大学　成都信息工程大学

摘　要：加强和改进大学生思想政治教育是当前的一项重要任务。作为文化现象的一种表现形式，思想政治教育具有特殊的文化属性。文化的繁荣发展为思想政治教育提供了发展动力，思想政治教育也对文化进行了反馈。党的十九大以来，以习近平同志为核心的党中央对高校思想政治工作和文化建设高度重视，互联网时代下，我们要牢牢把握以文化人和大学生思想政治教育之间的关系，坚定文化自信，努力培养社会主义事业合格的建设者和接班人。

关键词：思想政治　以文化人　优秀文化

人是一切社会关系的总和，而思想政治教育正是以人作为研究对象的。高校思想政治工作作为整个社会体系的一个组成部分，与社会系统的其他部分发生各种联系，同时，社会体系中的各种要素，尤其是文化，也与思想政治教育的实践活动发生各种互动，并对思想政治工作产生影响。党的十九大报告也为互联网时代下高校运用以文化人的机制做好大学生思想政治教育提供了明确方向和正确路径。

一、以文化人与大学生思想政治教育紧密融合

从古至今，思想政治教育都是属于文化和意识形态发展的一种存在，大学生思想政治教育也不例外。文化之所以对人的思想生成有特殊的影响力，首先，就其心理机制而言，它是一个群体形成时所具备的共同心理活动过程。一种文化在社会积淀的基础上形成以后，就以其惯性影响、同化着所属成员的思想和行为习惯。不管文化最终呈现的效果是好还是坏，都会对人的思想形成和行为习惯产生影响或使之有所转化。其次，文化对人的影响是在潜移默化中通过具象化的活动来实现的。人们基于对文化的认同而接受，由接受而产生共鸣。最后，文化不是被动的社会陈设，而是一种作用于社会的力

① 顾华宁，副教授，成都理工大学党委宣传部宣传科科长，主要研究方向为马克思主义中国化和思想政治教育；丁恒康，助理研究员，成都信息工程大学校团委书记，主要研究方向为思想政治教育。

基金项目：四川网络文化研究中心课题（WLWH17－35）“网络舆情视域下的互联网意见人士引导机制研究”；四川网络文化研究中心课题（2014Z125）“大学生网络社群的发展对高校群体性事件的影响及对策研究”；四川省高校思想政治研究会课题（SCSZ2017073）“全媒体视域下的互联网意见人士引导机制研究”。

量，同时使自然人转化为社会人。

二、文化多样性决定了大学生思想政治教育以文化人的重要性

文化软实力的不断提升是“以文化人”的动力之源。对于青年人来说，大学时期是其社会化的一个重要阶段。而社会化也就意味着人要接受社会文化的模式并采取一定的实践方式去践行。互联网时代下，我国社会文化正处于“一元主导，多样发展”的格局，大学生可接受以及选择的文化类型也很多，且个体的内在动机也有强弱之分。互联网时代的流行亚文化弱化了大学生对我国“一元主导”的主流文化的认同，也削弱了当前大学生思想政治教育的效果。

从国际多极化格局来看，自20世纪90年代以来，世界社会主义运动陷入低潮，人们的思想观念对整个社会主义文化发展产生了深远影响，在这样一种社会格局中，国际斗争更加激烈，西方国家，尤其是以美国为首的发达国家努力“西化”“分化”社会主义中国的图谋始终没有改变和停止。改革开放以来，我们虽然开阔了眼界，吸取了西方的先进文化，但国外资产阶级的腐朽文化和意识形态也趁机涌入，进入21世纪以来，资本主义国家更是通过互联网、影视文学作品等大举向我国渗透自由主义、拜金主义、无政府主义等社会思潮，大学校园也不可避免地受到影响。

从国内社会发展来看，党的十九大做出了“中国特色社会主义已经进入新时代”的重大论断，但同时也指出，中国仍将长期处于社会主义初级阶段的基本国情没有变。当前，社会主要矛盾发生了转变，广大人民群众对于各自的主体利益有了不同诉求，改革转型中的社会矛盾比较突出，加之互联网的传播导致舆情事件频发，一定程度上影响了大学生对于改革开放的认知以及中国文化的认可。同时，互联网时代的到来、信息技术的空前发展改变了思想政治教育的单向传输形式，也让大学生的文化行为发生了巨大变化，庞大的信息量、低门槛的传播、低质量的信息等都容易让大学生产生价值观方面的混乱。

三、坚定文化自信是大学生思想政治教育以文化人的实践路径

伴随着新兴领域的拓展以及新文化的创造，高校思想教育教育面临的文化环境也越来越复杂。习近平总书记在全国高校思想政治工作会议上强调：“要坚持不懈培育和弘扬社会主义核心价值观，引导广大师生做社会主义核心价值观的坚定信仰者、积极传播者、模范践行者。”

党的十九大报告指出：“没有高度的文化自信，没有文化的繁荣兴盛，就没有中华民族伟大复兴。要坚持中国特色社会主义文化发展道路，激发全民族文化创新创造活力，建设社会主义文化强国。”我国现代思想政治教育的内容并非凭空产生，而是以中国优秀传统文化的精髓为根本，以马克思列宁主义、毛泽东思想、邓小平理论、“三个代表”重要思想、习近平新时代中国特色社会主义思想为灵魂，内涵十分深刻。

（一）必须重视中国优秀传统文化对大学生思想政治教育的影响

《诗》《书》《礼》《乐》《易》《春秋》作为我国的传统文化经典，展现了古代德教的核心内容，即以教育感化为中心，以“仁爱”为核心，以“中庸”为准绳，努力“格

物、致知、诚意、正心、修身、齐家、治国、平天下”。这也是作为中华民族优秀传统文化重要组成部分的儒家思想留给我们的宝贵财富遗产。但这一遗产中也有一些消极因素，对此，毛泽东同志在《新民主主义论》中曾指出：“清理古代文化的发展过程，剔除其封建性的糟粕，吸取其民主性的精华，是发展民族新文化提高民族自信心的必要条件；但是决不能无批判地兼收并蓄。”

此外，儒家还特别强调忧患意识，这既是一种道德责任感和时代使命感，也是古代文人遭遇人生挫折时的精神力量，他们将之内化成自己的生活态度，使之最终成为自己的精神寄托。儒家的忧患意识表现为三层含义：一是强调“天下兴亡，匹夫有责”，要全社会共同承担促进国家兴盛、挽救民族危亡的责任。如孔子“知其不可而为之”，反映了他强烈的责任感。二是强调“学而优则仕”，“仕”的目的就是尽职尽责，公而忘私，以报国家。三是号召人们为了国家民族利益不惜牺牲自己，舍身为国。从孔子的“己欲立而立人，己欲达而达人”到孟子的“老吾老，以及人之老；幼吾幼，以及人之幼”；从范仲淹的“先天下之忧而忧，后天下之乐而乐”到张载的“为天地立心，为生民立命，为往圣继绝学，为万世开太平”；从顾炎武的“天下兴亡，匹夫有责”到黄宗羲的“天下之大事莫过于万民之忧乐”；从现代周恩来的“为中华之崛起而读书”到习近平总书记指出“中国传统文化博大精深，学习和掌握其中的各种思想精华，对树立正确的世界观、人生观、价值观很有益处”。忧患意识作为儒家的宝贵精神传承，也应成为大学思想政治教育的核心内容。广大青年大学生应该具备忧患意识，使之成为自身前进的不竭动力。历史和现实也一再说明，居安思安则危，居安思危则安。一个没有忧患意识的民族不可能开拓进取，也不会发展进步。

（二）必须重视马克思主义文化对大学生思想政治教育的影响

习近平总书记2018年在纪念马克思诞辰200周年大会上强调，马克思给我们留下的最有价值、最具影响力的精神财富，就是以他名字命名的科学理论——马克思主义。中国特色社会主义进入了新时代，马克思依然是我们的榜样，马克思主义仍然是我们的理论源头、指导思想。中国特色社会主义理论体系正是在坚持马克思主义的过程中发展了马克思主义，也为我国思想政治教育理论的发展提供了更为扎实的时代动力。新时代，高校思想政治教育要因时而化、因时而进、因势而新，坚持向大学生灌输社会主义核心价值观，引导学生正确认识时代责任和历史使命，用中国梦激扬青春梦，激励学生自觉把个人的理想追求融入国家和民族的事业中。党的十九大将习近平新时代中国特色社会主义思想确立为党必须长期坚持的指导思想，实现了党的指导思想的又一次与时俱进。深入学习贯彻习近平新时代中国特色社会主义思想也是当前全体大学生必须完成的时代任务。

中国特色社会主义理论体系作为不断发展的、开放的理论体系，凝结了几代中国共产党人带领人民不懈探索实践的智慧和心血，其发展历程也告诉大学生，必须从实践出发，用马克思主义的立场观点来研判中国的世情国情党情。当前，做好大学生思想政治教育工作，必须继承和发挥这一优良传统，以当代社会的思潮为研究重点，着眼于马克思主义理论的应用，着眼于实际问题的理论思考，着眼于新的实践和理论的发展。马克思主义认为，社会是人的集合体，全面发展的社会要求人的全面发展，并为人的全面发展创造条件。大学思想政治教育从本质上讲是塑造大学生、培养大学生、转化大学生的社会性活动。因此，不断发展、不断丰富的马克思主义作为一种先进文化，正以其独有的科学性、真理性、影响力，为推进大学生思想政治教育发展发光、发热。

“要更加注重以文化人以文育人”是习近平总书记在全国高校思想政治工作会议上发出的时代强音。新时代，我国高校面临着建设世界一流学科和世界一流大学的重任。只有坚持社会主义办学方向，牢牢把握以文化人的理念，以马克思主义为指导，坚守中华文化立场，立足当代中国现实，才能培养出为人民服务、为中国共产党治国理政服务、为巩固和发展中国特色社会主义制度服务、为改革开放和社会主义现代化建设服务的社会主义事业建设者和接班人。

参考文献：

[1] 韩效锋. 以文化人在高校思政教育中的运用探析 [J]. 思想政治工作研究，2017（06）.
[2] 鲁洁. 德育社会学 [M]. 福州：福建教育出版社，1998.
[3] 习近平. 习近平谈治国理政（第二卷）[M]. 北京：外文出版社，2017.
[4] 陈序经. 中国文化的出路 [M]. 北京：中国人民大学出版社，2004.
[5] 时长江. 大学文化与思想政治教育互动浅论 [J]. 中国大学教学，2005（05）.
[6] 顾华宁，周图伽. 全媒体时代高校思想政治工作创新研究 [J]. 电子科技大学学报（社科版），2016，12（06）.
[7] 柳恩铭. 思想政治教育的文化传承与创新研究 [M]. 广州：广东人民出版社，2009.
[8] 吴成钢. 论马克思主义理论在思想政治教育中的牵引力 [J]. 理论前沿，2009（17）.

新媒体对大学生思想政治教育的影响及对策研究

郭 虎[①]

成都理工大学

摘 要：随着电子信息技术、数字技术、移动通信技术的迅猛发展，新媒体凭借其巨大的社会影响力和传播力，对大学生思想政治教育产生着重要的影响。我们需要以科学的态度去对待新媒体在大学生思想政治教育中的影响，并找出克服其局限性的有效对策，从而探索出一条新媒体环境下大学生思想政治教育的新途径。

关键词：新媒体　思想政治教育　影响　对策

近半个世纪以来，新媒体从第一次被提及到如今，已经实现了跨越式的发展，这种发展带来的影响无处不在。从社会到校园，从人们的生活到工作、学习，无不受之影响，对于大学生而言，这种影响更为直接。要提高大学生素质，必须对其进行良好的思想政治教育。在新时期，环境在变化，教育应该继续革新。本文通过分析新媒体对大学生思想政治教育的影响和对策，以期为创新大学生思想政治教育提供新思路。

一、新媒体概述

（一）概念的提出

对于新媒体的概念，国内外众多专家学者从不同的角度出发，做出过不同的解释。早期，联合国教科文组织为新媒体下过一个定义：新媒体就是网络媒体。河北大学的陶丹、张浩达教授的定义“以数字技术为基础，以网络为载体进行信息传播的媒介”也与之相似。

中国传媒大学教授宫承波认为，门户网站、搜索引擎、虚拟社区、电子邮件、网络文学、网络游戏属于新媒体。

总的来看，关于新媒体的定义，学术界众说纷纭，尚未有定论，通过对众多观点进行整理，笔者比较认同的概念是：所谓新媒体，或数字媒体、网络媒体，是建立在计算机信息处理技术和互联网的基础之上，发挥传播功能的媒介总和。新媒体全方位融合了各种传媒形式与传播方式，有着丰富的外延，并且还会随着技术的发展而不断扩展，具体形式如图 1 所示：

---

① 郭虎，成都理工大学马克思主义理论专业研究生。

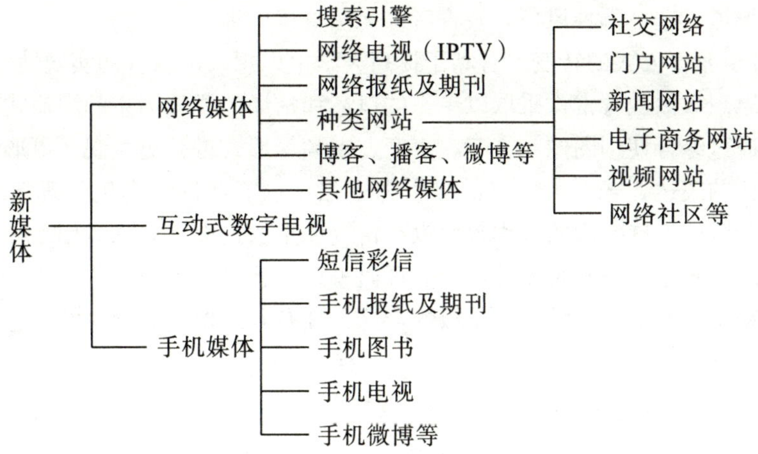

图 1　新媒体的外延

二、新媒体对大学生思想政治教育的影响

新媒体的出现对大学生思想政治教育既有积极的促进作用，又有一定的消极影响。

（一）新媒体对大学生思想政治教育的积极影响

1. 开拓了大学生的视野，增强了大学生思想政治教育内容的丰富性

新媒体凭借发达的数字技术和网络系统形成了一个巨大的信息体系，这其中包含了丰富的思想政治教育内容。首先，新媒体有自身较为独特的信息存储模式，一部小小的手机就可以存储丰富的资源，一台普通电脑有几百个 G 的存储空间，现在流行的云存储，如百度云、微云等，一个普通用户就可以存储上千个 G 的内容。其次，新媒体拥有可以无限扩展的搜索领域，让人足不出户就可以随时随地了解和查询世界各地的信息，为大学生提供了更加广阔的平台。在信息时代，大学生获取资源的途径有很多，所掌握和了解的信息也十分丰富，传统的教育方式对大学生的吸引力不足，而新媒体却能够弥补这个缺陷。

2. 扩大了思想政治教育的覆盖面，增强了大学生思想政治教育的广泛性

新媒体的另一个突出特征就是传递迅速，具有增殖式的传播能力，它能够在最短的时间内以形象、直观的方式呈现给人们，并且迅速地更新更为多样、全面的内容。新媒体这种广泛的普及性与信息传递的即时性，使得时间与空间给思想政治教育带来的局限大大降低。除了在常规地点和时间，如教室、学校与课堂之外，教育者可以在其他任何时间、任何地点开展思想政治教育活动，学生也有了更加广泛的选择。利用新媒体进行思想政治教育，一来可以避免信息传递滞后，提高其时效性；二来也可以让思想政治教育活动迅速发挥作用，进而产生实质性的影响。

3. 方便快捷的网络，增强了大学生思想政治教育的自主性

当今，无论是资源获取还是信息共享，都可以通过网络来实现。在虚拟的网络世界中，受教育者与教育者处于对等的位置，他们可以根据自己的实际情况选取不同的信息。大学生可以自主选择时间、地点和内容，还可以最大限度地实现资源共享，无论他

们通过何种渠道，选择哪种风格，教育者都无法直接干涉。

4. 促进了教育方式的转变，有利于提高大学生思想政治教育的实效性

传统的思想政治教育常常采取以单一的口述和枯燥的说教为主的灌输式教育，而新媒体则可以通过综合使用图像、文字、声音、视频等形式进行更直观、更形象、更生动的表达，这样的表达方式对大学生的吸引力更强，也能增进大学生的理解和认识。例如，伴随互联网的发展兴起的远程教育没有传统课堂的拘束，可以运用多种形式，将难以表达的思想情感通过视听观感等途径表现出来。以新媒体为媒介的方式，通过更加轻松自由的互动交流调动了大学生的积极性，这无疑有利于提高大学生的思想政治水平。

（二）新媒体对大学生思想政治教育的消极影响

1. 传播的信息良莠不齐，给思想政治教育的正常运行造成了诸多干扰

新媒体的传播环境和渠道复杂，特别是在运用最为广泛的网络中，存在着大量政治、经济、娱乐等方面的信息，其中难免夹杂着一些负面思想。大学生成长需要一个稳定积极的社会环境，这些负面信息歪曲了大学生对社会的认识，导致部分大学生的价值观念出现了偏差。这些因素干扰了正常的网络秩序，破坏了网络环境，冲击了大学生的思想认知，不利于思想政治教育的正常进行。

2. 新媒体容易让人产生依赖性，降低了大学生的主观能动性

如今，大学生对新媒体已经产生了严重的依赖。课堂上玩手机、下课后玩网游，学业任务直接上网搜索，这对大学生的学习和生活都产生了严重的危害。

第一，弱化了大学生的主观能动性。网络信息的获取渠道丰富、利用手段多样，大学生习惯了不劳或少劳而获，丧失了思维的自主性和敏捷性，主观能动性大大降低。

第二，降低了大学生的社会责任感。网络具有开放性，每个人都可以使用，网络资源为大学生提供了极大的方便，但通常情况下，许多信息都没有标注出处，没有得到正确的引用，这样的网络侵权容易被大多数人忽视，造成大学生社会责任感的缺失。

3. 弱化了传统思想政治教育者的权威性

新媒体的出现使人们做到了“坐在家里看世界”，它为人们提供了一个获取信息和资源的广阔平台，这无疑挑战了传统思想政治教育的权威性。在以前，教育者往往有更多获取信息的渠道，然而在当前条件下，由于大学生对网络有着更深的了解，在资源获取方面甚至比部分教育者更擅长，所以在复杂的新媒体环境中，他们更容易受到各种思想信息的影响，这种影响是一种不确定性因素，并且随时随地都有可能发生。更多的时候，思想政治教育者只能在上课时间、在教室这样一个狭小的空间对大学生产生影响，如此一来，影响力有所下降，也就必然会导致传统思想政治教育权威的弱化。

三、新媒体环境下大学生思想政治教育的应对策略

新媒体环境是在新媒体的影响和基础上形成的环境总和。在新媒体环境下，应该充分利用新媒体的特点，继续发挥新媒体的优势。

（一）着力打造校园网络平台

新媒体优势明显，在大学生中的影响力日益增强，高校应迅速抢占这一阵地。如

今，大部分高校都拥有了较为完备的网络设施和较为成熟的网络技术，大学生思想政治教育应该利用好这一已有条件，以此为基础打造一个校园网络平台。这个平台不仅要包括各项基本校园服务，还应该有思想政治教育的主题窗口，从而大力弘扬社会主义核心价值观，营造良好的思想氛围，提供一个方便大学生学习和交流的平台，在方便大学生的同时，保证信息的时效性与准确性，能够及时、正确地帮助大学生。要加快高校新媒体建设，无论是各个学校、各个单位、各位教师，还是与大学生联系较为紧密的辅导员，都应建立 QQ、微信、微博账号，构成一个全面的网络系统平台，并在这些平台上实时发布符合主流价值的思想内容，给予大学生正确的思想导向。

（二）注意不同媒体形式的优势互补，发挥多种媒体的综合效应

新媒体中蕴含了大量的媒体形式，不同的媒体形式有着各自不同的特点和优势。例如，互动式网络数字电视在家庭中的使用量非常大，其功能和蕴含的内容远非传统电视可比拟。再比如，网络媒体和手机媒体有着便捷的使用方式和携带方式。大学生思想政治教育不应该只在校园里开展，还可以通过在家里、课外观看主旋律电视节目、电影的方式，更好地宣传社会主义先进文化；还可以利用 QQ、微博、微信等媒介，逐步形成一个全方位、多层次的思想政治教育体系，将虚拟的网络世界与现实中的校园相结合，让原本单调乏味的思想政治教育以有趣的形式与各类活动相结合，充分调动学生的积极性，使其主动参与一系列的思想政治教育活动。

（三）努力培养大学生的新媒体媒介素养

在现代媒介社会中，媒介素养主要指人们对各种形式的媒介信息的解读能力，批判性地观看、收听、解读影视、广播、网络、报纸、杂志、广播等媒介所传输的各种信息的能力，以及使用信息技术来制作各种媒介产品的能力。大学生的认识能力还有所欠缺，其健康成长容易受到网络媒体的干扰。这就要求必须提升大学生的媒介素养，提高大学生的信息辨识能力，降低其对新媒体的依赖性。第一，应该增强大学生的法制意识和道德观念。可以通过开展相关法律主题讲座、举办相关法律知识竞赛等活动，促使大学生自觉抵制有害信息，在遵守法律道德的前提下正确利用新媒体获取和传播信息。第二，矫治大学生对新媒体的依赖心理。高校可以针对大学生“网络成瘾”“手机成瘾”等现象，专门成立心理辅导小组，做到及时发现、正确疏导。另外，可以举办关于新媒体应用的讲座和活动，设立相关课程，引导大学生正确、科学、规律地使用新媒体。

参考文献：

[1] 孙旋. 新媒体境遇下新疆大学生思想政治教育探究 [D]. 乌鲁木齐：新疆师范大学，2015.
[2] 易艳馨. 新媒体适应受众变化对策研究 [D]. 桂林：广西师范学院，2011.
[3] 任儆. 媒体化时代对大学生思想政治教育工作的挑战及对策 [J]. 天水师范学院学报，2009 (04).
[4] 任儆. 在大学推广媒介素养教育的必要性和紧迫性 [J]. 电化教育研究，2005 (04).
[5] 林超. 新媒体对高校大学生思想政治教育的影响及对策 [D]. 福州：福建师范大学，2013.
[6] 赵云燕. 新媒体视域下大学生人文精神的培育 [D]. 北京：首都师范大学，2012.
[7] 邓丽霞. 改革开放以来大学生思想政治教育若干问题研究 [J]. 戏剧之家，2014 (07).

[8] 杨茹玮. 对新媒体环境下创新高校思想政治教育模式的几点思考［J］. 学周刊，2014（31）.
[9] 王莹，陈树文. 新兴媒体环境下大学生思想政治教育探析［J］. 北京交通大学学报（社会科学版），2013（04）.
[10] 郭丽萍. 论大学生新媒体素养对思想政治教育的影响［J］. 国家教育行政学院学报，2012（06）.
[11] 傅裕娟. 试论新媒体对“90后”大学生思想政治教育的挑战［J］. 新教育时代，2015（11）.
[12] 匡文波. 新媒体舆论：模型、实证、热点及展望［M］. 北京：中国人民大学出版社，2014.
[13] 陶丹，张浩达. 新媒介与网络广告［M］. 北京：科学出版社，2001.
[14] 宫承波. 新媒体概论［M］. 北京：中国广播电视出版社，2007.
[15] 熊澄宇，廖毅文. 新媒体——伊拉克战争中的达摩克利斯之剑［J］. 中国记者，2003（05）.
[16] 张开. 媒体素养教育在信息时代［J］. 现代传播，2003（01）.

互联网影响下的青少年思想政治教育策略

周　颖

四川艺术职业学院

摘　要：互联网的产生和发展对当今社会的方方面面都产生了重大影响。青少年正处于对各类信息的高度接受期，互联网对他们有着极大的吸引力，但由于他们思想尚未成熟，对互联网所承载的各种信息往往难以正确辨别和取舍，因而互联网在带给他们便利的同时也带来了消极影响。面对这种情况，趋利避害，采取有效措施，积极开展青少年思想政治教育显得尤为重要。

关键词：互联网　青少年　教育　思想政治教育教师

互联网是人类智慧的结晶、20世纪的重大科技发明、当代先进生产力的重要标志，它深刻影响着世界经济、政治、文化和社会的发展，促进了社会生产生活和信息传播的变革。那么互联网对青少年有什么影响呢？在此形势下的青少年思想政治教育又应当怎样开展呢？

一、互联网的双重影响

（一）互联网的积极影响

互联网是科技高度发展的产物，是时代进步的必然结果。今天，互联网已完全融入人类社会，并影响着人类生活的方方面面。互联网可以使海量的信息瞬间呈现在眼前，使生活方便快捷……随着互联网在中国的迅速发展与普及，人们的生产、工作、学习和生活方式已经开始并将继续发生深刻的变化。

（二）互联网的消极影响

互联网在促进社会发展的同时所带来的消极影响也是我们无法回避的。互联网是一个虚拟的世界，网络的不文明行为、不健康信息令人担忧。此外，利用互联网实施各种诈骗的不法分子层出不穷，境内外敌对势力也在利用互联网对我国进行思想文化渗透，试图破坏我国的社会安定，扭曲社会文明，玷污公共道德。

二、互联网影响下的青少年思想政治教育应对策略

针对互联网对青少年产生的一系列影响，我们应该以教育领域为主阵地，改变互联网对青少年的影响模式，让青少年在健康安全的环境下合理地利用互联网，使这一时代

工具在青少年的成长过程中发挥更加积极的作用。

（一）思想政治教育教师应当不断提升个人能力素质

教师承担了一系列育人的任务，而思想政治教育教师又是其中一个相当特殊而重要的群体。狭义的思想政治教育教师指思想政治教育理论课的任课教师，广义的思想政治教育教师还包括辅导员（或班主任）等。在当前错综复杂的互联网形势下，要对青少年学生实施科学有效的思想政治教育，思想政治教育教师应当从以下三个方面不断提升个人的能力与素质。

1. 坚定政治立场不动摇

坚定政治立场不动摇是思想政治教育教师应具备的基本素质。思想政治教育教师是党的教育工作者，必须要明晰党的路线、方针和政策，理解其精神实质，并且始终在思想上与党中央保持高度一致。如今，利己主义、拜金主义等错误观念依然存在，各种不良诱惑层出不穷。思想政治教育教师如果自身政治立场不坚定、意志品质不坚强，就极易受到不良观念和错误思想的侵蚀，从而影响学生，导致不可估量的严重后果。因而在当前复杂的大环境下，思想政治教育教师必须能经得起考验、抵得住诱惑，热爱祖国，热爱人民，热爱学生，遵纪守法，忠诚人民教育事业，恪守职业道德。

2. 主动学习、不断提升

学习是一项终身事业，社会在不断进步，知识也在不断更新，旧的教育理念和知识体系已不能完全适应今天的教育需求，如不及时更新自身的知识储备，那么思想政治教育必然无法满足育人的要求和社会发展的需求。为了更好地教育学生，发挥教书育人的作用，思想政治教育教师必须以党的路线为指引，不断学习各种先进思想和先进理论，不断提升个人能力，不断充实自身。学习与专业知识相关联的各门知识，拓宽专业知识的广度和深度。

3. 加强相互学习

除自学之外，思想政治教育教师还应当相互学习，取长补短。教师们可以多通过听课、评课的形式来互相学习。听课、评课的对象可以是校内的任课教师，也可以是校外的兼课教师。听课、评课的内容可以是思想政治课，也可以是与思想政治课相关的其他课程。教师们可以通过经常性的听课、评课活动学习其他老师的教学手段和教学方法，取长补短，从而丰富自己的课堂教学内容，提高自身的教学水平和教学能力。

（二）思想政治教育教师应当及时调整和改进教育教学活动

思想政治教育要与不断发展的时代接轨，就必须对现有的教学方法和教育手段进行及时调整和改进。鉴于青少年思想政治教育工作的特殊性，思想政治教育教师主要可以从课堂教育和日常教育两个方面对现有工作加以调整和改进。

1. 课堂教育的调整和改进

（1）课堂教育要利用现代化手段。

传统的教育模式已经难以充分调动学生的积极性。毫无生趣的课堂只会让学生们疲于应付，从而使教学效果大打折扣，事倍功半。为了充分调动学生的学习积极性，提高学生的学习效率，思想政治教育教师要及时调整教学模式，充分利用多媒体、互联网等现代化教学手段，借助电脑和手机等通信工具，高效便捷地将正面思想传递给每位学生。

(2) 让学生成为课堂的主角。

思想政治教育教师在课堂上要善于转换角色，从传统的课堂主导者转变为课堂的组织者。教师在讲台上一味照本宣科的讲授式教学是难以提起学生的学习兴趣的，为此，教师应当在理论教学的基础上抛出问题和观点，使学生成为课堂上的主角，让他们在课堂上自由讨论，从而更加主动地学习理论知识。

(3) 理论教学要与实际紧密联系。

思想政治教育与实践活动是不能分割的，要切实做好思想政治教育工作，就必须做到理论紧密联系实际，将课堂上的理论知识与现实生活相结合，用理论知识解决现实生活中存在的问题。在思想政治教育活动当中，教师应当注重对实际案例的运用，指导学生运用课堂上学到的知识去分析和解决现实生活当中的各类问题，从而帮助学生更加有效地掌握知识。

2. 日常教育的调整和改进

进行青少年思想政治教育仅仅依靠课堂显然是不够的，毕竟学生的课后时间远远多于在课堂上的时间，很多思想问题也都出现在课堂之外。全面做好青少年的思想政治教育工作，必须充分重视学生日常的思想政治教育，也就是课堂外的思想政治教育。日常的思想政治教育可以从以下四个方面着手开展。

(1) 发挥教师的榜样和模范作用。

由于知识和阅历较为丰富，教师往往是学生崇拜的对象和学习的榜样，正所谓言传身教，教师的一言一行、一举一动都可能对青少年产生影响。为此，思想政治教育教师要严格要求自己，以身作则，言传身教，充分发挥榜样的力量和先锋模范作用，带头创先争优，用自己的实际行动去感染和引导学生。当学生们观察到自己喜欢的教师身上所具备的优秀品质时，也会产生一定的心理暗示，从而对自身进行约束，同时也会不自觉地向优秀的老师学习。这种榜样效应是在潜移默化中实现的，既避免了枯燥的说教，又能够取得良好的成效。

(2) 细心观察学生的言谈举止。

思想的变化通常会导致行为的变化，这些变化可能非常明显，也可能非常细微、不易察觉。如果思想政治教育教师粗枝大叶，或对学生的细微变化视而不见，就会错失进行思想教育的最佳时机，等到发生大问题的时候，只有后悔不迭。为了避免这种情况的发生，思想政治教育教师要细心观察学生的言谈举止，做生活中的有心人。当教师发现学生身上的细微变化时，要通过不同渠道了解学生言行发生变化的真实原因，再有针对性地开展思想教育工作，对其动之以情、晓之以理，解开学生的心结，帮助他们尽快回归正轨，重新建立对生活的信心。

(3) 发挥班干部的协助作用。

课后，当学生们离开自己的视线时，教师又该如何了解和掌握学生们的动态呢？对于在校学生而言，他们接触时间最长的不是老师，而是周围的同学。有一类群体可以弥补这个空白，就是班干部。班干部通常都是班级里思想觉悟较高、工作能力突出、深受师生信赖的人，他们与其他同学接触的时间和机会较多，更容易发现身边人的细微变化，往往比老师更容易了解同学们发生变化的真实原因。班干部可以及时向老师汇报，并协助老师开展相应的教育和引导工作。

（4）与学生家长配合教育。

家长是学生的监护人，同时也是学生最信任和最依赖的人。教师发现学生思想出现波动，而自己的帮助教育又收效甚微时，可以及时联系家长，把学生的在校情况跟家长做介绍，同时也可以从家长处收集相关信息。老师和家长进行沟通后，双方可以分别对学生进行思想教育和引导，从而形成合力，最终取得良好效果。事实证明，这种协同教育的力量不容小视。

青少年思想政治教育是一项长期任务，在当前纷繁复杂的互联网形势下，传统的思想政治教育工作受到了极大的冲击，也面临着巨大的挑战，因此，进行青少年思想政治教育这一工作显得尤为艰巨。为了更好地适应时代发展的需求，把青少年思想政治教育工作做好做实，思想政治教育教师应当以党的教育方针和路线为指引，坚持“育人为本、德育为先”，对自身严格要求，不断学习，不断改进，努力帮助学生树立正确的世界观、价值观、人生观，让他们身心健康地成长。

参考文献：

［1］中国互联网络信息中心. 第41次《中国互联网络发展状况统计报告》［EB/OL］.（2018－01－31）. 中华人民共和国国家互联网信息办公室.

［2］姬文芳. 网络虚拟社区对青少年社会化的影响研究［D］. 太原：中北大学，2013.

［3］叶松庆. 当代未成年人的道德观现状与教育（2006—2010）［M］. 芜湖：安徽师范大学出版社，2013.

［4］刘锦春. 家庭必须成为未成年人道德建设的主战场［J］. 教育理论与实践，2005（18）.

浅谈互联网时代下高职院校的思想政治教育

涂朝志[①]

四川航天职业技术学院

摘　要：网络信息技术日新月异，对政治、经济、文化、社会等各个领域产生了深远的影响，网络空间已经成为各国竞争的新高地。当前，我国高职院校网络思想政治教育发展缓慢，还存在着一些认识误区。文章从互联网给高职院校网络思想政治教育带来的积极影响和消极影响出发，探索互联网时代下高职院校网络思想政治教育的一些创新发展。

关键词：互联网时代　高职院校　思想政治教育

一、高职院校思想政治教育在互联网中的认识误区

经济基础决定上层建筑，上层建筑反映经济基础。当今世界，网络信息技术日新月异，全面融入社会生产生活，深刻改变着全球的经济格局、利益格局、安全格局。世界主要国家都把互联网作为经济发展、技术创新的重点和谋求竞争新优势的战略手段。世界经济加速向以网络信息技术产业为重要内容的经济活动转变。经济基础的转变，势必导致为之服务的上层建筑发生变化。而高职院校思想政治教育隶属于上层建筑范畴，必然也符合这一规律。当前，有学者认为，互联网与高职院校思想政治教育的关系是利用先进的网络信息技术，针对高职院校大学生开展思想政治教育，只是把互联网当作高职院校思想政治教育的一种工具或者新的宣传手段。

在现代，互联网已经不同于Web1.0时代，它由比较单一的应用模式进入了一个应用内容更加丰富的Web2.0时代。例如，B2B（Business to Business）、B2C（Business to Consumer）、C2B（Consumer to Business）、C2C（Consumer to Consumer）、O2O（Online To Offline）等电子商务模式已经将线下线上联系起来，构成了一个现实与虚拟相结合的新环境，或者说一种新形式的社区，我们称之为“网络社区”。在这个社区中，人与人通过互联网联系起来，构成一个特殊的群体，我们称之为“网络人”。“网络人”的交往和现实中人的交往既有共同之处，也有不同的地方。现实中的人面对面地进行沟通，往往更加直接，他们通过文字、语言、表情或者肢体动作来表达，以至于可以利用自己的知、情、意、信、行来判断。“网络人”的交往从以文字交流为主，逐步扩

① 涂朝志，四川航天职业技术学院思政部教师、助教。

展到声音、文字、图片、视屏等动态交流。例如，主要以文字方式进行交流的博客、飞信等逐渐被微博、微信、QQ等所替代，这种传播方式更加直观，也更便于理解，容易实现进行交流沟通的目的。这种交往随着网络信息技术的进步，逐渐向现实中的交往靠近，因而也要遵守现实中人与人之间交往的基本规范。

大学生是互联网社区中最活跃的群体，并且也很容易受到网络的影响。如果只是把互联网当作实施高职院校思想政治教育的一种工具，将会影响高职院校思想政治教育的实效性。因此，研究互联网时代下的高职院校思想政治教育，不能只是把互联网当作一种工具，还应该把它理解为一种“网络人”交往的新型社区——网络社区。只有弄清楚这种网络社区的特点，才能有效开展思想政治教育。

二、当前互联网对高职院校思想政治教育的影响

互联网的快速发展影响着人们的生产生活，改变着人们的思维方式。大学生是活跃在互联网中的一个特殊群体，他们的人生观、价值观、世界观尚未完全形成，互联网在带来有效信息的同时也携带了不少负面信息，使得大学生极易受到外界的影响。所以，互联网这把“双刃剑”对高职院校思想政治教育有积极和消极两方面的影响。

（一）互联网对高职院校思想政治教育的积极影响

随着互联网在高职院校的普及，各个高职院校也根据自身的特点建立了校园网。一方面，利用校园网开办思想政治教育专题栏目，宣传先进理论、党的方针政策等，如党的十九大报告、习近平总书记系列讲话精神、“中国梦”的宣传等在各个高职院校校园中随处可见，并设置有相应的论坛，以便大家进行交流和讨论；另一方面，整合校内外资源建立“红色网站”，将思想政治理论课延伸至网络，开展党员学生的党团建工作，积极引导学生的思想教育。正面宣传先进模范事迹，讲好新时代新故事，使得最新、最接近学生生活的案例得以及时分享。这既增强了思想政治教育的吸引力、感召力，也扩大了思想政治教育的辐射范围。

（二）互联网对高职院校思想政治教育的消极影响

网络信息技术的发展，进一步促进了不同文化之间的交流和融合，但是在国际社会上，西方敌对势力也趁机利用互联网进行意识形态方面的渗透和攻击，不断冲击着我国大学生在意识形态方面的认知，阻碍了我国高职院校思想政治教育的发展进程。“网络社区”的形成使得大学生可以更为直接、快捷和方便地进行交流和获取网络信息。传统的思想政治教育可以运用多种手段对信息进行筛选，过滤掉不良信息，保持信息的纯洁性。但是网络社区无法对信息源进行有效的限制，或者信息的过滤难度较大，高职院校校园网、“红色网站”的内容不够充实、更新不及时、吸引力不足，甚至存在部分错误信息、虚假信息。大学生正处于人生观、价值观、世界观形成的关键时期，极易受到这些信息的毒害，影响自身的健康发展。

三、互联网时代下高职院校思想政治教育的创新发展

（一）创新网络信息技术，建立健全高职院校网络思想政治教育平台

习近平总书记指出：“根据形势发展需要，我看要把网上舆论工作作为宣传思想工作的重中之重来抓。宣传思想工作是做人的工作，人在哪儿重点就应该在哪儿。”建立健全网络思想政治教育平台迫在眉睫。

一方面，要建立健全高职院校教室网络系统，牢牢掌握网络意识形态的领导权，搭建师生及时交流的网络平台。随着网络新技术、新运用、新平台的迅猛发展，信息的传播和获取越来越快捷，谁的传播手段先进、传播能力强，谁的思想理念和价值观念就能广为流传，谁就能掌握话语的主动权。建立健全网络思想政治教育平台，广泛开展网络公益活动，让学生的常用网站、知名网站、学生论坛都充满正能量，积极健康的内容多起来、向上向善的氛围浓起来。同时，教师应该利用网络的及时性，对网络最新的热点问题或者与所讲主题相关的问题进行及时解读、正确引导，进而教给学生如何筛选网络信息，如何辨别网络信息的真、善、美，使学生真正懂得用网、知网，让网络信息为我所用。

另一方面，积极推进网络信息新技术的研发，占领网络空间新高地，通过技术手段过滤网络信息，净化网络环境，为高职院校网络思想政治教育保驾护航，促进中国传统文化、“红色文化”、先进文化的传播。习近平指出：“网络信息技术是全球研发投入最集中、创新最活跃、应用最广泛、辐射带动作用最大的技术创新领域，是全球技术创新的竞争高地。”没有网络安全就没有国家安全，不但要利用新的网络信息技术维护好已建立的网络思想政治教育平台，还应该结合学生的日常生活开创新的平台，贴近学生。比如，充分利用学生常用的微信、QQ、微博等网络社交平台，通过技术手段创建思想政治教育微信公众号，使教师和学生可以随时分享最新的信息，针对社会热点、难点问题，教师也可以及时引导学生，帮助学生做出正确的判断，把握正确的思想方向，使马克思主义指导思想在网络中也居于主导地位，进而巩固马克思主义在高职院校网络思想政治教育中的主阵地。

（二）增强文化自信，净化高职院校网络思想政治教育文化环境

当前，中国社会正处于改革开放的深水区，各个领域也处于发展的关键期，“中国梦”以及“两个一百年”目标的制定使得中国人民奋发向上，积极探索前进的道路，高职院校网络思想政治教育也同样如此。在社会整体积极向上的大环境中，我们仍然要注意一些问题，一些人在追求快速进步的同时，忽略了我们曾引以为傲的文化，特别是在思想大活跃、文化大交融的网络时代，西方敌对势力利用网络优势宣传所谓的“民主、自由、人权”等观念，采取思想渗透的方式，和我们争夺下一代。然而，在面对这些诱惑时，部分大学生价值观缺失，不知对错、不讲美丑，心态较为浮躁，要治疗这种疾病，就必须找到它缺失的根基——文化。

2014 年 10 月 15 日，在文艺工作座谈会上，习近平就曾提到，“要从建设社会主义文化强国的高度，增强文化自觉和文化自信，把文艺工作纳入重要议事日程，贯彻好党

的文艺方针政策，把握文艺发展正确方向”。文化自信是文化自觉的必然结果，文化自觉是文化自信的基础和保障。没有文化自觉，就不可能实现文化自信；而没有文化自信，文化自觉则容易堕入虚无。互联网时代，高职院校网络思想政治教育同样需要文化自信，以此来净化我们的网络空间。要实现文化自信，首先必须要具有文化自觉，自觉学习中华民族的优秀传统文化，自觉运用中华民族的优秀传统文化。中华民族上下五千年历史积淀了无数文明，从先秦百家诸子到唐诗、宋词、元曲等，无一不是中国人引以为傲的文化成果。进行高职院校网络思想政治教育，应当吸收这些优秀传统文化，用中华优秀传统文化来解决网络中的思想问题，同时也要注重马克思主义指导思想在文化领域的主导地位，注重维护我国的网络空间主权，加强社会主义核心价值观的宣传，明确宣示我们的主张，提升在网络空间中的国际话语权，建设中国特色社会主义网络文化。

（三）加强学习，增强高职院校网络思想政治教育队伍的本领

要构建新的高职院校网络思想政治教育平台，高职院校教师必须加强对网络知识的学习，提高运用网络信息技术的本领。教师要正确认识和对待网络，树立高职院校思想政治教育的信息化观念，培养并形成与网络相适应的思维方式。

首先，要学习网络的基本知识，运用最新的网络信息技术进行教学，实现师生的互动与沟通。当前，大学生是网络运用的主体，他们是新生事物的拥护者。因此，高职院校思想政治教育教师也要顺应时代潮流，加强网络信息技术培训，学习了解通俗活泼的网络语言，学习“线上”聊天，倾听学生的心声，掌握学生的思想动向，为教育找准方向；学习网情分析，体察学生的关注和需求，在线下查找和反思工作中的漏洞与不足，用自己的实际行动回应学生的关切，引导他们的思想。

其次，高职院校思想政治教育教师要牢固树立互联网意识形态领域的阵地意识，坚定马克思主义的主导地位，唱响时代主旋律的最强音。面对社会上的热点、难点，教师应当主动发声，以马克思主义作为指导思想，积极弘扬社会主旋律、传播社会正能量，让主流权威声音主导网络舆论。要有组织、有计划地宣传党的方针政策，宣传先进典型和感人事迹。要理直气壮、立场坚定地批判网络上的歪理邪说，运用马克思主义的科学立场、观念和方法帮助学生明辨真理是非，坚定理想信念。

高职院校只有不断地更新教学方式、更新教学观念，才能发挥思想政治教育的优势，凝心聚力，为中华民族伟大复兴做出应有的贡献。

参考文献：

[1] 陈焱. 高职院校学生思想政治教育初探［J］. 东方企业文化，2015（22）.
[2] 习近平出席全国宣传思想工作会议并发表重要讲话［R］. 新华网，2018-08-22.

新媒体时代医学生政治认同感培养研究①

赫艳杰　王　梅②

西南医科大学　重庆人文科技学院

摘　要：当下，医患纠纷依然是社会的热点话题，这就对医学生教育提出了更高的要求。医学生不仅要有救死扶伤、治病救人的能力，更要具备高度的责任感和政治认同感。在新媒体时代，对医学生的教育要结合新时代开放性、交互性和个性化的特征，探索与时俱进的教育方式。对此，要在重视中国传统文化对教育医学生的重要性的同时，改进医学生的思想政治教育模式，鼓励医学生积极参与公平、正义、和谐的社会建设，以增强其政治认同感。

关键字：新媒体时代　医学生　政治认同感　对策

随着网络资源的开发和社会的不断进步，网络信息对人们思想认识、客观评价和主观认同方面的影响越来越大。人们了解社会、认识社会的渠道和途径日益多元化，数字化的传统媒体、网络媒介、移动端媒体、数字报纸杂志、数字电视等都成为人们获取信息的方式。所获信息的内容丰富多彩，质量良莠不齐，在不同程度上影响着医学生的思想。

一、政治认同感的内涵

心理学上的认同概念是指认识与感情的一致性；而在社会学中，则泛指个人与他人有着共同的想法。简言之，就是一个人对他人的意见和建议基本无异议，表示赞同。至于政治认同，则是人们对一个政治体系的信任和信仰，是对本民族国家政治体制、政治制度、政治过程、政治意识和政治权威等各个方面的认可、支持和服从。有了政治认同感，就有了对国家的信任和信仰，也就有了遵纪守法的意识和践行社会核心思想的观念。

二、医学生缺乏政治认同感的危害

当前，医务工作者肩负着救死扶伤和保障国民身体健康的重任。医学生是医学神圣

①　基金项目：本文为四川省高等学校思想政治教育研究会 2017—2018 年度资助项目（SCSZ2017090）、四川大学生思想政治教育研究中心项目（CSZ17079）、西南医科大学社科联 2017—2018 年度研究课题（SMUSS201704）、2014 年度泸州医学院院级项目（2014SK－001）的研究成果。

②　赫艳杰，西南医科大学马克思主义学院教师；王梅，重庆人文科技学院政法学院教师。

职责的继承者，对国家和社会发展有着重要影响。对医学生进行理想信念和核心价值观教育，直接关系着社会主义医学人才培养目的的达成、关系着当前人们看病难看病贵问题的解决、关系着医疗救治服务能力的提升，有利于促进充分利用医疗卫生、资源，为人们公平公正地享受医疗资源、实现健康生活奠定坚实基础。

社会道德的高下与医者责任心的高低密切相关，所以在对医学生的培养过程中，应注重提升其信念、信仰、责任感，以及为公众服务的意识和决心。如果医学生缺乏政治认同感，对自己的未来没有目标，就容易出现思想困惑、学习懈怠、行为焦躁等问题。政治认同感教育的目的是传递知识、培养人才，使学生明白道理、学会做人，使医学生坚定全心全意为人民服务的意识，同时形成良好的思想道德观念和职业道德情感，开拓创新思维，提升创新能力，为将来更好地服务社会、服务广大人民群众奠定坚实基础。所以，在新时代，有必要结合新媒体的特点探索新的教育方式。

三、新媒体时代的特征

相对于传统媒体而言，新媒体是继报刊、广播、电视等传统媒体之后发展起来的新的媒体形态，包括网络媒体、手机媒体、数字电视等。新媒体亦是一个宽泛的概念，它是利用数字技术、网络技术，通过互联网、局域网等渠道，以终端形式为用户提供信息和娱乐服务的传播形态。那么，新媒体相对于传统媒体而言又有哪些不同呢？其中较为典型的特点是开放性、交互性和个性化。这些都对增强医学生的政治认同感教育起到了一定的积极作用，但其主体传播思潮的多元化、工具主义倾向、掺杂其间的不良信息、网络的虚拟性等也都产生了一定的负面影响。

网络时代来临，医学生群体有机会和能力在网上搜索、浏览自己感兴趣的信息，但是网络上的信息许多都未经证实，更重要的是，医学生的社会阅历、经验都相对缺乏，有时候不能准确鉴别网络信息的真假。西方敌对势力依靠其强大的经济和科技实力，对我国进行思想和文化渗透，政治教育工作面临严峻的挑战。应对文化输出最好的方法就是大力弘扬中国传统文化，展示中国文化在世界文化中的独一无二。医学生更应该不断钻研进步，树立文化自信，对祖国文化充满信心，正确积极地面对文化输出。可见，增强医科学生的政治认同感，不仅要进行政治教育，更要帮助他们树立正确的三观，获得明辨是非的能力，了解更多的信息，只有这样，才能让大学生在这个信息大爆炸的时代保持本心，树立民族自豪感，了解并支持国家的各项政策。

四、新时代医学生政治认同感教育的策略

通过对政治认同感缺失的危害、新媒体时代特点的讨论，我们可以有效探索如何结合新媒体时代的特点来教育中国医学生，以增强他们的政治认同感。

首先，重视中国传统文化对医学生教育的重要性，以及中国传统文化对于增强其政治认同感的优越性。在社会政治生活中，儒家文化已经成为中国传统文化的主要表现形式，中国在世界各地开办的“孔子学院”“孔子课堂”等，有助于增强人们的文化归属感和自豪感，这种回归传统文化的教育传播形式值得我们学习并借鉴。坚持古为今用的原则，对优秀的传统文化进行挖掘，促进传统文化的现代化，是研究医学生政治认同感

教育方法的新方向和有效整合中国传统文化影响的巨大力量，要始终让医学生意识到，爱国主义与民族文化是不可分割的。

其次，要充分利用新媒体时代的便利，改进医学生的思想政治教育模式。充分利用新媒体时代信息的即时性、交互性特点，改变传统教育模式，充实教学内容，建立结构科学、功能互补、与时俱进的课程体系，教育方式也逐步由灌输式教育向文化渗透转化，让医学生对政治生活产生兴趣，化被动为主动。尤其应该通过各学科和各专业的渗透，潜移默化地向学生们传播政治知识，帮助其陶冶政治情操、提高自身的政治觉悟和政治判断力，从而促进医学生的政治社会化，引导医学生认同中国政治制度的基本价值，促进其社会责任感的觉醒，帮助他们努力实现自身目标，在不断学习中成长成才。

最后，要注重鼓励医学生积极参与公平、正义、和谐的社会建设，以增强其政治认同感。社会实践活动不仅能提升医学生的各方面素质，还能让他们对社会、国家以及自身之间联系的认识更为深刻，从而强化自身的责任感和荣誉感。有国才有家，家国不可分。社会实践活动不仅能让医学生对自身的能力有所了解，也能接触更多的社会现实，这能让他们对自身、社会乃至国家有更进一步的了解，更容易明确目标，树立正确的人生观、世界观、价值观。所以，要鼓励支持其参加社会活动，让政治认同教育渗透到现实社会、反映在日常生活中，例如参观各种博物馆、展览馆、纪念馆、历史遗迹等，也可以通过网络问政的方式发挥网络的舆论导向作用，提高医学生的政治参与能力，增强医学生的主人翁意识。

当前，医患纠纷依然是社会上的热点问题，对医学生的价值观、伦理道德、责任感予以正确引导十分必要，而政治认同感则是其中的前提。增强医学生的政治认同感，有利于提高其民族自豪感和社会责任感，有利于抵制不良思想的侵袭，将正义与道德同化于个人道德体系中。

参考文献：

[1] 胡建，何沙沙．高校思想政治理论课视域下大学生政治认同教育的问题及对策［J］．思想教育研究，2016（08）．

[2] 戴建波．“90后”大学生政治认同实证研究——基于湖北七所高校的调查分析［J］．高教探索，2016（07）．

[3] 卢屏．当代大学生政治认同现状调查及对策研究——以广东省高校为例［J］．山西青年职业学院学报，2016（02）．

[4] 刘江翔．当代大学生的政治认同与社会稳定［J］．闽江学院学报，2013（05）．

[5] 黄建龙．当代大学生政治认同的影响因素与对策分析［J］．人民论坛，2013（08）．

[6] 毛振军．高校核心价值体系教育创新研究［M］．天津：天津科学技术出版社，2012．

新媒体融合视域下创新高职院校思想政治教育途径的研究①

黄玉斌②

四川化工职业技术学院

摘　要：互联网的迅猛发展、信息技术的日新月异、新媒体的快速发展，在为人们生活提供便利的同时，也给高职院校思想政治工作带来了机遇与挑战。新媒体丰富了高职思想政治教育内容，拓展了教育资源，优化了大学生的学习过程，增强了思想政治教育的针对性和实效性。更好地利用新媒体，融合新媒体，甄别虚拟与现实，滤清信息真伪，创新教育途径和载体，对高职院校思想政治工作水平提升有十分重要的意义。

关键词：新媒体　高职院校　思政教育　创新研究

随着新媒体时代的到来，多样化的网络媒体形式对高职院校思想政治教育起到了一定的积极作用，它不仅丰富了思想政治教育的内容和手段，也增加了思想政治教育实践的难度。创新思想政治教育途径和载体，融合新媒体手段，是提高高职院校思想政治教育的重要手段。

一、认识新媒体

（一）新媒体的定义

新媒体，是以新技术为平台，全方位传播信息，更加快捷、便利传达资讯的公共服务媒体。它以数字信息技术为基础，以互动传播为特点，具有创新形态，被形象地称为“第五媒体”。

（二）新媒体的特征

与传统媒体相比，新媒体具有个性化突出、受众选择性增多、表现形式多样、信息发布实时等新特点，交互性与即时性、海量性与共享性并存，具有超文本的全息化、数字化、网络化等优势。

---

① 基金项目：本文系2018年四川化工职业技术学院研究课题“新媒体融合视域下高职院校思想政治教育实效性提升研究”研究论文。(课题编号：SCHYZ－1805)

② 黄玉斌，四川化工职业技术学院教授，主要研究方向为思想政治教育、职业教育。

（三）新媒体的作用

1. 新媒体拓宽了高校思想政治教育平台

新媒体时代下，高校的思想政治教育突破了传统的思想政治教育环境的限制，不再局限于单一的平台，学生能迅速接收最新讯息、了解把握政治动态，教育工作者可以结合实际、快速地传播正确的理论与政策，使思想政治教育从平面走向立体，从静态变为动态，使政治教育的内容更为生动形象，更易于大学生掌握。

2. 新媒体丰富了高校思想政治教育的方式与手段

传统的思想教育模式已不能满足当代大学生的需求，他们不再愿意单一机械地坐在教室中听老师讲述枯燥的理论知识，而是更想在讨论中表达自己的想法与见解。新媒体技术能让学生和老师在QQ群、微信群中畅所欲言，共同探讨对某一热点事件的看法，表达自己的观点。教师可以利用生动丰富的教学手段和教学方式，向大学生传达正确的价值观。

3. 新媒体具有较强的感召力

高校思想政治教育依托网络技术和数字通信技术，充分利用新媒体信息传输速度快、时效性强、传播范围广的特点，融合新媒体手段，快速传播优秀的思想、理论与政策，获取思想政治教育信息，有助于将大学生思想政治教育的内容生动化、具体化、形象化，极大地提高大学生思想政治教育的吸引力和感召力。

4. 新媒体提高了大学生学习的自主性

在新媒体时代，教育工作者只需事先提供丰富的教育信息以供学生选择，大学生可以根据自己的需求选择感兴趣的教育内容，在相对轻松的氛围中自由地浏览信息，合理地安排自己的学习内容和学习时间。

二、新媒体对现代教育的影响

目前，新媒体正以其传播速度快、信息量大、内容丰富、覆盖面广、使用方便、互动性强等特点进入高校、走入校园，对大学生的思维方式、价值判断、语言特点、交往方式、心理意识等产生了强烈的冲击。微博、微信的快速普及不断改变着人们的交流方式，影响着大学生的学习和生活，深刻影响着高职教育的变革。

（一）新媒体与多媒体的深度融合

智能手机的发展颠覆了人们的交流与沟通方式，随着新媒体的不断变化，高职教育教学开始从重知识传授向重能力培养转变，从传统教学方法过渡到运用多媒体手段进行教学，动漫、视频、图表等教学形式的利用扩大了教学容量，改变了教学形式。新媒体的融合可以使教师自由拓展知识，深层次挖掘和细化知识，利用软件灵活掌控课堂，促进教学质量的提升。

（二）新媒体增进相互沟通

新媒体改变了传统的教学模式，改变了课堂氛围。教师可以灵活改变教学方法，主动控制教学课程，及时了解学生的学习情况，课下可以与学生单独进行交流，就学生感兴趣的知识点和话题进行沟通。新媒体平台能有效把握教学进度，全方位了解学生，改进教学方法，提高教学水平。

（三）新媒体影响大学生的创新思维

智能手机的普及使得“拇指控”现象严重，大学生在课堂里上网冲浪、打游戏、看视频、微信或短信聊天，思想“开小差”的情况日趋严重，导致听课质量无法保证，知识掌握不牢靠，学习效果不理想，他们惯于利用网络媒体查找资料，主动获取知识的积极性不高，出现了新的“网瘾”。良莠不齐的海量网络信息资源，暴力、虚假、色情等信息动摇着大学生原本正确的人生观、价值观，严重损害了大学生创新能力的发展。

三、新媒体对高职院校学生的影响

新媒体的影响与日俱增，不但冲击着大学生的日常生活和学习习惯，也给高职院校思想政治工作带来了一定的影响。

（一）新媒体拉近师生距离

新媒体信息传播速度快，媒体信息日益多元化，传播方式向网络延伸，表达方式向多视角转变，人们获取信息的方式更加便捷、多元。新媒体有效拉近了师生距离，拓宽了思想政治教育平台，淡化了学科之间的界限，有利于提升大学生的思想认知水平。

（二）新媒体拓宽高职生的认知面

新媒体集图像、声音、文字于一体，实现了动态交互，加深了人们对信息的理解。新媒体有利于大学生多角度地观察世界、了解世界，有助于实现知识的及时更新，改变了过去信息接收滞后的现象；新媒体帮助学生开阔了视野，拓展了知识面，增强了他们思维的多样性、灵活性，为学生综合素质的提升开拓了途径。

（三）新媒体提升高职生的交往能力

新媒体内容丰富、传播快捷、互动性强、表现形式多样，为大学生提供了解决问题、交流思想、获取信息、娱乐消遣的便捷平台，有助于激发大学生自主追求新知识的欲求；有利于扩大大学生之间的沟通交流，帮助大学生增强自身的知识储备及能力，创造了“一对多”“点对面”的新型人际交往模式，实现了丰富多样的人际交往目标。

（四）新媒体对高职生的心理健康有影响

新媒体的趣味性、网络虚拟空间具有较强的平等性和隐蔽性，会导致部分大学生沉迷其中，滋长懒惰习性，为自身逃避现实寻找借口；部分自制能力较弱的大学生会沉迷网络，置身于封闭的网络世界无法自拔，不能他人正常交往，与现实世界脱节，形成了孤僻寡言的性格，严重影响了自身的正常发展，逐渐丧失了融入社会的能力。

四、融合新媒体提升高职院校思想政治工作的实效性

新媒体作为高校思想政治工作的载体，肩负着大学生思想政治教育的重要责任。针对这把双刃剑，要不断寻找合适的方法和对策，降低它的负面影响。了解新时期高职生的新变化，要从心理到行为，从学习到生活，全面剖析、深入研究，利用新媒体优势，不断提升高职教育质量，为高职教育的发展奠定坚实的思想基础。

（一）融合新媒体，建设新队伍

充分利用新媒体知识，不断完善高职院校思想政治教育工作队伍建设。针对高职生的思想特点，提高思想政治教育的实效性，选拔和培养一批勇于创新、与时俱进、有较强新媒体运用能力的骨干教师，成立校园公共平台，由专人负责日常管理和运营，选拔以辅导员、思想政治课教师、学生干部和学生党员为骨干的新媒体信息员，进行相关业务培训，使其成为大学生思想教育的排头兵和学生工作的中坚力量。

（二）融合新媒体，搭建新平台

传统的思想政治课堂教育早已不能满足当代高职大学生的信息需求。面对新时代的要求，高校思想政治教育工作者要充分利用新媒体、融合新媒体，了解新媒体特点，凭借新媒体优势，挖掘微信息，牢牢把握思想政治教育的主动性，优化思想政治教育的方式方法，化被动为主动，帮助大学生坚定理想信念，树立正确的世界观、人生观、价值观。

（三）融合新媒体，实现交互性

高校思想政治工作者可以提前利用新媒体发布相关的热点新闻或话题，鼓励学生发表自己的观点，并将正面的思想和正确的价值观贯穿其中，在潜移默化中引导学生的思想，形成教师与学生共同参与讨论的新型教学模式，让思想政治工作搭上新媒体的顺风车。

（四）融合新媒体，增强针对性

在当今的多元价值背景下，价值主体日益自由化，价值导向日益多元化，大学生容易迷失自我，价值观混乱，价值目标模糊。大学生正处于成长阶段，对不良信息的“猎奇”心理、对权威信息的质疑心理、对传统说教的排斥心理、对正当价值取向的模糊心理、对社会道德观念的漠视心理，都会给思想政治教育带来一定的难度。高职院校要充分利用新媒体，准确把握高职学生的思想特点，坚持“以疏为主，以堵为辅，疏堵结合”原则，在工作中不断总结经验，发现规律，在思想政治工作中赢得主动。

（五）融合新媒体，探索新路径

在融合、使用新媒体的过程中，要与学生同步，不断研究和探索对大学生进行思想政治教育的新方法、新途径、新手段。要在坚持课堂教育、校园文化、社会实践、创新创业等传统思想政治教育手段的基础上，把新媒体作为思想政治教育的舆论阵地、学习阵地、生活娱乐阵地和工作的新重点，使之作为开展思想教育工作的重要载体。

（六）融合新媒体，培育新素养

培养大学生的新媒体素养，增强大学生思想政治教育的实效性，是新媒体作用的重要体现。大学生是思想政治教育的主体对象，要培养他们形成良好的媒体素养，使他们充分发挥在新媒体使用中自我教育、自我管理的作用，增强教育的实效性。通过开设选修课、邀请专家做报告、举办文化活动等形式，引导大学生正确认识和合理地使用新媒体，及时分析、处理、解决问题，提高学生对新媒体信息的判断能力和把握能力，增强大学生在新媒体信息发布与传播中的道德自律和品德约束。通过各种新媒体平台，让大学生在使用新媒体技术的过程中自觉培养和掌握现代信息技术素养。

（七）融合新媒体，管理不缺位

新媒体中可能存在的色情暴力、低级庸俗、拜金主义等不健康内容，不可否认会给大学生的思想观念和心理带来不良影响。习近平指出，要树立正确的网络安全观，加强信息基础设施网络安全防护，加强网络安全信息统筹机制、手段、平台建设，加强网络安全事件应急指挥能力建设，积极发展网络安全产业，做到关口前移，防患于未然。要加强高校、社会与政府的应对与监管，净化网络环境，为大学生提供一个安全、纯净的新媒体环境。利用网络新技术建立网上自动报警系统，过滤新媒体信息，限制不良信息对大学生的侵染和腐蚀，自动传播真善美正能量信息，帮助大学生获取知识、提升素养、不断进步。

（八）融合新媒体，育人全过程

高职院校是培养高素质技能型人才的基地，培养学生的创新精神、专业技能和实践能力，为国家培养高素质技能型应用人才是其社会责任。习近平总书记指出："高校立身之本在于立德树人"，"坚持把立德树人作为中心环节，把思想政治工作贯穿教育教学全过程，实现全程育人、全方位育人"；加强思想政治教育，将职业素质教育贯穿人才培养全过程是培育高素质人才的重要环节。新媒体时代，创新高职院校思想政治教育，加强大学生思想政治教育，以教育的思想引领思想的教育，培育新时代人才，是国家赋予教育工作者的历史使命和社会责任，也是实现中华民族伟大复兴的重要途径。

总之，新媒体时代的到来给高职院校思想政治工作带来了机遇与挑战，借助新媒体开展思想政治教育具有鲜明的时代性和实践性，我们要站在时代前沿，融合新媒体，充分发挥新媒体优势，合理利用新媒体技术，开拓符合时代发展需要的教育新模式，只有这样，才能增强思想政治教育的渗透力，促使大学生树立正确的世界观、人生观、价值观，保障大学生健康成长。

参考文献：

[1] 习近平. 在全国网络安全和信息化工作座谈会的讲话 [R]. 人民网，2016-4-26.
[2] 魏奥玲. 新媒体环境下大学生思想政治教育工作的创新 [J]. 南方农机，2018 (20).
[3] 梁卉. 在新媒体环境下高职院校学生思想政治教育工作探讨 [J]. 才智，2015 (02).

自媒体时代背景下民航高校德育的机遇与挑战[①]

程翔宇　秦　弋　何明勇[②]

中国民用航空飞行学院

摘　要：德育是民航高校“育人”过程中不可或缺的重要组成部分，随着自媒体时代的到来，有着平民化与草根化、便捷化与碎片化、极速化与交互化等特点的自媒体，给目前的民航高校德育带来了巨大影响：一方面，民航高校德育工作者的权威面临挑战，德育环境易遭腐蚀，德育模式有待更新。另一方面，也带来了充实德育内容、拓展德育空间、创新德育手段等机遇。

关键词：自媒体　民航高校　高校德育　机遇与挑战

在我国，民航高校德育泛指民航高校对学生所进行的政治教育、思想教育、道德教育等，即一般包含了学生个人“私德”、社会“公德”、职业“道德”及政治信念与信仰教育等。故而民航高校德育对于民航高素质人才的培养至关重要，它不仅是对民航行业培养要求的贯彻，更是对习近平总书记所提出的“以德树人”这一教育目标的具体体现。

根据第41次《中国互联网络发展状况统计报告》可知，中国网民规模已达7.72亿，互联网普及率为55.8%，手机网民规模达7.53亿，网民规模中超过一半为学生群体，自媒体时代已经悄然来临，自媒体已渗透到当代学生群体的日常生活与学习当中。自媒体时代的到来对于民航高校德育究竟会有什么样的影响，自媒体时代下民航高校德育现状如何，是每一个民航高校德育工作者不得不面对的现实问题。

一、自媒体的内涵及特点解析

自媒体是科技进步所带来的媒介形式的新变革，被誉为“新闻媒体3.0”。顾名思义，自媒体即个人可以分享、可以查阅、可以选择的信息传播媒介。美国学者丹·吉尔默的著作《新媒体》中第一次出现了“自媒体”一词。而美国学者谢因·波曼与克里斯·威理斯则第一次对“自媒体”进行了严谨定义，认为自媒体是一种理解普通大众如

---

① 基金项目：本文系中国民航飞行学院科研基金重点青年基金项目（项目编号：Q2015-002）——《自媒体时代下的民航高校德育研究》及四川省社会科学重点研究基地四川省教育发展研究中心2016年度科研项目（项目编号：CJF16055）——《自媒体时代民航高校德育实效性研究》研究成果之一。

② 程翔宇，中国民用航空飞行学院辅导员、研究实习员；秦弋，四川幼儿师范高等专科学校教师、助教；何明勇，中国民用航空飞行学院辅导员、助理研究员。

何提供与分享与自身相关的事实和新闻的途径，常见的如微信、QQ、微博、拍客、晒客及各类社交网站等，都可以视作自媒体的典型代表。而作为媒介形式的新变革，自媒体也有着异于传统媒介的特别之处。

（一）平民化与草根化

与传统媒体不同，自媒体没有较高的信息发布门槛及烦琐的审批程序，人人都可以成为信息交互的“传递员”和信息传播过程中的“节点”，能让更多人听到老百姓的声音。

自媒体中也少有权威组织的干预与信息垄断，用户可以自由选择其喜欢或者感兴趣的信息进行传播交流，人们不再只能听到一个或某几个声音，每个人都可以成为新闻事件的“当事人”与“发声者”，这就导致了传播内容的草根化倾向。因此自媒体的传播内容更具多元化与选择性，正如丹·吉尔默说的那样，自媒体是草根新闻，源于大众，为了大众。

（二）便捷化与碎片化

自媒体不仅信息发布与接收门槛低，操作也非常便捷，它没有传统媒体中复杂的体系构建与运作模式，人人都可以直接上手，只需“动动手指”，就可以进行一些简单的操作，实现信息的传递与接收，格外方便快捷。

而简单便捷的操作导致信息传播方式与内容日益碎片化，不仅传播内容言简意赅，其传播时间也不固定。这不仅与当下人们快节奏的生活方式相适应，也为人们有效、合理地使用碎片时间提供了更多的选择与便利。

（三）极速化与交互化

平民化、便捷化的自媒体不仅用户基数庞大，且空间里的媒介相互联系、互有交叉，这就使得自媒体中信息的传播迅速蔓延开来。信息的传递可以不受时间与空间的限制，传播日益“极速化”。自媒体平台平民化的信息传播门槛与便捷的操作也使得越来越多的人乐于参与其中，促进了信息的传播与共享。

极速化的信息传播速度与平民化的信息传播门槛、便捷化的操作方式相得益彰，这使本就是信息传播者与接收者的自媒体用户可以不受时间与空间的限制，轻而易举地在自媒体平台实现交互，每个人都可以实时参与信息的传递与接收，如此，则个体在自媒体平台中的活跃度与积极性得到释放，媒介之间得以实时互动，大大增强了信息传播的时效性。

二、自媒体时代民航高校德育面临的现实挑战

自媒体时代的来临对当代民航高校的影响是广泛而深远的，其不同于传统媒介的特点也在潜移默化地影响着目前的民航高校德育，给目前民航高校德育的开展带来了一定的挑战。

（一）德育主体地位发生改变，教育者权威面临挑战

民航高校与一般高校不同，大多实行“准军事化管理”模式，更加注重学生纪律性、严谨性与政治觉悟的培养，在学生教育与管理方面强调“从上至下”，既在制度层

面树立起教育者的权威，使得本就有着知识积累与经验沉淀的教育者更容易把握信息传播的话语权，在理论知识与实践经验方面占优势的教育者则可以更加自由地根据德育目标选择德育内容，从而强化德育过程的说服力与吸引力，通过生动的德育过程树立起权威的“师者”形象。因此，教育者牢牢占据着信息垄断地位，与受教育者之间存在明显的信息不对称，致使在传统的民航高校德育中，教育者与受教育者本应作为德育主体的双方，但其中的主导地位一直为教育者所占据，受教育者则更多地处于被动接受的状态，呈现出明显的“单极化”的德育主体地位格局。

而在自媒体时代，自媒体“低门槛”的特点使得每一个人都可以在自媒体平台中传播和共享信息，信息传播方便快捷，人人都可以轻而易举地获取大量信息。因此，教育者与受教育者间的信息不对称逐渐被打破。同时，由于自身条件及传统德育模式的限制，民航高校德育教育者对于自媒体的使用是落后于受教育者的，其在自媒体上的“话语权”与受教育者相比处于劣势，因此就容易造成受教育者在某些方面对于信息的获取与储备超出教育者，“弟子不必不如师，师不必贤于弟子”在自媒体时代的信息获取中得到印证。教育者在信息获取上不再占有先机，受教育者的信息来源渠道日趋多元，这一切使得受教育者在德育方面的主体性慢慢觉醒，敢于向教育者提出质疑，德育双方逐渐由“单极化”向“双元化”转变，教育者在德育过程中的“权威”受到挑战。

（二）德育环境易遭腐蚀，受教育者思想遭受冲击

德育环境一般是指影响人形成一定品德的各种事物的总和，健康适宜的德育环境对于受教育者德育培育的重要性毋庸置疑。而民航高校一直注重良好德育环境的塑造，一方面，在准军事化管理模式下，运用“一日生活制度”“形式政策两课”“党政宣传”“公寓文化建设”等手段规范受教育者的生活作息，注重其个人品德、职业道德、政治觉悟等的培养，从而营造积极向上的生活、学习氛围；另一方面，民航高校教育者凭借自身的“权威”地位，对校园外界传播的信息进行筛选，从而在传统信息媒介中起到“把关人”的作用，杜绝不良信息的传播，为受教育者提供良好的信息土壤与德育环境。

而在信息传播的速率与量级均发生巨大变化的自媒体时代，碎片化、巨量化的信息传播使得信息的传递难以控制，信息传播可谓无孔不入，因此对于各类信息的筛选颇具难度。而目前，对自媒体的信息传播本就没有完善的监控机制，再加上信息传播的“无孔不入”与民航高校教育者信息垄断地位的逐渐丧失，民航高校德育教育者对于校园外界信息把控的“把关”功能已逐渐弱化，各种错综复杂、真假难辨的信息通过自媒体涌入校园。这不仅对受教育者的思想造成了冲击，使其容易遭受不良文化的侵蚀，也使德育环境易遭腐蚀。

（三）德育模式有待更新，受教育者积极性逐渐减弱

自媒体时代来临之前，民航高校大多采取“重道德认知，轻道德情感与实践”的德育培养模式。一方面，民航高校德育教育者占据着信息传播的垄断地位，与自媒体时代相比，传统媒介在信息传播方面相对封闭单一，因而教育者可以通过固定的德育途径对受教育者进行直接的信息灌输与教育，传达含有特定内容和明确导向的信息；另一方面，在自媒体时代来临之前，教育者对学校外界信息的传播仍起着“把关人”的作用，

使受教育者不容易遭受外界不良信息与文化的侵扰，德育环境相对健康稳定，德育的教育作用得以保证。故而，在自媒体时代来临之前，“重知”的德育培养模式是可行、合理且具有一定实效性的。

但在自媒体时代，平民化、便捷化的自媒体平台不仅使信息的获取、传递变得便捷容易，教育者的信息垄断地位不复存在，信息传播的极速化与碎片化也导致了信息内容的混杂与难以监管，身心尚未完全成熟、辨别能力尚浅的受教育者很容易被不良信息误导，所以容易产生负面的导向作用，对民航高校德育产生消极影响；而另一方面，“重知”德育培养模式中的德育方法较为单一，多以理论说教、信息灌输为主，德育过程也是以教育者的“教”为主导，受教育者则处于被动“学”的状态，缺乏互动与参与、实践与感受，与拥有实时性与交互性的自媒体平台相比，后者无疑更加新奇与充满诱惑。因此，受教育者对于方法单一、缺乏主观能动性的传统德育培养模式的态度逐渐消极，主动参与德育的积极性也日趋减弱，从而影响了民航高校德育的实效性。

三、自媒体时代民航高校德育迎来的发展机遇

虽然自媒体时代为当今的民航高校德育带来了一些新的挑战与不确定因素，但是正如马克思所言，矛盾是普遍的，也是对立统一的，矛盾双方在一定条件下是可以相互转化的。在自媒体时代，对自媒体的合理利用也为民航高校德育的发展带来了新的机遇。

（一）充实德育内容，加强与生活实际的联系

德育内容是教育者进行德育的重要信息载体，然而在目前民航高校的德育工作中，脱离生活实际的说教仍占据着德育内容的主流，存在着过分强调工具性、轻视受教育者生活实际的倾向，从而也就忽视了对受教育者道德理想的培养。因此对于处于信息爆炸、价值多元化的自媒体时代背景下的受教育者而言，只有更加贴近其生活实际，重视有客观事实支撑的德育内容，才能真正解决受教育者在现实生活中所遇到的种种德育矛盾。

伴随着自媒体时代的来临，自媒体平民化、便捷化带来信息传播的草根化与碎片化，不仅使短时间内获得大量信息成为可能，更使传播的信息日益生活化，与人们的日常生活紧密相连。对于受教育者而言，不论是生活点滴还是社会热点，他们都乐于通过自媒体进行分享与传播。这一方面不仅为教育者收集教育素材、准备德育内容提供了便利，使其可以利用受教育者所分享的生活实际中的大事小情为德育内容提供补充与支撑，从而充实德育内容，提高其自身的丰富性与吸引力；另一方面，受教育者在参与信息的传播与共享过程中，积极性得到充分调动，他们通过自媒体获取与生活实际紧密相连的生活素材与德育内容，受到教育者相应的指导，从而解决生活中所遇到的道德问题，自身德育理性得到提升。所以自媒体不仅可以充实德育内容，让民航高校德育更加“接地气”，更贴近受教育者的生活实际，还能有效调动受教育者参与德育的主动性与积极性，从而促进民航高校德育不断发展。

（二）拓展德育空间，提升日常德育的实效性

就目前而言，民航高校德育大多通过课堂教学、集体谈话等形式开展，不能摆脱课

堂、书本、人数等方面的限制，造成德育空间有限。如此一来，即便可以利用党团活动、个别谈话、公寓文化建设等途径或手段，也大多受限于时间与空间，要么实际教育效果不佳，要么实践效率不高。而对于时刻处于信息传播中的受教育者而言，其尚未稳固的世界观与价值观时刻遭受着外界信息的冲击，因而拓展德育空间，增强德育的实时性与交互性，让教育者能够及时地对受教育者进行指引与反馈，对于民航高校德育今后的发展具有重要的现实意义。

而自媒体的出现，不仅可以拓展德育空间，更可以实现教育者与受教育者间的实时沟通，从而提升日常德育的实效性。一方面，低门槛、极速化的自媒体，为本就在自媒体平台上相互联结的不同媒介的实时交互提供了可能，教育者与受教育者可以不再受时间与空间的限制，随时随地通过自媒体平台进行实时互动，原本有限的德育空间变得开放多元，德育空间得到了极大拓展；另一方面，教育者与受教育者间的实时互动，使受教育者可以随时提出自己的问题与疑惑，教育者也能实时进行“答疑解惑”，对受教育者进行检测，从而了解受教育者的学习与掌握情况，进而发现德育过程中所存在的问题与不足，把握受教育者的兴趣热点与难点，为今后德育的实施提供改进经验，做到“对症下药”，从而促进德育实效性不断提升。

参考文献：

[1] 都慧英，周方遒. 自媒体对大学生思想政治教育的影响 [J]. 辽宁工业大学学报（社会科学版），2012 (06).
[2] 苏安娜. 自媒体时代大学生思想政治教育实效性研究 [J]. 兰州教育学院学报，2019 (08).
[3] 罗国安，赵金昭. 德育环境学 [M]. 西安：陕西人民出版社，1992.
[4] 杨雪冬，等. 风险社会与秩序重建 [M]. 北京：社会科学文献出版社，2006.
[5] 赵新亭. 高校德育的问题与创新对策的探究 [J]. 教育探索，2007 (03).
[6] 陈凤. 幼儿园开展德育教育之我见 [J]. 教育教学论坛，2013 (52).

网络流行语对高校共青团思想政治教育的影响及对策

杨真一[①]

成都工业学院

摘　要：网络流行语以其通俗易懂、幽默诙谐的特点受到了广大青年的推崇与喜爱，从而对青年的人生观价值观产生了渗透式的影响。随着互联网的发展，网络流行语的更新速度加快，也给高校大学生思想政治教育带来了新的挑战和要求。共青团作为高校中与青年联系最紧密的团学组织，掌握网络流行语对其进行大学生思想政治教育至关重要。本文从分析网络流行语的自身特点和高校共青团组织的特点出发，探索网络流行语对高校共青团思想政治教育产生的影响，并提出对策。

关键词：网络流行语　共青团　“互联网+”

互联网的产生和发展为信息传递提供了一种高效、便捷的传播方式，也改变了高校的教育教学方式和师生之间的交流方式。网络流行语是伴随网络发展兴起的一种有别于传统平面媒介的语言形式，它凭借简洁生动的特质得到了广大网友的青睐，发展神速，成为大众群体特别是青年群体日常生活中的主要交流方式。

一、网络流行语的特点

网络流行语是网民们为了提高网上聊天的效率或出于某种特定需要而采取的语言方式，经过一段时间传播后就形成了特定语言。由此不难看出，网络流行语具有语言简洁、内容丰富和易于接受三个特点。

（一）语言简洁

网络流行语之所以诞生，是因为人们在线上交流时打字的速度跟不上思维的运转，为了追求更快速的表达，人们在输入过程中只摘取语句中的关键字，如“不明觉厉”“人艰不拆”“十动然拒”等，由此可以看出网络流行语的简洁化。

（二）内容丰富

网络流行语之所以传播迅速、受大众欢迎，主要是因为它的文字有着丰富的含义，一般网络语言的流行都伴随着网络上的小故事或者是段子手写的“段子”“笑话”，它可以表达正常语言或语气所难以表达的情绪，在当代大学生的网络社交中，运用网络流行

---

① 杨真一，成都工业学院电子工程学院团总支部书记、实习研究员。

语来表达自己的情感，是拉近人与人之间距离的有效方法。

（三）易于接受

第41次《中国互联网络发展状况统计报告》显示，截至2017年12月底，我国网民规模达7.72亿，其中20～29岁的网民占30.0%，学生群体占25.4%，这说明青年学生群体已成为网络平台的生力军，而绝大部分青年已经成为网络流行语的制作者、使用者和传播者，网络流行语语言简洁、内容丰富，迎合了青年学生群体活跃、叛逆、乐于尝试新鲜事物的心理特点，所以在学生群体中很容易被接受，受欢迎程度高。

二、网络流行语与共青团思想政治教育的关系

（一）共青团思想政治教育的重要性

高校共青团组织作为高校中联系青年、服务青年最直接的团学组织，在全团中具有基础性、战略性、源头性的地位和作用，要加强共青团对广大青年学生的思想政治教育，引导青年大学生践行社会主义核心价值观。高校共青团组织是进行青年大学生思想政治教育的中坚力量，肩负着联系青年、教育青年、服务青年的重要使命。

（二）“互联网+”时代利用网络流行语进行共青团思想政治教育的重要性

语言不仅是表达个人思想、传递个人情感的文字工具，同时也是一个人思想精神和意识行为的直接体现，网络流行语已成为大部分青年学生的口头用语，它反映着青年学生的思想状态和价值观，因此，在“互联网+”时代，正确掌握网络流行语的特点、形成方式、传播途径、正面影响和负面影响，对于高校共青团思想政治教育至关重要。

三、网络流行语对共青团思想政治教育的影响

（一）正面影响

网络流行语反映了青年大学生勇于追求新鲜事物、乐于表达自己的心理特征，这一点与大学生积极向上、勇于探索、活跃思维的性格特征相吻合，对此，高校共青团组织可以通过分析时下学生群体中流行的网络语言内涵来把握青年大学生的思想动态，及时对其进行思想政治教育。与此同时，较多网络流行语都从时事新闻及社会热点衍生而来，从中可以看出青年大学生关心国家、关心时事的积极态度。部分网络流行语体现出青年大学生努力拼搏、战胜自我的顽强精神，也有部分网络流行语具有积极的现实意义和促进作用。充分利用好这类网络流行语，可以让共青团思想政治教育在不断的阅读使用中得以传播发扬，真正发挥出教育意义。

（二）消极影响

部分网络流行语用词低龄、低俗化，带有严重的拜金主义、功利主义、个人主义色彩，在使用过程中会对青年大学生产生不良影响。大学阶段是思想碰撞最为激烈的时期，许多青年大学生还不具备正确判断事物本质的能力，他们往往容易被部分带有诱导倾向的网络语言影响，从而在人生观、价值观的形成过程中产生偏差。与此同时，高校

共青团组织的教育内容与方式不如网络流行语贴近、迎合学生，其教育效果无法深入青年大学生群体，这些都给高校共青团组织的思想政治教育工作带来了巨大挑战。

四、网络流行语对共青团思想政治教育影响的对策探讨

（一）共青团教育者应深入青年大学生群体，密切联系、团结青年

共青团组织作为高校中联系青年、服务青年最直接的团学组织，在进行大学生思想政治教育时要紧跟时代步伐，与时代接轨，要时刻与青年大学生保持密切联系，随时掌握大学生的思想动态。要提高共青团组织在思想政治教育工作上的吸引力、凝聚力，让共青团教育者深入学生群体，了解并学习当下青年大学生常用的网络语言，明白并掌握青年大学生所需要和喜欢的教育语言和教育方式，做到真正联系青年、服务青年。

（二）利用新媒体构建共青团思想政治教育的网络新平台

丰富教育载体，利用互联网新媒体媒介等，构建一个高效、分工明确的青年大学生思想政治教育网络平台。共青团组织应该利用联系青年、贴合青年需求这一特点创新工作方式，以网络流行语作为切入点，研究创作出多类青年大学生喜爱的、乐于接受的网络语言，通过微信、微博等建立起多渠道、多内容的青年思想政治工作网络，从而使得青年大学生思想政治教育工作可以“更接地气”，更受青年大学生喜爱和接受。

（三）健全大学生网络平台监督监管机制

利用网络平台进行大学生思想政治教育虽然操作方便、传播速度快，但也要严格抵制媚俗、不入流网络语言的传播，引导青年大学生的思想、舆论等步入正轨，杜绝不法分子利用这一受大学生喜爱和信任的教育平台从事违法活动。

五、结语

高校是思想政治教育的重要阵地，共青团工作则是高校思想政治教育的重要领域，共青团组织做好思想政治教育工作，是帮助青年大学生成长成才，形成正确的价值导向，做出正确价值判断的重要途径。共青团组织的教育者要在平时工作中深入青年、了解青年、服务青年，把握青年大学生的思想动态和价值观认知，充分利用好网络流行语这一简单、快捷、高效又受欢迎的话语形式来提高思想政治教育工作的质量，加强大学生理想信念教育，使其自觉践行社会主义核心价值观。

参考文献：

[1] 中国互联网络信息中心. 第 41 次《中国互联网络发展状况统计报告》[EB/OL]. (2018-01-31). 中华人民共和国国家互联网信息办公室.
[2] 孙一鸣. 网络流行语对大学生思想政治教育的影响研究 [J]. 学理论，2014 (33).
[3] 刘丹. 网络流行语对共青团思想政治教育的影响及对策研究 [J]. 林区教学，2017 (04).

基于网络环境的思想政治教育的问题与对策

陈光军[①]

四川民族学院

摘　要：网络环境下，大学生的生活和学习方式发生了巨大变化，因此思想政治教育的内容应该拓宽到社会生活的方方面面，多渠道创新工作方法和手段，发布思想政治教育信息，最大限度地利用网络信息空间，全方位地对大学生进行思想政治教育。

关键词：网络环境　思想政治教育　思路对策

互联网已经成为当代大学生获取信息的重要途径和手段，在他们学习、工作和生活中也发挥着越来越重要的作用。毋庸置疑，互联网上丰富的资源和信息在潜移默化中对“95后”大学生的生活习惯和学习方式等各个方面都产生了巨大的影响。如何应对网络给大学生和高校思想政治教育带来的问题和造成的负面影响，提高高校思想政治教育的针对性和实效性，从当代大学生的身心特点出发，增强工作的亲和力和吸引力，用“95后”大学生喜闻乐见的方式开展思想政治教育工作，使其入课堂、入耳、入心，成为摆在高等教育面前的重要课题，这同时也关系到高校“培养什么样的人，如何培养人，为谁培养人”的重大问题。

一、网络环境下高校思想政治教育的现状及特点

（一）网络环境的特点

21世纪，互联网已经遍布全球，世界各地各种规模的网络联结为一个整体，超越了时间和空间限制，构建出一种有网而无形的未来世界状态，形成了一个全球信息空间。网络对高等教育具有“双刃剑”效应，如今，网络已经全面覆盖高校，高校也是网络发展最快、培养人才最多的地方，大学生每天沉浸在网络的海洋中，进行着碎片化阅读、轻阅读、短阅读，接收着多元文化的熏陶，潜移默化地受到了许多影响。

（二）当代高校大学生思想现状及特点

当代“95后”大学生在应试教育背景下经历高考的高强度训练后进入大学，很多人还保有“进入大学就解放了”的思想，把大学当成一个无拘无束、可以放任散漫的地方。加之多元网络文化的冲击和影响，部分意志不坚定的学生很容易受不良网络信息的

---

① 陈光军，四川民族学院康巴发展研究中心副教授、法学硕士，主要研究方向为思想政治教育。

腐蚀而渐渐抛弃艰苦奋斗、积极向上的进取精神，他们缺乏理想信念，对中国梦认识不足，反而倾向于信奉个人主义、利己主义和功利主义，诚信意识薄弱，缺乏社会责任感，理想信念模糊，政治信仰迷茫，奋斗精神弱化，价值取向出现偏差。

（三）高校思想政治教育现状

当今高校思想政治教育和引领主要还是采取传统的教育教学模式，通过设置入学教育、思想政治类课程等方式，对大学生进行思想引领、道德培养，班主任、辅导员承担了部分学生的思想政治教育工作，时刻密切关注着学生的动态。但这种模式不能覆盖每一位学生，缺乏思想政治教育的趣味性、亲和力、吸引力和感染力。高校普遍缺乏对大学生上网时间和内容的正确指导和规范管理，对网络环境下如何把思想政治教育贯穿教育、教学、管理、服务的全过程重视不够，模式不全、方法不多，教育内容陈旧，教育队伍素质有待提高，缺乏科学的评估体系和管理体制。改善高校思想政治教育，适应网络化时代特点，成为摆在我们面前重要而又紧迫的任务。

二、网络环境下高校思想政治教育面临的问题与机遇

（一）网络环境下高校思想政治教育面临的问题

1. 网络对高校思想政治教育内容造成冲击

网络的出现使得学生了解信息的渠道更多、更广，高度发达的网络媒介可以使学生在第一时间了解媒体内容。然而，这些内容中混杂着不少西方不良思想，对大学生具有一定的迷惑性。网络在一定程度上影响了人们对现实的认识，使得个人主义膨胀，人际关系疏远，大学生人际交往、社会交往能力日益下降。传统思想政治教育内容仅仅局限于课本与课堂，而网络环境下思想政治教育的内容应该拓宽到社会生活的方方面面。

2. 网络对高校思想政治教育方式提出了挑战

伴随着网络的发展，学生从传统渠道获取信息和知识的概率大大降低，随着时间的推移，思想政治教育的封闭模式也随之打破，以往的思想政治教育模式必然难以延续。网络的开放性和全球性使得传统的思想政治教育模式无法满足现代大学生的需求。网络的多元化发展趋势使传统的基于课堂灌输的思想政治教育面临着严峻的挑战。网络中的信息“垃圾”很容易腐蚀人们的思想和意志。

3. 网络对大学生的身心健康产生影响

互联网创造的震撼视觉感受，展现的环境特色、周边文化以及丰富多彩的信息越来越多地吸引着大学生，但也引发了认知冲突、情感冲突和人格冲突，不可避免地影响着大学生的身心健康。网络的虚拟化特征易导致人们人际交往的障碍和道德的弱化，家庭关系也有所弱化。人们在网络中成为“隐形人”，人际关系淡薄，人际距离遥远，令人孤独、沮丧和焦虑。学生长期沉迷于互联网，身体健康也容易受到影响。

（二）网络环境下高校思想政治教育的机遇

1. 丰富了思想政治教育信息与资源

高校传统思想政治教育的信息和数据来源有一定的局限性，主要出现在图书、报纸、广播、电视等传统媒体上，信息和知识资源相对较少，只能涵盖部分思想政治教育

的内容。互联网具有信息丰富、传播速度快、信息更新及时和信息共享的特点，改变了传统的在教室中被动接受教育的形式。网络信息为大学生思想政治教育工作者提供了广泛的资源基础，丰富了大学生思想政治教育的内容，提高了思想政治教育的亲和力、吸引力。

2. 有助于提高思想政治教育归属感和认同感

网络使思想政治教育过程更加生动有趣。它的直接性使思想政治课更加现代化，它的非地域性打破了空间限制，拓宽了高校师生之间的交流，使思想政治工作得以深入开展。电脑网络语言具有声色俱全、图文并茂等特点，一改传统思想政治教育说教的枯燥模式，有利于加深大学生对高校思想政治教育的认同感与归属感。

3. 为思想政治教育提供了创新平台

网络极大地促进了大学生的社会化，为大学生提供了更广阔的社会实践环境，促使他们关心世界，关心社会，理解和认识自己，并逐渐成熟和完善，也为我们开展思想政治工作提供了现代化的手段，拓展了思想政治工作的空间和渠道。

4. 为思想政治教育提供了舆论导向工具

网络为思想政治教育提供了舆论导向工具，提升了高校思想政治教育的有效性。网络上的信息资源不断更新，通过互联网，人们可以及时、快速地了解世界各地的政治、经济、生活等重要事件和新闻，还可以浏览感兴趣的话题，在互联网上发表评论。

三、网络环境下思想政治教育贯穿教育教学全过程的思路与对策

网络环境下，要多渠道地创新工作方法和手段，发布思想政治教育信息，最大限度地利用网络信息空间，全方位地对大学生进行思想政治教育。

（一）优化技术拓宽思想政治教育范围——技术支持

加大力度建立思想政治教育网站、微信公众平台，开发思想政治教育软件、思想政治教育手机 App，在服务项目中突出个性化服务的特点，以满足大学生的生活和学习需求。利用网络技术加大网络爱国主义教育宣传和网络爱国主义教育基地建设，大力弘扬和培育民族精神，巩固网络思想政治教育阵地。利用网络载体开展丰富多彩、生动活泼的思想教育活动，以吸引大学生的注意力。进行科学世界观和方法论的宣传和指导，对一些重大政治问题、意识形态问题和影响全局稳定的问题做出明确评论和积极引导，也要敢于批评错误的思想倾向。利用网络、微信、微博等学生喜闻乐见的方式把思想政治教育引入大学生的日常生活，不断提高思想政治教育的亲和力和吸引力，提高思想道德教育、理想信念教育、中国梦教育、社会主义核心价值观理念在高校学生群体中的认同感。

（二）建设思想政治教育工作者队伍——人才保障

加强思想政治教育队伍建设，对网络思想政治教育队伍的建设应注意转变教育观念，改进教育方法，应用新的载体。要抓好新旧两代辅导员队伍知识、能力结构的更新，教育者不仅要掌握以往书籍中的知识、经验和技能，还要发展智力，培养行为习惯，随着变化的需求和标准与时俱进，努力提高网络技术和职业技能，系统地研究一些

大学生关注的社会热点和难点，从而把握学生思维的脉搏，帮助他们全面地了解这些社会问题产生的原因、发展的过程、解决的办法，更好地对学生进行思想政治教育。

（三）将“网商”媒介素养教育深化为思想政治教育内容——教育保障

在思想政治教育内容中，有意识地增加媒体道德教育等媒体素养教育内容，是高校发展的现实需要，也是对高校思想政治教育内容的有益补充。“网商”（IEQ）即驾驭和掌控网络的智慧，帮助大学生提高网商，有利于引导学生正确使用网络，增长见闻，完善个体。对此，要通过一系列辅助行政手段来加强对网络的监督和管理，对上网时间、时长，以及浏览网站进行限制。

青年强则国强，高校大学生是祖国的未来、民族的希望，在当今中国梦的视域下，高校应该善于利用网络媒介对大学生进行思想道德教育及引领，使“奋斗的青春最美丽”这样的主旋律深化于大学生的日常学习生活。

参考文献：

[1] 比尔·盖茨. 未来之路 [M]. 辜正坤，译，北京：北京大学出版社，1996.

[2] 习近平在全国高校思想政治工作会议上发表重要讲话 [EB/OL]. (2016－12－08). http://www.chinamil.com.cn/gnxw/2016－12/09/content_7399775.htm.

“产教融合”语境下网络思想政治教育路径探析

陈江麟　赵　柯[①]

成都工业学院

随着信息技术的迅猛发展，互联网深刻影响着处于时代前沿的大学生。在向“产教融合、校企合作的技术技能人才培养模式”转变的过程中，网络对于转变教育理念、坚定政治方向、提升思想政治工作的针对性和有效性发挥着重要的作用。

一、推进“产教融合”，加强网络思想政治教育的必要性

（一）加强网络思想政治工作是落实立德树人的重要举措

互联网、大数据、信息技术的不断发展，对经济发展和社会生活方式等各方面产生了深刻的影响，运用网络技术创新思想政治教育方式方法，有利于促进专业知识教育与思想政治教育相结合，互联网思维和技术同思想政治教育传统优势的深度融合是高校思想政治工作发展的必然趋势。习近平总书记强调，“高校立身之本在于立德树人”，“要坚持把立德树人作为中心环节，把思想政治工作贯穿教育教学全过程”，“要运用新媒体新技术使工作活起来，推动思想政治工作传统优势同信息技术高度融合，增强时代感和吸引力”。《关于加强和改进新形势下高校思想政治工作的意见》中指出：要加强互联网思想政治工作载体建设，加强学生互动社区、主题教育网站、专业学术网站和“两微一端”建设，运用大学生喜欢的表达方式开展思想政治教育。《高校思想政治工作质量提升工程实施纲要》规定要大力推进网络教育，拓展网络平台，丰富网络内容，推动思想政治工作传统优势同信息技术高度融合，传播主旋律、弘扬正能量。

（二）运用网络技术加强思想政治工作是推动产教融合的内在要求和强有力支撑

产教融合是深化高等教育改革的重要方式，对新形势下全面提高教育质量具有重要意义。企业作为办学主体，在实际生产工作和实践实训过程中具有空间广、人员分散等特点，着重于技能技术和经济效益。而互联网不受空间限制，能及时关注时事热点，特别是移动终端，便于师生利用生产工作空闲的碎片化时间进行阅读。便捷的网络、形式

---

① 陈江麟，成都工业学院讲师，主要研究方向为马克思主义与思想政治教育；赵柯，成都工业学院副教授，主要研究方向为大学生思想政治教育及社会学。

多样的新媒体等，是产教融合人才培养模式中重要的思想政治教育平台和阵地，对加强思想政治教育和引导，传播社会主义核心价值观，弘扬中华优秀传统文化，提升学生思想素质，培养德智体美劳全面发展的社会主义建设者和接班人发挥着重要的支撑作用。

二、“产教融合”语境下加强网络思想政治教育的对策

（一）坚定理想信念，唱响主旋律

马克思主义是我们立党立国的根本指导思想，也是我国高校教育最鲜亮的底色。要坚持不懈地培育和弘扬社会主义核心价值观，引导广大师生和企业做社会主义核心价值观的坚定信仰者、积极传播者、模范践行者。

产教融合环境下，社会主义核心价值观在企业中具体体现为工匠精神和企业文化等。“工匠精神”是一种职业精神，是从业者的一种职业价值取向和行为表现，具备敬业、精益、专注、创新等不断突破自我的优良品质，是从制造大国向制造强国转变的精神动力。十九大报告中提出，要建设知识型、技能型、创新型劳动者大军，弘扬劳模精神和工匠精神，营造劳动光荣的社会风尚和精益求精的敬业风气。因此，要将工匠精神培育融入教育，组织开展“大国工匠进校园”活动，采用新的网络技术手段宣传介绍工匠、技师的作品和产品，强化“工匠精神”建设。

企业文化则是企业在长期的生产经营管理实践中形成的具有特色的价值理念、共同信念、经营思想、道德准则与行为规范等，是企业员工共同的行为准则，为企业的生存和发展提供基本方向和行动指南。在企业逐步成为办学主体的环境中，学校网络、新媒体等可以专栏和主题等形式，运用企业道德、企业形象等企业文化引导大学生深入了解企业精神和文化，增强责任感，提高为社会主义现代化建设贡献力量的积极性、主动性；运用网络引导推进“引企入教”的改革理念，形成学校主动服务经济社会发展、企业重视“投资于人”的普遍共识，积极营造企业和社会充分理解、积极支持、主动参与、产教融合的良好氛围。

（二）做好职业技能培训等服务，增强本领

《高校思想政治工作质量提升工程实施纲要》规定，要提升服务育人质量，把解决实际问题与思想问题结合起来，提供靶向服务，增强供给能力，积极帮助解决师生工作和学习中的合理诉求。

应用型大学要充分发挥互联网便捷的优势，联合教育培训机构、行业企业开发优质教育资源，联合有条件的社会组织整合校企资源，开发立体化、可选择的产业技术课程和职业培训包，或者向行业企业和社会培训机构购买创新创业、前沿技术课程和线上教学服务，不断提升学生的本领，并支持企业一线骨干技术人员提升技能，强化企业职工在岗教育培训。

搭建网络平台，进一步利用网络媒体发挥网络宣传作用，倡导学生积极参加各种有益的社会实践活动，便于学生根据自己的专业特点和特长为社会、为他人做一些力所能及的事情，比如法律、科技、教育、文化、卫生进社区等，这些实践活动有利于引导大学生在实践中受教育、长才干，将知识转化为技能，成为社会主义事业的建设者和接

班人。

做好信息服务。移动互联网、智能制造、大数据、人工智能等新一代信息技术的不断进步，对产业结构调整、经济发展模式、社会生活方式等方面产生了全方位的影响。应用型大学应适应社会形势发展，积极运用云计算、大数据等信息技术，建设开放共享的产教融合信息服务平台，依托平台汇聚区域和行业人才供需、校企合作、项目研发、技术服务等各类供求信息，利用微信等互联网平台为各类主体提供精准化产教融合信息发布、检索和推荐等相关服务，更好地发挥教育对产业的支撑引领作用。

（三）加强产教融合师资队伍建设

高素质的教师队伍是办好教育的基础与前提，在产教融合的形势下，学生应参与真实的生产过程进行实习实训，企业员工不仅仅要传授知识和技能，更应传承不懈坚守、精益求精的精神。习近平总书记指出，“工业强国都是技师技工的大国，我们要有很强的技术工人队伍”，“着力提升思想政治素质，全面加强师德师风建设”，体现了深入贯彻落实党的十九大精神，立足于立德树人根本任务的必然要求。

网络环境中思想观念多样化，对师德师风有着重要的影响和作用。要通过网站及微博、微信等新媒体形式，组织开展先进事迹宣传展示、报告、师德论坛、演讲征文等活动，集中宣传优秀教师的典型事迹，展现教师良好的精神风貌，促进学校教风、学风、校风建设，努力营造崇尚师德、争创师德典型的浓厚氛围。利用网络健全师德民主监督机制，让教师们互相督促，加深师德认识。密切关注目前高校师德建设中出现的热点难点问题，及时应对并有效引导广大教师自觉遵守教师规范、弘扬高尚师德，在全社会形成尊师重教的良好氛围。

参加文献：

[1] 国务院办公厅. 国务院办公厅关于深化产教融合的若干意见［EB/OL］.（2017－12－19）. 中华人民共和国中央人民政府网.

[2] 张东刚. 高校思想政治工作质量提升工程实施纲要有关情况［EB/OL］.（2017－12－06）. 中华人民共和国教育部网站.

[3] 新时代全国高等学校本科教育工作会议召开［EB/OL］.（2018－06－22）. 中华人民共和国教育部网站.

大学生网络思想政治教育话语权探索①

范　婧②

四川师范大学

摘　要：近年来，网络信息技术高速发展，对大学生生活、学习、工作等方面产生了极其深远的影响。在这一背景下，网络的发展一方面为我国高校思想政治教育提供了新的教育平台，同时也让高校教育者思考如何迅速掌握大学生思想政治教育话语权。网络具有去中心化、资本化、自由化三大特点，这三大特点对于应对大学生网络思想政治教育话语权，研究新形势下如何克服网络对于大学生的消极影响，发挥网络平台思想政治教育的积极作用，创新大学生网络思想政治教育话语权的途径，抵御西方资本化意识形态的渗透，发挥网络的思想政治教育功能具有积极意义。

关键词：高校大学生　网络思想政治教育　话语权

话语权不同于国家法律权威、不受书面文字规定和条例的约束，它代表了听者对话语者的权力和身份认同。话语权包含两层含义，第一是“话语权利”，第二是“话语权力”。话语权利是人们与生俱来的发言和表达的权利，是不随外界环境及话语者身份变化而变化的；而话语权力是指个人或群体通过言语建立的、受他人认可的社会地位的影响力和控制力。网络话语权是指，在互联网平台上，所有网民在信息创造、传播过程中共同参与，任何人都可以在网络上表达自己对国家治理、社会事务的看法，并有让其余个人或群体倾听的自由。网络思想政治教育通过互联网平台实施话语权，以形式多样的、新颖活泼的、乐于被网民接受和创造的网络话语的形式引导网民的思想、观念，使其形成正确的价值观，通过价值观指导网民的行为，进而达到指导其实践的目的。网络思想政治教育话语权即运用了思想政治教育话语在网络平台的行使能力和表达能力，具有一定的强制性和隐匿性，并且贯穿网络思想政治教育始终。在大学生网络思想政治教育中，教育者应该积极地占领网络思想政治教育的话语权阵地、巩固思想政治教育话语权对网络平台的影响力，同时用科学的理论武装高校大学生的头脑，用新颖活泼的网络内容吸引大学生的关注，督促大学生树立符合社会主义建设的政治方向，争做社会主义建设者。本文从网络的三大特点，去中心化、资本化、自由化出发，思考当今大学生网

① 本文系四川省四川高校思想政治教育研究会 2017—2018 年度一般课题项目“论网络意识形态的社会舆论环境治理”（项目批准号：SCSZ2017069；项目主持人：王曦教授）的阶段性成果。

② 范婧，四川师范大学研究生，主要研究方向为高校思想政治教育与管理。

络思想政治教育话语权面临的挑战：去中心化及多元价值的冲击、资本化及西方“话语霸权”的影响、自由化及主流意识形态的消解，进而从“科学内核”和“传统外延”两个方面探索高校大学生网络思想政治教育话语权的创新途径，借以创新网络思想政治教育，高效发挥网络的思想政治教育价值。

一、高校大学生网络思想政治教育话语权面临的挑战

西方的资本主义意识形态与中国的马克思主义主流意识形态在网络空间相互博弈，增大了我国高校大学生网络思想政治教育的难度，在此新形势之下，高校大学生网络意识形态教育面临着新的挑战。

（一）去中心化及多元价值的冲击

美国新一代马克思主义批判理论家马克·波斯特在其《信息方式：后结构主义与社会语境》一书中，借由马克思的“生产方式”概念提出“信息方式”这一术语，他认为，从Web（1.0）时代到Web（2.0）时代，网络媒介由单向传播变为双向互动、由中心化流动变为去中心化交流。从互联网运作的结构来看，互联网是以“拓扑结构”的技术结构进行内容生产和信息传播的，互联网的“拓扑结构”使虚拟社会中的网民没有了边缘与中心之别，也就是说，由众多节点构成的网络，以即时传播和网状发射模式改写了传统媒体自上而下、以点对面的信息传播模式，由此导致信息传播没有中心和边缘之分。

相对于现实生活而言，网民无需对自己在网络空间发表言论的真实性做出保证，舆论由此产生，并对现实生活产生冲击。网络的匿名性使网民自由地在网络空间发表言论，多元价值的冲击和网络的“去中心化”颠覆了民众以往对信息的依赖，加大了大学生思想政治教育的难度。网络是一个开放的空间，在这个空间里，来自各个国家、信仰不同宗教的人们有着不同的生活方式，他们在网络空间自由地传播、发表自己的言论，创建了一个具有多元价值观的网络空间。一方面，网络的多元价值观有助于大学生了解不同的文化，体验不同的风土人情，开阔眼界，博学互长；另一方面，大学生缺少社会阅历，缺乏一定的判断能力，很容易受网络上错误价值观的影响，误入歧途，因此，网络的去中心化及多元价值文化的冲击给大学生思想政治教育带来了极大的挑战。

（二）资本化及西方“话语霸权”的影响

当下，西方国家凭借其发达的经济、卓越的网络信息技术及强势的话语权，加强了对我国进行意识形态领域的渗透；同时，为了攻击中国，他们还捏造了大量的不实或错误言论，网络的资本化促使网络空间不再同传统传媒媒介一样受地域、时间的限制，西方各发达国家通过网络空间进行意识形态争夺，借助网络传播形成了强大的网络策动能力和舆论制造能力。

早在20世纪70年代，美国便凭借其发达的互联网技术，一直保持对互联网域名和根服务器的控制。目前，全球共有13个根服务器，这些根服务器起到提供域名解析的作用，其中1个单元为根服务器，主要由美国负责，其余12个大部分也是由美国负责，美国企图通过控制域名解析的根服务器来达到控制全球网络空间的目的。也就是说，美

国等西方国家基本掌握了网络话语权，占据了“网络话语霸权”地位。网络的资本化大大方便了西方资本主义国家向中国及其他第三世界国家渗透资本主义意识形态。西方国家通过网络大肆宣传其“先进的科技”“优渥的生活”“自由的选举”，使不少民众对其心生向往，并逐渐认同西方的价值观，网络的“资本化”及西方“话语霸权”极大地削弱了我国主流意识形态在网络空间对大学生的影响力。

（三）自由化及主流意识形态的消解

网络的去中心化导致了网络的自由化，网民可以在网络空间自由发表言论、收集信息、获取资讯，对实际生活中的方方面面提出意见和建议。值得一提的是，网络的自由化并不是绝对的、不受法律规范的自由，2017 年 6 月 1 日起正式施行的《中华人民共和国网络安全法》第四章第二十六条规定，任何个人和组织应当对其使用网络的行为负责，网民的所有行为都应该在法律法规范围内进行，任何违反网络安全法的行为都将受到法律制裁。

同时，网络的自由化也容易导致大学生道德观念错位、行为表现不当。网络中不仅存在着健康积极的文化，同时也存在许多不健康的、违反公民道德规范的信息，这也就为一些违法犯罪分子敞开了大门。另外，网络的自由化特点使得每一位网民都可以成为“新闻发布者”，由此造成网络信息多元化，主流意识形态与非主流意识形态相互博弈，从而削弱了主流意识形态对大学生的正面影响。

二、大学生网络思想政治教育话语权的创新途径研究

（一）保持网络思想政治教育话语的“科学内核”

在网络空间掌握主流意识形态话语权，用马克思主义意识形态占领网络空间，不仅要使网络话语生活化、幽默化，使网络思想政治教育话语体系贴近学生生活、切实增进教育效果，更要保持网络思想政治教育话语的“科学内核”。“科学内核”主要包括两个方面：一是社会主义意识形态，这是掌握大学生网络思想政治教育话语权的核心基础；二是社会主义核心价值观，这是掌握大学生网络思想政治教育话语权的核心内容。

1. 社会主义意识形态

在当代中国，马克思主义为我们认识世界、改造世界提供了科学的价值观和方法论，同时也决定着社会主义意识形态的性质和方向。思想政治教育是人们树立科学合理的人生观、世界观、价值观的主要途径，同时也是我们进行马克思主义理论教育的重要平台。马克思主义在思想政治教育中占据主导地位的原因并不在于马克思主义理论有多么深厚、马克思主义著作有多么厚重，而主要在于它把握住了社会脉搏，紧紧抓住了时代主题。

伴随着时代的改变、经济全球化的发展，网络业已成为西方资本主义进行意识形态渗透的重要阵地之一，各种“不和谐”的西方社会思潮不断涌入网络社会，再加上信息质量良莠不齐，对于大学生具有极大的迷惑性。那么，如何保证网络空间意识形态的先进性和时代性，掌握网络思想政治教育话语权的领导地位，促进社会主义意识形态与网络空间的有效结合、协调发展，已经成为亟待解决的网络思想政治教育的问题之一。

2. 社会主义核心价值观

青少年是一个国家的未来，担负着社会主义现代化建设的重任，因此，青少年是思想政治教育的主要对象。高校要始终将立德树人作为教育目标，时代在发展，高校的思想政治教育也务必涵盖网络空间，这就必然要求高校教育工作者将社会主义核心价值观融入网络，致力于实现社会主义核心价值观在网络空间的立德树人目标。

随着网络信息技术的发展，各类信息不断充斥于网络空间，世界范围内的思想文化和价值观念在此交汇，形成各类价值观较量和意识形态博弈的新态势，网络逐渐担负起社会主义核心价值观教育和社会主义和谐社会建设的光荣任务，责任重大，地位突出。因此，更要通过一系列措施增强社会主义核心价值观在网络空间的影响力和感染力，掌握大学生网络思想政治教育话语权，比如：在网络空间突出理论引领作用，建设一支具有科学研究优势的理论教学及研究队伍；提升“红色网站”的吸引力，利用“红色网站”充分调动大学生的主动性和创造性，用“红色文化”武装大学生头脑，坚定其理想信念和政治信仰。

（二）拓展网络思想政治教育话语的“传统外延”

中华优秀传统文化能够帮助大学生形成健全的人格和健康的心理，树立正确的思想道德观念，同时能够为我国社会主义主流意识形态的安全保驾护航。中华优秀传统文化要助力于推进大学生网络思想政治教育话语权的理论创新，大学生网络思想政治教育应该根植于中华优秀传统文化的沃土。首先，利用优秀的中华传统文化，将中国古代思想文化典籍、传统道德故事、优秀民族传统持续不断地输入网络空间。一方面，利用网络空间的广延性，学习传统文化原著、原创作品；另一方面，将网络文化作品与中华优秀传统文化相结合，通过对原著、原创作品进行创新性解读，加强思想政治教育话语的理论创新，掌握大学生网络思想政治教育话语权。其次，要增强大学生的文化自信，使大学生对我国的优秀传统文化树立强大的自信，主动吸收中华优秀传统文化中的精华，正确看待传统文化的不足之处。正如十九大报告中所提到的，以文化软实力的丰厚滋养引导大学生完善人格修养，关心国家命运，自觉把个人理想与国家梦想、个人价值与国家发展结合起来，坚定为实现中华民族伟大复兴的中国梦不懈奋斗的理想信念，以网络话语主体自觉创新的形式推进大学生网络思想政治教育话语创新。

网络信息技术的发展及新媒体技术的进步，为思想政治教育提供了新的平台和现代化的技术手段，同时也为中华优秀传统文化的传播拓宽了途径，这主要体现在：网络快捷的、瞬时的传播速度提升了中华优秀传统文化传播的实效性，网络逐渐成为超时空的中华优秀传统文化的承载者和传播者，使当代大学生能够不受时空和场域的限制学习中华优秀传统文化；中华优秀传统文化、社会主义先进文化及现代新媒体的三重融合，增强了中华优秀传统文化教育的吸引力，整合了文字、图片、音频、视频、新闻客户端等多种传播手段，使中华优秀传统文化的传播更加生动、立体，增强了中华优秀传统文化的亲和力、感召力和认同感；中华优秀传统文化的线上宣传与时代精神的线下教育相结合，全方位、多层次地推动了高校大学生思想政治教育和社会主义文化建设。

综上所述，网络作为大学生聚集的空间之一，具有去中心化、资本化、自由化三大特点，一定程度上加大了大学生思想政治教育的难度。有学生的地方就应该有思想政治教育，思想政治教育不仅要发出声音，还要牢牢掌握话语权。因此，高校网络思想政治教育必须创新话语途径，既要使中国特色社会主义意识形态、社会主义核心价值观这些“科学内核”牢牢占据网络阵地，发出我国主流意识形态的振聋发聩之声，又要使中华优秀传统文化发挥其文化沃土的作用，使大学生思想政治教育植根于中华优秀传统文化。

参考文献：

[1] 谭仁杰．网络时代的高校思想政治教育——地方院校德育研究［M］．武汉：武汉大学出版社，2014．

[2] 方文，黄荣华．网络环境下高校思想政治教育研究［M］．北京：中国水利水电出版社，2013．

[3] 李才俊，唐文武．网络视角下的思想政治教育方法新探［M］．成都：西南交通大学出版社，2014．

[4] 陈少平．高校网络思想政治教育研究［M］．北京：中国书籍出版社，2015．

[5] 张瑜，等．高校网络思想政治教育发展与创新研究［M］．北京：人民出版社，2014．

[6] 靳诺．坚持把培育和践行社会主义核心价值观作为高校立德树人的中心工作［J］．社会主义核心价值观研究，2016（06）．

[7] 徐海波．中国特色社会主义意识形态在“大众文化”中的转化研究［J］．社会主义研究，2007（1）．

[8] 张康之，向玉琼．网络空间中政策问题建构权的“去中心化”［J］．党政视野，2015（03）．

[9] 李艳．思想政治教育话语权的内在规定［J］．马克思主义研究，2016（03）．

[10] 张国启．论思想政治教育学科的意识形态话语权建设［J］．学校党建与思想教育，2012（25）．

[11] 刘志飞，祝黄河．中国特色社会主义意识形态的功能定位及其实现路径［J］．江西财经大学学报，2015（03）．

[12] 李翔宇．大学生社会主义核心价值观培育困境的消解——基于意识形态话语权的视角［J］．教育与教学研究，2015（08）．

[13] 蒋海军．网络时代优秀传统文化融入大学生思想政治教育路径探析［J］．学校党建与思想教育，2015（15）．

[14] 崔海英．大学生网络思想政治教育话语创新研究［J］．思想理论教育（上半月综合版），2016（08）．

[15] 骆郁廷，魏强．论大学生思想政治教育的网络文化话语权［J］．教学与研究，2012（10）．

[16] 周涛．网络舆论环境下的高校思想政治教育研究［D］．成都：西南财经大学，2011．

[17] 公亚丽．网络思想政治教育话语权研究［D］．昆明：昆明理工大学，2016．

[18] 吴璇．大学生网络思想政治教育话语权研究［D］．长沙：湖南科技大学，2014．

[19] 魏晓文，李晓虹．大学生思想政治教育网络话语权建构的策略探讨［J］．思想理论教育，2014（10）．

[20] 朱效梅，谢萌．网络意识形态话语权建构研究［J］．社会主义核心价值观研究，2016（03）．

[21] 马克·波斯特．信息方式——后结构主义与社会语境［M］．范静哗，译．北京：商务印书馆，2000．

[22] 许秀文，郝勇，周矛欣．网络是把双刃剑——浅谈网络信息共享及泄密［J］．中国教育信息化，2011（06）．

网络平台建设

新媒体技术在高校思想政治教育中的应用

于子淇[①]

四川航天职业技术学院

摘　要：在科技日新月异的今天，新媒体在人们生活中的影响越来越大，而其在教育过程中的适当应用则可以有效提高教育质量。如何合理利用新媒体技术对大学生进行积极有效的思想政治教育成为当前思想政治教师普遍关心的问题。本文通过对高校思想政治教育过程中新媒体的应用策略进行分析和探讨，意在使新媒体技术更好地为高校思想政治教育服务。

关键词：高校教育　思想政治教育　新媒体

随着新媒体技术、信息技术、计算机技术的不断融合发展，人们的生活、工作、学习方式都发生了巨大改变，我们的未来正在被重新构写，一个新的时代正要来临。

新媒体的广泛应用为人们的相互交流和沟通提供了新的渠道与平台，大大拓展了我们的公共空间，开阔了我们的视野，也逐步增加了我们的沟通频率。很多年轻人，尤其是高校大学生，在生活、工作、学习过程中都喜欢使用新媒体，高校学生喜欢在学习、生活过程中使用微信、微博等平台，实现高效沟通和信息交流。正因如此，高校在教育过程中可以加强对新媒体的应用，借助其传播优势，提高教学质量。思想政治教育是高校教育的重要内容，在思想政治教育过程中，传统的理论化教学模式导致学生的学习积极性不高，在信息化的今天，可以加强新媒体的应用，活跃思想政治课堂氛围，增强学生对思想政治课程的兴趣。

一、什么是新媒体

网络上这样定义新媒体：新媒体（New Media）作为媒体形态的一种，是指当下万物皆媒的环境。简单说，新媒体是一种环境，涵盖了所有数字化的媒体形式，包括所有数字化的传统媒体、网络媒体、移动端媒体、数字电视、数字报纸杂志等。新媒体是一个相对的概念，是在报刊、广播、电视等传统媒体以后发展起来的新的媒体形态，包括网络媒体、手机媒体、数字电视等；新媒体亦是一个宽泛的概念，它是利用数字技术、网络技术，通过互联网、宽带局域网、无线通信网、卫星等渠道，以及电脑、手机、数字电视机等终端，为用户提供信息和娱乐服务的传播形态。严格地说，新媒体应该称为

---

① 于子淇，四川航天职业技术学院讲师，研究方向为思想政治理论教学。

数字化媒体。

当然，这一说法也不是权威的，还需要不断地完善，但是让我们对新媒体有了一个粗浅的了解。

二、新媒体在高校思想政治教育过程中的作用

（一）使思想政治课更加生动形象，更易被学生接受

传统的课堂教学模式是教师讲授、学生听讲，理论化教学痕迹明显，学习氛围比较沉闷，学习方法比较死板，对课程的接受程度也不够高。在互联网快速发展的时代，新媒体平台的应用不仅可以为高校思想政治教育提供丰富的教学素材，使课程教学更加生动形象，还可以通过引入各种资源吸引学生的注意力，从而启发学生思考，提高学生的学习兴趣。

（二）提供新的平台，打破传统思想政治教育束缚

在现代技术的发展和应用过程中，新媒体教学越来越普遍，拓展了高校思想政治教育的范围，使得传统课堂教学上的各种限制被打破，教学效率也得到了提高。比如在新媒体教学模式的应用过程中，教师可以通过各种新媒体平台与学生进行沟通，帮助学生解决一些思想和心理问题，而不只是在课堂上进行一对多的大课教学。通过新媒体平台，可以更准确地把握学生的心理状态，而这种一对一的沟通也使学生更容易敞开心扉，为提升学生的思想政治水平奠定坚实的基础。

（三）促进学生养成自主学习的习惯

新媒体教学模式的出现及应用，使学生的学习习惯逐渐改变。在信息时代背景下，教师可以借助新媒体平台给学生传递一些学习资源，也可以通过这些平台开展讨论式教学。当然，学生也可以直接通过此类平台向教师提问，并获得有针对性的解答。长此以往，学生的学习水平会不断提高，学习的自主性也会不断增强。

三、如何将新媒体应用于高校思想政治教育

（一）借助新媒体手段将抽象知识具象化

新媒体能够将各种复杂、抽象的知识具体化，从而丰富学生的思维认知，激发学生的学习欲望。教学过程中应该加强对多媒体的应用，借助多媒体的图像、声音、视频等功能，对学科知识进行展示，便于学生学习。进行思想政治教育时，我们可以改变传统的理论讲授方式，借助多媒体播放有教育意义的影片或社会新闻，甚至是学生自己拍摄的短片，从而提高学生的学习积极性和参与感。在教育过程中，教师可以利用互联网搜索当前社会的热点问题，通过对这些素材进行展示，引导学生对当前的社会热点问题进行讨论，从而不断提高学生的思想道德水平。

（二）利用新媒体手段加强合作化教学

合作化教学管理模式的根本目的是锻炼学生的团结协作能力，激发学生的自主学习兴趣，所以在思想政治教育过程中也应该积极加强对合作教育模式的应用，通过小组合

作教学，引导学生之间团结协作，解决自己在学习生活中遇到的问题。在小组合作的教学过程中，也可以结合新媒体平台以及各种网络资源，例如在对学生进行爱国主义教育的过程中，既可以借助新媒体平台向学生传递一些与爱国主义有关的影片资料，供学生课后观看，也可以让学生分成不同的小组，在网络上讨论学习，甚至可以和校外人士就同一问题进行讨论。这样不仅可以听到各种不同的声音，收获更为全面的意见，还可以提高学生的合作交流意识，帮助学生形成正确的“三观”。

（三）借助新媒体加强柔性教育

借助新媒体平台拓展教学模式，可以使高校思想政治教育更加轻松，例如在教学过程中可以利用新媒体平台将学生组织在一个群组中，教师可以在群组内授课解惑，学生可以自由发言，提出自己的问题，大家在群组内公开讨论。这种教学模式相对于传统的课堂教学，时间更为灵活，也更符合当前学生的生活习惯。另外，在新媒体平台不断应用的过程中，教师还可以利用新媒体平台与学生进行沟通，通过观察学生在新媒体平台上发布的状态，及时了解学生的思想状况并对学生进行开导，以达到思想政治教育的目的。

（四）开展网络课程教育

在思想政治教学过程中，高校要适时打造一些具有特色、具有优势、较为成熟的网络公开课程，便于学生在课后学习。网络教育是一种信息教育模式，完善网络教育平台功能，可以为学生提供探讨的机会，学生在学习过程中也可以就自己不懂的问题在平台上向其他学生或者教师发问，教师在线答疑，彻底改变传统的教学模式，突破传统教育的时间和空间限制。

四、结语

综上所述，高校教育要为社会培养综合性人才，而思想政治教育是高校教育的一个重要内容，高校思想政治教育过程中应该加强对现代教育理念的认知。在当前的时代背景下，还应该加强创新研究，结合互联网以及各种新媒体平台，改变传统的教育模式，使得课堂教育更利于学生学习吸收。同时，还要为学生打造更多的网络课程，使学生可以在网络上进行学习，课堂教学得到进一步延伸，实现知识的传播和分享。

参考文献：

[1] 汪馨兰，戴钢书. 创新与发展：新媒体环境视域下的高校思想政治教育 [J]. 思想教育研究，2013 (02).

[2] 赵殷. 基于新媒体平台下的高校思想政治教育研究 [J]. 思想理论教育导刊，2014 (12).

[3] 季国平，达建. 试析新媒体在高校思想政治教育中的运用 [J]. 长春师范学院学报（自然科学版），2013 (08).

易班与互联网思维[①]

易宇峰　游　佳[②]

西华大学

摘　要：互联网思维是和过去完全不同的颠覆性的、革命性的思考方式。易班建设和发展要以互联网思维为基本遵循，体现产品思维、技术思维和用户思维，做到寓教于乐、寓学于乐、乐在易班、学在易班、成长在易班。

关键字：易班　互联网思维　用户

百度公司创始人、董事长兼首席执行官李彦宏曾在百度2011年联盟峰会上提到，中国的企业家缺乏互联网思维，企业的产品和互联网的结合度较低。联想董事长柳传志认为，互联网思维与传统产业的对接，会改变传统的商业模式。从结果看，大致会产生这么几个效应：长尾效应、免费效应、迭代效应和社交效应。360公司董事长周鸿祎则将互联网思维定义为一种全新的价值观：用户至上，体验为王，免费的商业模式，颠覆式创新。到目前为止，互联网思维并没有一个准确的定义，但互联网思维一定是和过去完全不同的颠覆性的、革命性的思考方式。易班既是网络思想政治教育的新平台，也象征着网络思想政治教育的新思维和新理念，强化易班的互联网思维，将助力易班更好更快发展。

一、易班的产品思维

易班是创新性的网络思想政治教育平台，根本目标是培育“四有新人”。和其他所有的网络应用一样，易班根本目标的实现，完全依赖于易班和用户的网络互动。易班和用户的网络互动越充分，其育人目标就越容易达成；易班和用户的网络互动不充分，育人目标达成就越困难。不能因为易班特殊的地位和作用，而否认易班首先作为互联网产品的特性。如果不能引起用户注意，不能满足用户需求，那么任何产品都难以获得用户，在竞争激烈的网络产品环境中尤其如此。

需求是互联网产品开发设计的前提条件，不了解用户需求就不能开发出好的产品，

---

① 基金项目：本文为西华大学思想政治教育专项资助科研项目“网络思想政治教育平台研究”成果，四川省高等学校思想政治教育研究会资助科研项目“基于易班的‘互联网+共青团’工作模式研究”阶段性成果，四川省教育厅资助科研项目“新技术条件下的大学生网络思想政治教育研究——以易班网络互动社区为例”阶段性成果。

② 易宇峰，电子科技大学马克思主义学院博士研究生，西华大学经济学院党委副书记兼副院长、讲师；游佳，西华大学信息与网络管理中心卡务中心科长、讲师。

更不可能赢得用户。过去，教育者往往以自己的想法和愿望替代大学生的需求，大学生不仅有接受思想政治教育的需求，还有衣食住行、学习生活、情感就业、个人发展等诸多方面的需求。易班就是要满足大学生个人发展的需求，既要解决精神层面的需求，也要解决物质层面的需求；既要解决当前的短期需求，也要解决未来的长期需求。简而言之，要把易班产品构建在坚实的用户需求之上。易班的产品设计，既要体现网络应用的通用特点，又要体现易班独特的功能和特色。目前，网络应用在栏目设置、操作模式、色彩色调等方面基本形成了相对统一、规范的产品设计方案，培养了良好的用户习惯。只要按照通用方案进行设计开发，任何一款网络应用都能让用户尽快熟悉。易班设计在遵循网络应用通用原则的基础上，重点突出易班的“班级”概念，将用户所属的学校、学院、班级、社团等放在显眼位置，功能和设计上都突出了易班和其他网络应用的不同。事实证明，易班的“班级”功能正是用户最喜爱的功能之一。易班的产品运营也明显有别于传统做法，过去的网络思想政治教育产品只重视开发建设，不重视运营管理，刚开始建设的时候红红火火，开发完成后无人管理、无人维护、无人更新，产品很快就“死掉”。易班运营的一大优势在于其采用校本化的运营模式，加入易班的每所高校都设立了专门的机构和队伍，专职负责易班的内容运营，保证本地资源能够源源不断地上传；同时，易班高校还会定期开展线下活动，把易班的功能、栏目、文化、活动直接带到高校校园中，让用户以最直接的方式接触易班。和其他网络应用一样，易班会定期进行应用更新，不断增加新的功能和服务，优化易班应用。

二、易班的技术思维

互联网思维以大数据、云计算、区块链、虚拟现实、人工智能等先进的互联网技术为依托，推动生产力发展，带来生产关系的革命性变化。过去的网络思想政治教育平台延续着思想政治教育研究、实践的传统套路，对网络技术不熟悉、不了解、不重视、不应用，先进网络技术的缺失，导致网络思想政治教育平台在开发建设、作用发挥、效果达成等方面的效果都大打折扣。

易班是技术独立的网络思想政治教育平台。之前的网络思想政治教育平台大多是依托QQ、微信、微博、社交网站等商业应用和网站建立起来的，好处是能够减少开发时间、降低建设成本，在短时间内迅速产生效果；存在的问题则是缺乏对网站的主导权和控制权，“寄人篱下”，关键时刻容易“掉链子”，商业网站更新换代、网站“关门”时，辛苦建设的网络思想政治教育平台会随之毁于一旦。易班是完全自主开发的独立网络思想政治教育平台，硬件、软件等各方面都由教育部易班发展中心进行开发、管理和维护，这就保证了易班的相对独立性和自主性。基于目前流行的网络技术构建，易班的PC端网站、手机端App都做得很不错：相应的网络应用流行元素，如音频、视频、网盘、讨论区、公共号、博客功能、微博功能、班级群组功能、搜索功能等一应俱全，易班还独具特色地开发了应用快搭功能，能够让没有网络应用开发基础的用户在短时间内搭建出功能强大的定制网络应用。公共开发平台是易班的另一技术亮点，易班开放了内部技术接口，用户能够按照易班的技术规范进行本地化的二次开发。目前，通过二次开发的易班小应用有上千个之多，涵盖了校园生活的方方面面，如活动报名、签到上墙、节日祝福、网上答题、图书借阅、消费查询等。

同时，网络技术也极大丰富了易班资源。过去，由于网络存储和传输能力的限制，网络资源的数量有限，质量也不高。云技术的广泛运用让网络资源的传输不再成为网络应用的瓶颈，因而网络资源呈爆发式增长，各种类型的网络资源都可以上传到易班，网络资源的质量也在不断提高。以视频为例，过去只能使用低清晰度的小视频，且存储时间有限制；现在高清视频已经成为标准配置，网络存储空间容量也近乎无限。配合易班App的新技术，快闪、短视频、视频直播等各种形态的视频资源也应运而生，这在丰富易班资源的同时，也极大地提高了用户的积极性和活跃度。网络资源的增长对网络搜索技术也提出了新的要求。易班通过大数据技术的运用，能够在海量的网络资源中迅速实现搜索定位，极大简化了资源获取的流程，甚至可以根据用户的使用习惯和偏好提前进行资源推荐。

三、易班的用户思维

“用户至上”是互联网思维的精髓。互联网的竞争，实质就是对用户的争夺。用户就是关注，关注就会转变为流量。互联网的丛林法则就是流量为王，赢家通吃。所以，易班的用户思维体现在要始终将关注用户体验、满足用户需求放在首位。

思想政治教育的语境中有教育者和受教育者之分，通常情况下，易班的大学生用户是网络思想政治教育的受教育者，虽然受教育者也可能转变为教育者，但更多情况下，受教育者依然处于从属、被动的地位。但在互联网环境中，受教育者并非处于被动接受的状态，而是会主动在网络中搜索、选择自己感兴趣的内容。就易班而言，哪怕易班的网络资源再丰富，但只要用户不感兴趣，他们就会到互联网中去寻找感兴趣的资源。“用户至上”的思维是网络应用唯一且有效的吸引用户的途径。

首先，要明确易班用户到底需要什么。易班的用户主体是高校大学生，他们兴趣爱好广泛，富有创新精神，喜欢新奇事物。大学生既关心个人成长发展，也关心个人的衣食住行；既关心国家、社会，也对生活细节充满兴趣；既有求职、就业、深造的需求，也有情感、娱乐、休闲的需求。大学生的需求丰富而复杂，并且很容易随社会、环境的变化而改变。掌握大学生用户的需求，易班的建设和发展就有了明确的目标和导向，也易形成易班区别于其他网络应用的特色和优势。

其次，根据用户需求倒逼易班建设和发展。传统的思想政治教育先要确定教育目标，然后整合相应的教育内容、教育方法、教育环境等，将这些要素“搬运”到用户面前。用户思维的正确模式是，首先确定具体需求，然后进行内容、材料、方法等相关要素的组织，从而主动去搜索、点击、关注、浏览相应的内容。对于用户普遍感兴趣的内容，易班可以对自身进行优化升级，或者是新功能开发。

最后，用户思维并非单纯地迎合用户，而是在服务用户基础上实行引导和教育。在互联网中，首先要找到用户、留住用户，才能有后续的发展。易班对用户需求的满足绝不是无条件、无底线的，它旨在通过对用户需求的持续满足，体现对用户的尊重，不断培养用户的使用习惯，从而优化自身的功能。旨在通过对用户循序渐进的影响和引导，特别是对用户根本需求——个人成长发展的关注和满足，把用户的物质需求和精神需求、短期需求和长期需求结合起来。

四、易班的互联网思维

目前，易班已经覆盖了全国绝大部分的省份和高校，成为全国最具影响力的大学生网络互动社区。易班融合了思想教育、教务教学、生活服务、文化娱乐四大功能，紧贴大学生用户的实际需求，有着得天独厚的优势，在后续的建设发展过程中，易班要更加紧贴互联网思维，深挖用户需求，充分发挥网络技术优势，开发维护好易班产品应用，真正做到寓教于乐、寓学于乐、乐在易班、学在易班、成长在易班。

参考文献：

[1] 吴健安. 市场营销学 [M]. 北京：高等教育出版社，2007.

[2] 李艳英. 互联网产品思维在校园微电影营销中的运用 [J]. 电影评介，2016 (15).

[3] 中国互联网络信息中心. 2015 年中国青少年上网行为研究报告 [R]. 北京：中国互联网络信息中心，2016.

[4] 魏晔玲. 树立用户思维比运用新技术更迫切 [J]. 传媒，2017 (06).

整体策划　多级联动　掌握舆论战场主动权[①]

——以绵阳师范学院为例

蔡文婷[②]

绵阳师范学院

摘　要：作为新时期意识形态建设的前沿阵地，高校肩负着科学应对新兴媒体、正确引导网络舆论的重要任务。绵阳师范学院通过构建舆情分级管理、分类研判、分层引导等工作模式，提高舆论宣传引导能力，积极掌握舆论战场主动权。

关键词：高校　网络舆情　研判

党的十八大以来，为加强和改进宣传思想工作，习近平总书记先后提出"要把网上舆论工作作为宣传思想工作的重中之重来抓""要深入开展网上舆论斗争"等重要论述，高屋建瓴地做出了"互联网已经成为舆论斗争的主战场"等重要判断，我们能否顶得住、打得赢，直接关系到我国的意识形态安全和政权安全。

高校作为意识形态工作的前沿阵地，肩负着重要任务和重大历史使命。近年来，绵阳师范学院不断强化网络意识形态工作责任，建立健全监管机制，积极做大做强网上正面思想舆论，成功应对四次焦点舆情，全力打赢网上舆论斗争。

本文以笔者在绵阳师范学院从事网络舆情监控和引导工作的实际经历为蓝本，总结和提炼舆情管理工作模式，以创新舆论引导方法和推动高校宣传思想工作新格局构建为最终落脚点。

一、坚持"学校与部门"相结合，健全舆情两级责任制

在学校层面，成立以党委书记为组长的意识形态工作领导小组，统筹推进网络意识形态工作；建立专门舆情监控中心——网络信息部。绵阳师范学院现有学生舆情员 34 人，成员覆盖所有二级学院，负责全校性舆情的监控、收集和整理；由 300 余人组成有"绵师新华社"之称的大学生通讯社队伍，并担任舆情网评员；成立新媒体联盟，将学校舆情员发展成为各类 QQ 群主和新媒体平台负责人，方便第一时间发现舆情。

在二级单位层面，各部门制定网络意识形态工作责任制细化方案，指定专人担任舆

---

①　基金项目：本论文为四川省高等学校思想政治教育研究会资助项目"新常态下高校宣传思想工作格局构建"（SCSZ2017125）成果。

②　蔡文婷，绵阳师范学院党委宣传部、党委统战部（新闻中心）副部长、讲师。

情员，建立各单位宣传委员、统战委员队伍，负责本单位的网络建设管理及舆情监控；组建各自网评员队伍，建立网络舆情常态监测机制，一旦发现舆情，立即启动联合应对处置机制，第一时间报告，草拟舆情应对通稿等。

二、坚持“线上与线下”相结合，实施舆情分类研判

在线上，建立网络舆情专报制，学校利用舆情系统，通过系统自定关键词，对微信、微博、论坛、贴吧、网页、报刊、客户端七大块进行监控和信息汇总；通过相关数据整理，形成以日、周、月为周期的数据报表；根据事态关注度和风险发展趋势将舆情分类，撰写舆情研判报告，关键时刻系统启动舆情预警，帮助学校快速做出舆情应对。

在线下，每学期初开展师生新学期调研，每月开展师生主题调研，召开统战队伍双月座谈会，掌握师生思想动态第一手资料，就重点舆情进行专题研判并形成报告；实行舆情月报制，编印《舆情与信息参考》；遇到重大舆情节点，通讯社全体成员深入各班收集第一手舆情；建立宣传思想工作督导员制，首批聘请两名专家开展学校宣传思想巡视督导工作，期末形成巡视报告，遇到重大问题应及时向学校反馈。

三、坚持“校内与校外”相结合，实施舆情分层引导

在校内，一方面，学校舆情员通过日常发帖和常规回复，逐渐成为贴吧论坛资深会员，党委宣传部工作人员与贴吧吧主常年保持良好沟通，能在舆情发生的第一时间知晓并做出应对；学校视舆情发展，组织网评员及时、适时地对舆论进行引导，并在QQ群和新媒体平台上发布官方声明和正面信息，进一步表明态度，澄清谣言，抢占舆论制高点，挤压负面舆论空间，全力维护学校形象。另一方面，加大先进典型和优秀事迹的宣传报道力度，多方位做大做强网上正面思想舆论，扭转负面报道局面。

在校外，一是及时汇报，争取市委宣传部的指导和帮助。请市级网管部门协助监控有关学校的舆情发展，第一时间在主流网站和贴吧刊发新闻通稿，组织力量进行疏导，遏制舆情进一步发酵。二是加强与新闻媒体的沟通，制定学校《新闻发布工作实施办法》《接待媒体记者采访规范用语》，建立记者发现机制，为与媒体的协调打下基础。确定采访应对主体，明确新闻发言人，做好媒体采访应对准备，防止应对不当，导致舆情升温，再次损害学校形象。为加大对外宣传力度，学校要定期召开新闻通气会，邀请驻绵媒体来校座谈交流，及时通报学校近期的重点亮点工作，挖掘对外宣传素材，树立正面形象。

四、坚持“办理与反思”相结合，实施舆情处置效益最大化

对于收集到的日常舆情，舆情中心应第一时间撰写舆情专报送校领导，通报舆情所涉相关部门，提出舆情初步处理方案；建立进展督办和跟踪回复制，对舆情处置实行限时办结，相关部门于规定时间内汇报办理和效果反馈情况，舆情中心借助对信息发布者进行回复的方式控制舆情的进一步发展。

对于重大突发舆情，坚持24小时不间断监测制度，学校启动应急预案，成立由相关校领导牵头的舆情处理工作组，召开舆情研判专题会，就舆情涉及的相关问题进行通

报整改，舆情处置后进行总结反思。舆情办理的过程，也是对相关部门工作进行督查整改的过程，舆情办结，也意味着部门工作方式、方法、举措的改进和提升，学校应借此进一步理顺、修订相关制度，完善教学、管理、服务等各项体系，有力地推动综合改革和转型发展，实现舆情处置效益的最大化。如 2017 年 6 月对游仙校区宿舍外出现异常人员的网帖处置，保卫处在第一时间发声，实行保安人员 24 小时值班制，采取一系列人防、物防、技防手段，有效解除了舆情隐患，不仅得到了学生的一致认可和好评，也进一步提高了学校的安保水平。

面临新形势、新情况，绵阳师范学院将继续探索舆情监控的新思路、新方法和新路径，实施“五个一制度”，即制定网络舆情处置办法、选拔培养舆情监控骨干、用好舆情监控软件、定期召开舆情研判专题会、年终形成总体舆情报告，全力打造立体化舆情监控网，占领舆论主战场，弘扬网络主旋律，坚决掌握网络舆论工作主动权，推动构建学校宣传思想工作新格局。

参考文献：

[1] 艾文礼. 应势而动　顺势而为　把网上舆论工作作为宣传思想工作的重中之重［EB/OL］.（2013－10－23）. http://theory.people.com.cn/n/2013/1023/c40531－23299502.html.

[2] 习近平的新闻舆论观［EB/OL］.（2016－02－25）. http://politics.people.com.cn/n1/2016/0225/c1001－28147851.html.

[3] 互联网已成舆论斗争主战场，直接关系政权安全［EB/OL］.（2015－09－01）. http://www.thepaper.cn/newsDetail_forward_1370484.

融媒体环境下创新高校教师党支部党建工作的思考

任云芳　肖婉姣[①]

四川电影电视学院

摘　要：近年来，我校在高校党建与融媒体相结合的方面已经形成了比较成熟的体系，但是也依然存在诸多问题，比如新媒体曝光的师德师风问题仍然突出，成为党建工作的障碍。基于此，本文将主要结合新时代融媒体环境的基本特点，从新时代高校教师党支部党建工作的重要意义入手，对高校教师党支部党建工作过程中出现的问题进行分析，最后就如何提升融媒体下高校教师党支部党建工作的水平提几点建议，以供借鉴与参考。

关键字：新时代　融媒体　高校教师　党支部党建

科学技术的进步推动着传播媒介形式和传播渠道的发展，这为融媒体工作环境奠定了基础。融媒体作为近些年出现的新型理念，将传统媒体与新型媒体的作用发挥到了极致。它既是对传统媒体的创新，又是对新型媒体的改良，使各种媒体都成为存在互补关系的利益综合体。同时，党支部是高校党建工作的重要领地，高校在该环境下始终扮演着重要的角色。为了进一步推进高校教师党支部党建工作，不断明确基本的工作思路，我们必须要将其与融媒体进行结合。下面将结合我校的工作经验，就新时代融媒体下高校教师党支部党建工作展开思考与探讨，为后期高校党建工作提供理论支撑。

一、新时代高校教师党支部党建工作的重要意义

教师党支部党建工作在高校党建中处于关键位置，发挥着重要作用。所谓新时代不仅标志着我国进入了中国特色社会主义新时代，也意味着我国的党建工作进入了新时代，更标志着教师党支部组织工作的新时代。作为中国特色社会主义领导核心的中国共产党，在社会发展领域具有诸多优势，比如群众基础、执政理念等，但是，新时代对我们的党支部党建工作也提出了更高的要求，这就需要我们进一步明确工作思路，为探索高校教师党支部党建工作的信息化对策奠定基础。新时代高校教师党支部党建工作的重要意义主要有以下几点。

---

① 任云芳，四川电影电视学院播音主持系讲师、四川电影电视学院金牛校区教师党支部书记，主要研究方向为主持人学及高校思想政治；肖婉姣，四川电影电视学院党委秘书、助教，主要研究方向为高校思想政治。

（一）有利于为高校教师党支部党建工作提供创新环境

融媒体环境是科学技术高度发展的产物，它能够充分结合各种传播媒介，形成优势互补。同时，融媒体环境下，高校教师党支部党建工作也得到了提升。整体工作可以从两个方面着手，一方面，融媒体为高校教师党支部建设带来了发展机遇，它利用现代化的传播技术，推进高校教师党支部建设的创新，有效提高各方面的积极性。首先，有力地促进了党建信息的拓展，我们可以充分发挥互联网技术的优势，推进高校教师党建信息的互动和交流。其次，不断扩大高校党建的覆盖面，传统意义上的高校党建仅仅局限于部分教师，不利于教师党员之间进行沟通与交流。融媒体的应用使党建空间具备了开放性的基本特点，有效实现了教师党员的对外互动。最后，有利于增强高校党建对象的主体性，将单向沟通变成双向融合，在一定程度上增强了党员的主体意识。另一方面，融媒体给高校教师党支部建设带来了挑战。互联网作为世界沟通互联的桥梁，在信息共享和信息传递方面具有重要作用。同时，融媒体使世界成为一个系统化的主体，这就使得教师党员获取信息的渠道不断增加，部分不良思想削弱着高校党员教师的民族和国家意识。基于此，我们必须重视融媒体环境对高校教师党建积极和消极两个方面的影响，最终保障高校教师党支部建设始终处于思想政治教育的高地。

（二）有利于满足高校教师党建过程中的思想政治教育需求

习近平总书记在全国高校思想政治工作会议上指出：高校思想政治工作关系高校培养什么样的人、如何培养人以及为谁培养人这个根本问题。思想政治工作贯穿教育教学全过程，实现全程育人、全方位育人，努力开创我国高等教育事业发展新局面。为了完成高等教育肩负的培养德智体美劳全面发展的社会主义事业建设者和接班人的重大任务，高校教师党建需要对思想政治教育工作模式进行创新，继续巩固其优势，积极改善其不足。传统思想政治教育模式存在诸多负面问题，比如党建知识少、获取难度大等，这些问题都成为党建工作的障碍。融媒体环境下进行党支部党建工作的最大优势就在于党建信息的共享，我们能够广泛地运用文字、图片、声音等多元化信息元素丰富高校的党建工作，为高校开展思想政治教育提供丰富的信息资源，增强高校教师党支部党建工作的吸引力。我们可以引导教师通过 QQ、微信、微博等方式与学生保持密切联系，这会在很大程度上方便高校党建信息资源实现共享，从而达成相互影响和促进。

二、高校教师党支部党建工作过程中出现的问题

（一）高校教师党支部队伍素质有待提高，师德师风问题突出

作为高校教育的主要载体，教师队伍始终承担着教学工作的重要内容，所以要全方位开展师德师风教育，创新教师党建工作方式，促进高校党支部建设推陈出新。十九大召开以来，各项规定不断出台，这就使得高校教师党支部在廉洁从教方面达成了较好的效果，也使得师德师风建设呈现良好的态势。高校教师在思想层面的转换营造了优良的党风，进而在一定程度上实现了党风和师德师风两个部分之间的良性互动。但是，在实际的工作过程中，仍然有部分教师不能够将师德师风融入自身的工作和生活，这就成为高校党支部党建工作水平的提升点。在高校教育过程中，部分教师参与党支部建设的积

极性不足，也就无法使其党员先锋模范的主观能动作用得到充分发挥。

（二）高校教师党支部党建工作对融媒体的应用力度不足

目前，融媒体环境的发展对于高校教师党支部党建工作的影响是多方面的。在高校教师党支部党建过程中，融媒体技术的应用依然存在诸多不足。通过调研，部分高校的教师党建工作依然没有脱离传统的方式，这导致新型的教育方式不能满足时代的需求，高校教师党支部党建工作在一定程度上与当代社会脱节，无法对其产生良好的适应能力，从而导致高校教师党支部党建工作的开展出现很多问题。

三、部分院校的基层教师党支部建设经验借鉴

（一）高校教师党支部基础工作要始终遵循标准化、精细化、服务化的建设原则，积极探索具有新时代特征、符合新时代需求的党建工作模式

该部分经验主要来自成都理工大学，充分反映了高校党支部建设的基本内涵，独创了“三位一体、服务为主”的新时代党建理念。一方面，结合学校的实际情况建设网络阵地，在学生公寓和互联网平台同设“学生党员工作站”“辅导员之家”等活动模块。另一方面，加强学校内部的党员干部队伍建设，充分建立起“室长—楼长—辅导员”信息反馈网络的三个到位：服务体系到位，实现“教学—管理—服务”一体化；服务活动到位，破除学院、专业在公寓中的壁垒，形成交叉型服务品牌；服务机制到位，建立校院两级“党”“团”“学”组织联动机制。

（二）高校教师党支部要实现组织生活常态化、时代化，逐步打造品牌，以增强吸引力

该部分的经验主要来自内江师范学院，其充分利用“红色文化主题进入宿舍”的主题活动，推进了党支部建设的常态化。该校充分利用点、线、面之间的关系，将红色文化融入学生和教师的日常生活中，在全校范围内营造出良好的党建氛围。所谓点就是建设试点，选点建设“红色文化主题示范寝室”，坚持“让学生当主角”的原则，动员党员、入党积极分子带领同学完成寝室布置，同时进行网络微信互动评选，运用网络新媒体手段在学生中间达到宣传效果；所谓线就是实现教师与学生之间的联动机制，由教工党支部和学生党支部联手，将走廊两壁设计建成“红色文化长廊”；所谓面就是推广试点党建经验，在示范寝室建设的基础上“以点带面，全面铺开”，使宿舍成为全校学生接受党性教育的“红色平台”。

四、融媒体环境下高校教师党支部提升党建工作水平的几点建议

在深入学习贯彻党的十九届二中、三中全会的精神背景下，笔者通过学习与调研各个高校的党建工作经验，结合所在的四川电影电视学院的专业特色、学生个性、教师教学工作特点等因素，对基础党支部建设提出以下几点思考与建议。

（一）记录党支部组织的微生活，充分彰显高校党支部党建的大舞台

众所周知，高校党支部建设需要与日常生活有机结合，这就要求我们更加注重对教师生活、工作的记录。我们可以以学院党建工作的实际情况作为参考，进而与学院宣传

部产生协调、互动的关系，最终将党组织生活通过多媒体环境如微博、微信、QQ 等平台展现出来。在这一基础上，我们可以借助新媒体实现掌上“微生活”的生动化、规范化、科学化。多媒体平台有其自身的发展优势，比如图文并茂、生动形象等，这可以极大地方便党务知识介绍，也为高校基层党组织建设提供了很多便利。总之，我们需要全方位调动基层党务工作者的主观能动性，进而提高其参与党建工作与学习的积极性与主动性，让高校教师党支部建设过程中的党务知识培训真正“活”起来。

（二）在校园广播设立“红色板块”，时刻聆听党的声音

作为艺术类院校的四川电影电视学院为了丰富教师与学生的精神生活，设立了 CBN 校园广播网，这也是学院对外、对内宣传的重要渠道。CBN 校园广播网一直是学院打造的校园文化传播品牌，我们可以结合学院内部的党员教师、党员学生、入党积极分子开展“指导实践”模式的“红色主题板块”宣传窗口。所谓“红色主题板块”，就是结合教师党员的实际情况与发展状态，结合新时代的党建内容，积极地进行“红色主题”的宣传，进而确定广播的内容、方式等。同时，CBN 校园广播网与新媒体“蜻蜓 FM”达成战略合作关系，CBN 播出的内容可以随时随地在“蜻蜓 FM”收听，第一时间得到互动与反馈。“红色主题”的宣传由部分党员教师专门负责，有利于及时、有效地宣传党的方针与政策。

（三）充分发挥党员教师的表率作用，充分发挥“四结合”的效用

融媒体环境下，高校教师党支部建设的具体工作过程中，需要将思想政治教育渗透到教学、科研和服务各个方面。第一，将师德师风与专业技术结合起来，培养有理想信念、有道德情操、有扎实学识的好老师。四川电影电视学院党政干部带领党员教师编写党建读物，以理论指导实践，将师德师风工作落到实处。第二，将专业教育与思想教育相结合：具备专业教学领域高度的政治思想认识并指引学生正确前进。第三，将科研教改与社会实践相结合：结合国情做有真正实践价值的科研、教改课题，杜绝学术腐败现象的发生。第四，将继承传统与创新开拓结合起来：既要保留传统优良的工作作风，又要在新时代下结合“互联网+”平台进行教学和党的建设工作，在融合的环境中开拓高校党政党建工作的新局面。总之，我们要将“四结合”融入自己的职业生涯，进而实现党支部工作的信息化、特色化，只有这样，才能实现高校党员教师政治硬、师德高、专业强的目标。

五、结语

综上所述，高校党支部党建工作是一个系统化的工程，在融媒体环境下，我们必须采用全方位的发展策略，比如记录党支部组织的微生活，充分彰显高校党支部党建的大舞台、在校园广播设立“红色主题板块”，时刻聆听党的声音、充分发挥党员教师的表率作用，和“四结合”的效用等，有效推进高校党建工作的进程。我们需要利用好融媒体这一发展机会，更好地把握和实现党建工作模式的创新，最终促进高校党建和融媒体的共同发展，实现协同育人的目标。

参考文献：

[1] 陈海燕. 论高校教师思想政治教育存在的问题及其解决路径 [J]. 学校党建与思想教育，2018 (08).

[2] 李志兵，王延光，徐礼云. 社会主义核心价值观视域中的高校青年教师党建工作探索 [J]. 产业与科技论坛，2017 (23).

[3] 石有总，黄观媛. 全面从严治党新形势下加强高校教师党支部建设的思考 [J]. 高教论坛，2018 (01).

移动互联网下的分享经济与高职学生网络创业引导

周　杰[①]

宜宾职业技术学院

摘　要：分享经济是移动互联网发展下的新业态，越来越广泛地影响着我们的生活，越来越多的消费者从中获得财富甚至将之作为创业平台。本文通过对快速发展的分享经济进行介绍，对如何从消费者转变为消费商进行分析，提出引导高职学生通过移动互联网让分享经济成为创业或者财富增加的平台的方式与建议。

关键词：移动互联网　分享经济　创业引导

近年来网络上有一种观点：在改革开放之初，摆地摊就能赚钱，但当时很多人抹不开面子不愿意做；20 世纪 90 年代，购买股票可以赚钱，但很多人不敢投资怕冒风险；进入 21 世纪，开网店就可赚钱，但很多人不屑于干；如今微信得以普及，很多用户都有转发二维码的经历，扫码后你会发现，这些二维码背后携带的信息基本是“某种产品或服务”。这就是分享经济，移动互联网发展新业态下出现的一种经济现象，它越来越广泛地影响着我们的生活，也有越来越多的人从中获得财富甚至将之作为创业平台，这一切也给当今的高职学生带来了创业机遇。

一、快速发展的分享经济

分享经济从不同的角度有不同的解释。通常来讲，分享经济是人们将多余不用的资源通过一定的渠道和平台与他人分享，进而获得收入的经济现象。智能移动设备的普及和移动网民数量的增加为分享经济提供了坚实的基础，移动社交的发展为分享经济提供了更多的平台。2015 年夏季大连举办的达沃斯论坛上，国务院总理李克强出席论坛开幕式并致辞，就当下备受世界关注的中国经济热点问题进行回应。李克强总理讲到，全球分享经济呈快速发展态势，成为拉动经济增长的新路子，通过分享、协作方式搞创业创新，门槛更低，成本更小，速度更快。这有利于拓展我国分享经济的新领域，创新收入分配模式，让更多的人参与进来。

分享经济涉及不同的人群与组织，通俗地讲就是消费者购买了某种东西，使用后觉得物有所值，再把东西分享给他人从而获得收入。分享经济其实是一种新型的商业模式，在全球范围内传播发展较快，对人们的生产方式、生活方式、消费观念和就业取向

① 周杰，宜宾职业技术学院党委宣传统战部部长、副教授。

产生了较大影响。国家信息中心统计数据显示，2016 年我国分享经济实现市场交易额 3.45 万亿元，同比增长 103%，参与分享人数达 6 亿，提供服务者约 6000 万。据央广网 2018 年 2 月 27 日消息，国家信息中心分享经济研究中心、中国互联网协会分享经济工作委员会在京联合发布《中国共享经济发展年度报告（2018）》，报告数据显示，我国分享经济将继续保持高速增长，2017 年我国分享经济市场交易额约为 4.92 万亿元。

二、从消费者变为消费商

消费者可以通过分享成为消费商，消费过程所开销的花费可以间接或直接成为一种变相的投资。“互联网+”引起的技术、生活方式的变革正越来越深层次地影响着消费观念的变化和消费关系的重构。依托于移动互联网、微信大数据的电商平台，微商分销系统采用的运营模式，我们的购买方式、支付工具、分享渠道都在发生改变。消费者在以往的生产消费环节中所扮演的角色也得以转变升级为消费商。仅一部手机、一个微信账号，就可以把生意做到有互联网的各个角落，从而获得不错的收益。“互联网+”使得挣钱不再完全依赖于体力，减少了时间和空间的限制，实现了依靠思维方式和对分享经济的认识来整合时间碎片，实现财富增加。

参与分享经济其实很简单，其中最为常见的就是消费者更换个人或家庭的消费品牌，这个品牌需要有专门的电商平台，如此一来，你就成了该品牌的消费者，可以拥有专属的个人二维码，如果觉得产品品质好，便可以在朋友圈分享扩散，让亲朋好友或不认识的人予以关注，感兴趣的人会因为你的分享聚集起来，进而加入这个消费群体，从而产生裂变式的效应。这样，传统的从工厂到批发商再到零售商最后到消费者的商品流通模式，转化为从工厂直接到消费者的新型商品流通模式。由于商品的流通环节大大减少，从生产商到消费者的中间销售成本便大大降低，厂商为了回馈分享，把流通环节节省的成本返还给消费者，这就是所谓的消费投资，开支变收入。目前，微信用户数量庞大，上至七八十岁的老人，下至几岁的小孩均在其中，必将促进分享经济这种新型商业模式的迅速扩大。

三、分享经济下对高职学生的创业引导

分享经济是在移动互联网环境下应运而生的一种新型商业模式。其“门槛低、成本少、速度快”的特点，让更多的消费者以消费商的身份参与到分享经济的队伍中来。而它确实也对促进消费、扩大就业、推动社会经济发展起到了积极的促进作用。对于有创业梦想的学生群体来说，共享经济确实为大家打开了一扇新的就业（创业）之门。接下来，笔者将从以下四个方面来阐述如何正确引导学生参与到分享经济中去。

一是引导学生正确理解移动互联网下的分享经济，尤其是消费商模式的创业优势。在当今社会经济背景下，分享经济符合现在的经济趋势、政策法规，对促进消费、扩大就业、推动社会经济发展起到了积极作用，无营销、依靠口碑的模式符合中国人的经营理念，实现了真正的低成本、高收入，适合大众创业。消费商作为低成本创业典范，即使在金融风暴、全球经济下行的背景下，也有源源不断的系统、团队和市场，依旧保持着高速增长的态势。

二是引导学生避免网络陷阱。目前，分享推广产品、服务项目的微信公众号、App名目繁多，可能存在传销、非法集资、诈骗等陷阱，对于涉世不深的高职学生来说，要辨别真伪还有一定的难度。那么，该如何躲避陷阱呢？对此，要抓住四个靠谱：靠谱的项目、靠谱的产品、靠谱的平台、靠谱的人。因为一般的分享模式是企业通过电商平台来进行销售，所以可以通过国家工商管理部门的官方网站查询电商平台和生产企业的真实性、合法性以及产品的质量标准等信息，企业和电商平台一定要有专业实力和创新团队，产品最好选择大众日常所需、容易分享扩散、购买渠道唯一、对环境保护和健康有益的生活必需品。分享经济的成功实现，需要交易双方建立在真实的信息沟通和相互信任的基础上，所以全社会网络诚信环境的培育是分享经济健康发展的前提。

三是引导学生躲避经济风险。移动互联网下的分享经济有很多形态，有的需要较大的资金投入，存在较大的经营风险。学生应选择自己熟悉或需要的日用品，避免投入的经济压力。

四是引导学生建立有效的朋友圈，线上线下共同分享推广。每个人的朋友圈都是有限的，首先要引导学生敢于将自己看好的项目或产品及时分享给微信好友，并将其锁定为你的会员，同时在线下通过多种形式不断积累会员，通过会员的分享产生裂变，可以为自己铺设收入管道，使收入源源不断地汇集。当然，目前绝大多数人是在自己购买产品消耗，而没有积极分享和推广，成为消费商的人较少。对于有这方面意向的学生，我们要积极引导和鼓励他们在最大限度规避风险的前提下，参与到分享经济中去，成就自己的创业梦想。

参考文献：

[1] 王硕. 网络新媒体环境下的大学生消费意愿 [J]. 经济研究导刊，2018 (05).
[2] 罗云苹. 分享经济：大学生就业创业的新领域 [J]. 昆明学院学报，2017 (04).
[3] 陈瑜. 消费者也能成为资本家——消费资本化理论与应用 [M]. 桂林：广西科学技术出版社，2006.

强化网上校史馆育人功能研究

王小玉[①]

四川管理职业学院

摘　要：网上校史馆与实体校史馆同样具有存史、资政和育人功能。建设网上校史馆不能简单地把实体校史馆搬到网上，而要充分认识网络传播的特点，发挥网上校史馆的优势，创新建设方式。借鉴传统章回体小说的体例和语言风格开办校史讲座，就是一种有益的探索和创新，有助于强化网上校史馆的育人功能，使其在思想政治教育中发挥独特的作用。

关键词：网上校史馆　数字校史馆　校史讲座　思想政治教育

中国大多数高校都有数十年或上百年的历史，在波澜壮阔的历史大潮中，高校的历史也跌宕起伏、内涵丰富。鉴于此，大多数高校都建立了校史馆，在功能上与地方志、校志相似，发挥着存史、资政（资治）、育人（教化）的独特作用。校史馆是学校文化传统的集中展示，蕴藏着独特的教育资源；校史教育符合德育的认知规律，比其他常规教育更易于被受教育者接受。

网络文化建设重在内容建设。目前建立网上校史馆、数字校史馆的高校还不多，已建的网上校史馆普遍缺乏特色，没有突出高校的育人功能。关于校史研究，学界重视对校史编研的理论和方法的研究，对校史与思想政治教育的关系则研究较少，对网上校史馆与思想政治教育的关系研究更少。网上校史馆的建设应当引起高校的足够重视，要充分认识网上校史馆的特点和优势，对其育人功能进行研究发掘。

一、网上校史馆的特点

网上校史馆具有以下特点：

（1）便利性。学校师生和社会大众对校史中的某一个问题感兴趣时，往往不能随时进入校史馆，而网上校史馆则通过互联网技术为参观者提供了随时了解校史的便利。

（2）开放性。参观实体校史馆限制较多，参观人数少。而且团体组织参观的多，个人主动参观的少。网上校史馆面向互联网开放，拥有极广的受众。

（3）交互性。实体校史馆的参观者不便表达自己的感受，网上校史馆的参观者则可以通过留言等方式随时与主办者交流。

---

① 王小玉，四川管理职业学院党委办公室宣传统战科科长、副教授。

（4）低成本。实体校史馆的建设需要开辟专用的建筑空间，安排专人进行日常管理，其初期投入和日常运行的费用都比较高。网上校史馆的建设成本则要低得多，建成后也较少需要日常维护。

网上校史馆相对于实体校史馆也有体验感较弱等缺陷，二者应当紧密结合，才能充分发挥校史资源的作用。

二、网上校史馆的优势

网上校史馆集档案管理、文化传播、信息技术应用、思想政治教育、学校形象宣传等功能于一身。它是对实体校史馆功能的补充和延伸，具有实体校史馆的三个功能，同时又具有自身独特的优势。

（1）存史更久。实物会锈蚀、霉变、损坏，而网上校史馆可以永久保存如新，方便读者了解历史原貌，更好地发挥文化传承的作用。

（2）资政更便。输入关键词后，检索者可以在网上校史馆上更加快速、准确地查阅校史资料，其便捷性远远优于实体校史馆。

（3）育人更广更深。知识会更新，而精神能永存，网上校史馆的育人功能主要表现在思想政治教育上。查阅网上校史馆的便利性可以让更多的人了解校史，使网上校史馆的育人范围更广；同时，网上校史馆可以运用丰富的信息技术和多种手段，使历史信息更易被人接受，使网上校史馆的育人效果更加生动，产生更好的效果。

参观网上校史馆，有时比组织师生参观实体历史博物馆产生的效果更好。如，每所高校都有校训，大多还有学校精神、校风、教风、学风等文化符号。但是，这些代表学校精神文化的符号只凝结为几个词或者一两句话，要让师生真正理解其内涵并不容易。理解这些文化符号最好的方式就是了解学校的历史，网上校史馆就提供了一个了解学校历史的便利途径。如“厚德”“力行”“卓越”等校训，初读之时可能略觉平淡，配以相应的历史事件便会更加生动。

相对于实体校史馆而言，网上校史馆在育人方面的作用更加突出，应当引起思想政治工作者的高度重视。

三、网上校史馆建设的现状

目前我国高校的网上校史馆较少，大部分处于以下两种状态。

（1）只进行粗略介绍。多数高校只在官网对学校的历史沿革进行简单介绍，有的附有大事记和实体校史馆的照片，绝大部分校史资源都还在实体校史馆里。少数高校建有网上校史馆或数字校史馆，但内容很少，不成体系，尚处于萌芽状态，还没有真正开始建设。

（2）照搬实体校史馆。已建的网上校史馆大多没有体现网上校史馆的特点和优势。而且文字与实体校史馆一样，运用的是地方志文体，追求严谨，有失活泼，表现形式严肃呆板，难以吸引网上观众。个别制作较精良的网上校史馆包含“史海钩沉”“人物回顾”等专题性内容，资料较为丰富，但形式依然不够活泼，难以吸引当代大学生的关注。另外，网上校史馆的设置较不明显，访问者需要层层点进去才能看到，大多数人都没有耐心慢慢寻找。这些本就不多的校史资源建设形式单调、缺乏特色，访问量自然不高，起到的宣传教育效果也有限。

四、网上校史馆建设的创新对思想政治教育的辅助作用

网上校史馆要充分发挥育人功能，助力思想政治教育，就一定要借助互联网的特点和优势，主动展示校史资源。网上校史馆不是数字档案馆，它需要确立主题，以传承学校文化为使命，体现学校传统的价值观，促进师生对学校的文化认同。网上校史馆的内容绝不仅仅是对档案资料的翻拍，还需要对档案资料进行梳理提炼，提取对读者有价值的信息。要从传播学校文化的角度对校史内容进行精心选择和编研，对传播形式进行精心设计，夹叙夹议，并运用多媒体手段展现出来。

为强化网上校史馆的育人功能，笔者在策划四川管理职业学院网上校史馆建设时进行了一些创新性探索。拟将网上校史馆以“校史讲座”的栏目形式放在官网首页，借鉴传统章回体小说的体例和语言风格，将校史资源以网上讲座的形式向公众进行展示。

在体例上，讲座分成十五讲，基本按时间顺序排列，每讲都有一个相对较小的主题，标题类似于章回体小说，信息量较大，并富有一定的文学色彩，在语言风格上，探索章回体语言的运用，在严谨的基础上追求通俗活泼，保持客观中立，不直接表达自己的观点和感情。

借鉴不是照搬。校史讲座的故事性不像章回体小说那么强，必须还原历史真实，保持一定的严谨性。语言可散韵结合，以散为主，慎用诗词。章回体小说常用的开场白、结束语也不宜照搬。

讲座全面介绍学校建校的历史背景和历史沿革，对重点人物进行专题刻画，对重点事件做详细介绍。每讲都配以历史图片，并对图片进行介绍，注重表现地方志、校志的历史细节。将这些信息传达出来，有利于帮助师生理解过去，展望未来。

网上校史馆建设的创新契合了大学生的学习心理和接受习惯，可以更好地发挥网上校史馆的育人功能。其中的部分内容可以通过学校的微信公众号等新媒体转发，以扩大其覆盖面和影响力。网上校史馆还可以开放留言，及时听取师生和校友的意见，从而不断改进。

严谨准确、通俗活泼，理想的网上校史馆要二者兼具，以成为学校进行校史教育和革命传统教育的“乡土教材”。

参考文献：

[1] 肖太陶，杨东，张魁. 高校网上校史馆建设的学理基础 [J]. 江苏高教，2011 (03).

[2] 柴松青. 大学校史文化的思想政治教育价值研究 [D]. 西安：西安建筑科技大学，2014.

[3] 孙永玉. 校史校情：高校德育的宝贵资源和生动教材 [J]. 中国高教研究，2006 (01).

[4] 章玉政. 光荣与梦想——中国公学往事 [M]. 杭州：浙江人民出版社，2014.

移动互联新媒体时代的高校思想政治教育路径探索

陈 鹏[①]

四川师范大学

摘 要：移动互联技术为大学生带来了丰富的信息体验，同时也影响着学生的行为思想。高校是为社会培养高素质人才的场所，落实思想政治教育工作，帮助为学生树立正确三观是高校素质教育的重中之重。如何利用新媒体落实网络思想政治教育，优化教育路径，提升现代化高校思想政治教育的有效性，是目前急需解决的问题。

关键词：移动互联 新媒体 思想政治教育

当前，移动互联网新媒体正向多功能、数字化方向发展。新时代网民，尤其是大学生，信息体验需求大、接收新事物能力强，一直处于社会潮流前端，互联网技术应用特征明显，传统的思想政治教育模式已经难以满足互联网新媒体时代学生对素质教育的需求。高校思想政治教育可充分抓住新媒体发展带来的机遇，利用互联网技术、电子产品等介质，拓展思想政治教育题材、内容、载体等，创建可行性高的网络思想政治教育路径，继而为现代化高校思想政治教育工作发展奠定良好基础。

一、移动互联新媒体概念

移动通信、互联网的结合衍生了大量新媒体，如数字电视、网络媒体等，适应了大众日常娱乐、信息体验等方面的需求，因此，人们利用新媒体的主动性也相对更强，其中最具代表性的为微博、微信等。其发展特征主要体现在以下几方面：

（一）信息资源海量

移动互联新媒体信息资源具备海量性、即时性等特点，通过移动智能终端，人们可以不受时间、地域限制地输入关键词，从而得出答案。人们还可以借助云计算、大数据技术等得到与关键词有关的延伸信息资源。

（二）信息模式个性化

新媒体信息通过拆分、压缩等呈现出的聚众模式等特征相对明显。大众可将日常生活体验、心路历程等通过精练的语言信息分享到网上，此时，新媒体信息以较为个性化的方式展现出来。

---

① 陈鹏，四川师范大学讲师，研究方向为思想政治教育。

（三）参与、互动性强

新媒体时代下，信息表达更加便捷，网民可在网络中自主生产、发布、表达信息。如微博新媒体，用户可根据自己的喜好自主筛选或搜索话题、关注对象等，通过互动交流，对学生的行为思想和习惯产生更加直接的影响。

二、新媒体对高校学生的影响

在信息化时代，互联网发展迅猛，即将步入社会的大学生对移动互联网新媒体带来的有利、不利影响更加重视。其在开阔学生眼界、丰富学生信息体验的同时，也影响着学生的价值观和身心健康发展。要促进高校思想政治教育工作的优化改革，创建全新教育路径，需全面了解学生接触新媒体的利弊影响。

（一）有利影响

首先，移动互联网新媒体对培养学生独立意识的积极作用是毋庸置疑的。在传统的授课式教育中，受教师专业水平因素的影响，学生接触的知识有限，不便于进行知识拓展，同时学习的兴趣也不高。鉴于信息资源的海量性，学生可以根据自己的需求利用移动互联技术进行搜索，这样不仅可答疑解惑、优化知识结构，同时也有利于延伸课本知识，提升学习积极性，利于其智力、思维能力的开发与培养，有利于学生自主学习及独立解决问题等良好行为习惯的养成。

其次，可消除交流代沟。教师、家长及学生之间的有效沟通，更利于学生良好行为和思想习惯的养成。通过移动互联网新媒体构建社群，如微信群等，可以让家长随时随地了解学生的学习情况和班级动态。教师、家长也可以参与讨论学生感兴趣的话题，营造良好氛围，从而拉近彼此之间的距离，第一时间了解学生的行为思想，为思想政治教育工作的开展、教育方式的科学应用等奠定良好基础。

最后，更利于教育监管。移动互联网新媒体的交互性、共享性等特征明显，通过微博、微信朋友圈、QQ 空间发布的信息可以即时传播、转发，能在短时间内获得大量的关注。尤其是教育方面，一旦监管出现纰漏，会迅速成为民生方面的热门话题。借助社会群众的力量进行教育监管、分析问题、提出建议等，更利于教育工作的整改。同时，学生对教育监管提出建议，也更利于自我道德管理与约束。

（二）不利影响

首先，易左右学生的身心发展。大众对网络舆论易形成跟风趋势，尤其是大学生的道德心理不够成熟，自我控制能力差，好奇心强，易转发、模仿网络流行信息等。很多大学生容易被网络不良思想影响，但是各个学生所表现出来的程度有所不同。

其次，班级管理难以落实。大部分高校禁止在课堂或熄灯后玩手机、电脑等，但始终难以消除学生对移动互联网新媒体的好奇，个别人不仅自己违规违纪，还会影响他人，加上学生之间的攀比心理，使得班级管理工作难以有序展开。

最后，影响学生的学习注意力。智能手机功能增强了学生探究的兴趣，也容易使其对上课失去兴趣。如上课看小说、听音乐、网络购物、刷博客等，分散了学生的注意力，降低了学生的自我约束能力。

三、新媒体对高校思想政治教育发展的影响

新媒体自身属性多样，如虚实相间、互动包容、资源开放等，对各行各业的影响也不尽相同。在传统高校思想政治教育工作中引入移动互联网新媒体，不仅是一个机遇，更是一项挑战。

（一）机遇

首先，可提高思想政治教育效率。基于教育受众，传统班级授课教育方式的受众远不如网络思想政治教育受众数量广泛。对于教育工作者来说，网络思想政治教育更省时省力。基于教育信息的传播效果，网络思想政治教育不受学生、教师的时间和地域限制，学生可以随时随地学习、复习、提问、传播、拓展网络教育信息。基于网络师生互动，师生关系逐渐趋于平等；学生在主动接收网络思想政治教育信息的同时愿意与教师进行沟通，这些都有利于学生自主学习能力的提升，以及思想政治教育内容的整理、领悟。

其次，可保证思想政治教育质量。基于信息的开放型特点，网络思想政治教育与传统班级、个体授课模式存在显著差异，信息共享资源更加全面，可帮助学生获取更多、更加适用的思想政治教育知识。基于网络教育信息的整合型特点，借助新媒体开展网络思想政治教育，可在单一教育内容上附上图片、历史典故、音频等，使教育内容更加生动、立体，实现了思想政治教育的动态化教学，使其更富有感染力，从而保证了教学质量。新媒体在传播功能方面包括大众、小众、分众化属性，可根据教育对象的不同进行针对性教育。

（二）挑战

首先，教育环境不易构建。利用移动互联新媒体在高校开设网络思想政治教育，对培养多元思想意识、正确“三观”的大学生来说十分重要。鉴于学生的个体差异、使用新媒体的目的不同等因素，加之新媒体日益变化，学生的思想极易被影响力强的网络左右。例如，在浏览网络教育信息时，网页会弹出诸多不实、不文明信息，学生若缺乏防骗意识或经验，就会使自身的生命财产安全或是身心健康遭受威胁。教师、家长虽然多次提醒，仍然不能避免学生的好奇、偏差心理。

其次，教师主导地位下降。在传统的思想政治教育工作中，教师的地位较高，学生接受知识、进行决策等步骤都需要在教师的帮助下完成。移动互联时代一改传统被动接受教师教育的模式，学生可以在网络上与不同区域、行业的“老师”进行互动，每个网民都可以传播、加工信息，由学生来决策参与。与此同时，以学生为主的教育模式也逐渐得到提倡，教师教育主导者的地位不断淡化。

在思想政治任课教师的素养水平方面，大部分的高校教师在任课时言语并不严谨，表达娱乐化，教育性不强。实现网络思想政治教育，需要教师具备一定的决策能力和新媒体运营管理专业能力，但实际上，只有少部分教师可以做到。在实践中，也未能有效将思想政治教育内容与社会事件相融合，学生接受的思想政治教育信息相对模糊。同时，目前在微信群、QQ 群坚持开展思想政治教育工作的教师寥寥无几。

最后，工作机制尚不完善。新媒体在思想政治教育工作中的价值体现与健全的工作机制不无关系，高校各个部门都应当紧密联系，包括党委宣传部、班主任、社团指导教师、学生干部等，不能各自为政。但实际上，各部门之间的联系并不紧密，思想政治专题网站运营、公众号管理、群社与贴吧信息管理等工作都是各自展开。这种工作机制不仅使资源相对封闭，还会造成学生反馈信息受阻，甚至出现公众号告停等情况，并未体现网络思想政治教育的价值。

四、高校思想政治教育路径

高校在移动互联网新媒体时代下开展思想政治教育工作，其路径主要包括目标导向、教师升级、学生为本、制度建设及新媒体利用几点，主要体现在以下几方面。

（一）不忘初心

思想政治教育工作需要与党的奋斗目标齐头并进，它是一项培养人的事业，对此，其所有实践活动也直接作用于人。教育对象的思想行为现状、内在精神需求，是设立思想政治教育的主要根据。大学生思想政治教育的目标主要是通过一定的思想政治观点，如马克思主义理论，对教育对象实施有组织、有计划的教育影响，期望使其成为符合社会发展需求的合格接班人。随着时代的不断演变及和谐社会的推进，大学生的精神需求更加丰富、思想状况更加复杂，对此，思想政治教育工作需加强分析移动互联网络下大学生的实际状况和精神需求，引导大学生思想向现代化社会主义所要求的方向发展。家长、高校、社会都应当充分重视与支持高校网络思想政治教育工作，帮助学生树立正确的三观，为社会培养更多有理想、有抱负的综合型人才。

（二）要教育主体升级

首先，充分借助移动互联网技术，积极构建云计算基础上的高校思想政治教育工作。随着时代条件的变化，人们对新技术、新事物的敏感度不断提升；同时也对高校思想政治教育主体提出了更多要求。要想落实新媒体网络思想政治教育工作，首先要具备软、硬件设施条件，以及相关的人才条件。在云环境条件下，学生可以充分利用网络资源，自主提升思想政治素养。

其次，要提升教育工作者开展网络思想政治教育工作的能力。从队伍建设的角度进行分析，教育工作者不仅要具备一定的专业、职业素养，在新媒体时代，更应当提高对新媒体融入教学的敏感度，不断学习、掌握新媒体教学技术，继而提升自身的网络思想政治教育水平。思想政治教育概念相对较为单一，结合网络上的社会热点和生动案例，或是形象生动的PPT，更容易吸引学生。学生对网络世界充满了好奇，要借助学生对网络媒体的喜好，使其与教育各内容、环节有效结合，从而提升学习效果。

基于建设平台角度分析，要积极构建移动互联网思想政治教育云平台。平台建设人员需具备一定的政治素质、互联网制作技术，以确保教育云平台正常运营。基于日常教育，基层党务工作人员需将党的指导方针、政策等通过互联网技术转变为移动思想政治教育信息，使教育云平台的价值得以充分体现。

（三）以学生为本

移动互联新媒体对社会影响巨大，与其他技术类似，可对学生产生正面与负面的双重影响。但利大于弊，主要表现为生活依赖，甚至是生活方式的改变。为保证学生的身心健康，还需对移动媒体的利弊加以甄别，积极改善大学生使用移动媒体的习惯，使其正确看待移动媒体，矫正偏差心理，使技术实现有利影响最大化，负面影响最小化。

移动终端媒体所带来的负面影响也是不可消除的，只能通过对学生进行道德素质教育，实现应用缺陷最小化，移动互联网便利最大化。由于互联网信息虚实结合，不良、不文明信息如同病菌一样，随着网民的传播四处扩散，所以要帮助学生树立独立辨别问题的能力和正确的三观，使其可以正确辨别移动媒体信息，以自身的道德品质约束行为思想，自觉规范使用新媒体。

（四）构建制度强化教育基础

高校需重视网络思想政治教育工作建设，充分落实制度、资金、师资等，为完善高校网络思想政治教育体系奠定良好基础。制度构建是保证高校网络思想政治教育工作生命力的基础，主要包括跨部门协作、培训、考评制度等。基于部门协作制度这一角度，各部门应当各司其职，同时加强信息资源共享，如教务处、网络技术部等，应加强对网络思想政治教育工作计划、设计、实践等步骤的研究与讨论，使高校思想政治教育体系更加完善。教育工作者开展网络思想政治教育工作的认识与专业水平不一，为提高师资队伍的战斗力，还需加强对教育主体的培训。培训内容包括自身职业与专业素养、新媒体运营与管理技术的提升等，有利于使其正确认识新媒体网络思想政治教育工作的必要性，并可以快速适应新的教育模式。基于考评制度，为保证高校思想政治教育活动的顺利开展，需要对教育工作者的工作过程与结果进行考核、评价、奖惩、反馈等。培训制度、考评制度等都是影响思想政治教育活动的关键因素，因此，强化制度建设与整改尤为重要。

（五）实现新媒体教育横纵全覆盖发展

1. 实现教育活动横向发展

首先，积极构建教育主题网站。作为校党委宣传部，应当主动建设网上思想政治专题网站。网站思想政治信息应当特征明显，具有吸引力、理论性、教育性及生活性。大力在校园内外进行宣传也是高校利用移动互联网新媒体开展思想政治教育工作的重要方式。例如，四川师范大学主页网开设了学习贯彻党的十九大精神、学习贯彻省十一次党代会精神、四川师范大学“两学一做”等专栏。在学习贯彻党的十九大精神专栏，可以浏览各个部门和学院基层党委党支部深入学习党十九大精神的概况，如人民网、央广网、《四川日报》共同报道的省委宣讲团宣讲十九大精神，学生工作系统召开“红船精神”学习座谈会等。另外，在“两学一做”专栏可搜索到学校关于“两学一做”的专题教育活动新闻，包括机关第一总支部召开的“学习树立绿色发展理念与建设社会主义生态文明专题”，学校举办的庆祝建党 95 周年暨“两学一做”学习教育书法展等。在理论学习板块，可通过专家解读、精彩点评专栏学习“习近平的高等教育思想”“红船精神”等思想政治教育知识。专题网站的建设，为了解学校思想政治工作状态、成绩等提供了帮助，同时，网站内容定期更新，扩大了覆盖面。

其次，整合网络思想政治教育课程。高校网络党校建设工作由专人负责，如党委组织部等。栏目内容及时更新、增设，包括网络课堂、线上考评等板块。学生在网上学习考评，可帮助受教育者深刻认识党的思想政治教育理论，端正入党动机，增强党性觉悟等。高校各个团委可借助网络开展教育者团日活动，通过线上交流，帮助大学生正确认识思想政治工作。新媒体技术对传统思想政治教育产生了冲击，网络媒体教学成为思想政治课堂教育工作的日常。如河南理工大学在思想政治理论教学中采用了多媒体，将声音、动画、图像等媒介与思想政治教育内容充分结合，使单调的理论观点、概念更加立体化、形象化。为了增大信息密度，教师还添加了《复兴之路》纪录片片段，让学生对市场经济发展、开设经济特区等方面的内容有了更为明确的认识。另外，教师还开通了网络授课，通过移动硬盘、音响器材等播放课件，利用微信、QQ 等平台答疑解惑、反馈意见，不再受以往的课时限制，提升了教学质量。

2. 实现教育工作纵向发展

首先，利用新媒体进行互动，减少师生代沟。大部分高校学生会使用微信、微博交流感情，获取网络信息。为了避免学生受到负面消息的影响，高校各部门需积极建立微博、微信群等，通过群消息推送舆论信息，帮助学生梳理疑问，引导学生健康上网、正确对待舆论。另外，可通过微博发布通知公告，大范围宣传思想政治教育活动。如在环保日、感恩节、毕业季发布专题活动通知公告，集思广益，让学生积极参与活动策划，开办后及时统筹反馈意见，为后续的活动奠定基础。同时也可以定期、不定期地举办网络思想政治教育内容竞答、作品展征集等活动，让学生通过展示才华提升社会责任感与正能量。

其次，各个班级都应当有 QQ 群，群里有学生、班主任、学生办负责人员、思想政治教育主管负责人员等。群成员作为思想政治教育客体，均可在群中接收群文件、公告、咨询、动态新闻等，有其他问题也可以线上留言、沟通，保证了问题解决的时效性。构建 QQ 办公群，可以将思想政治教育工作延伸至每个教育主体、客体。高校思想政治教育网上会议的召开和学生工作的部署都可以在办公群中完成，各个学院的学生办公室可以通过办公群反馈信息、报告工作情况，各个班主任、辅导员也可在群里转发校方要求。班长可自行下载思想政治教育相关群文件，带领班级学生学习、测评等。鉴于学生兴趣、毕业求职意向等因素差异，也可以建立学生 QQ 群，让学生在群里分享自己的生活体验、考研经验等，这对正确引导学生，促进培养其身心健康起着关键作用。

最后，充分利用网络论坛教育媒介。大部分学生将网络论坛称为网络论战，可见大学生对网络思想政治论坛的青睐。学生可在论坛上发表个人观点，这与传统课堂形成了鲜明的对比。在意见发表方面，论坛中人人平等、言论自由，师生之间也不例外。论坛参与者对思想政治教育内容进行质疑、反驳，得到清晰、简明、更加有信服力的观点，有助于加深学生对思想政治教育内容的理解。当前，博客也得到了大学生的广泛关注，学生可利用博客传送思想政治教育信息，对研究思想政治教育内容也会有更加积极的作用。

五、结语

在当今时代，要推动新媒体和教育的共同进步，需掌握新媒体发展的特点，了解并合理利用新媒体，创新机制和内容，以达到合理引导学生的教育目的和效果。在高校思想政治教育中，引入移动互联网新媒体是一个复杂且烦琐的过程，需要学校积极构建校园网络文化，根据学生的兴趣爱好，利用新媒体技术开拓新的思想政治教育课题，做到因材施教，并构建教育互动平台，从而实现新媒体教育的不断优化。除此之外，家庭方面，家长需科学引导孩子运用新媒体，并以身作则，加强沟通交流。政府也应当完善新媒体法治、强化网络安全，帮助学生养成良好的行为习惯，提升高校思想政治教育的有效性。

参考文献：

[1] 孙玉平. 移动互联新媒体时代的高校思政教育路径探析 [J]. 延安职业技术学院学报，2016，30 (02).

[2] 陈磊，郭世平. 新媒体时代高校廉洁教育的路径研究 [J]. 学校党建与思想教育，2016 (08).

[3] 汪群，赵梦雨. 移动互联网环境下高校思想政治教育路径创新 [J]. 南京政治学院学报，2017 (03).

[4] 张炳兰. 大学生思想政治教育的新思路——评《新媒体时代大学生思想政治教育的挑战与创新》[J]. 教育发展研究，2017 (08).

[5] 姚志友. 新媒体时代高校研究生思想政治教育的困境与对策——基于南京五所教育部直属高校调查分析 [J]. 江苏高教，2017 (06).

新形势下提高国家舆论传播和引导能力的战略思考[①]

李忠伟[②]

成都信息工程大学

摘　要： 新时期中国国家舆论安全面临着较为严峻的形势及问题，其中国家舆论传播和引导能力不足是最核心的影响因素。从国家舆论安全概念来看，国家舆论安全的一个突出表征和条件就是国家舆论引导能力和传播能力不受威胁，它对国家舆论安全具有直接的决定作用，如果国家舆论传播失效和引导失灵，必将使国家舆论安全陷入危机。本文就如何在国家舆论安全战略中提高国家舆论传播和引导能力进行了一些战略思考，期许为国家舆论的传播和引导提供一些借鉴。

关键词： 国家舆论　传播　引导　思考

一、须全面提升国家舆论的自身影响力

（一）不断推进马克思主义理论创新发展

适应时代变化，正视时代挑战，表达时代呼声，是国家舆论有效发挥作用的先决条件。而国家舆论是以马克思主义理论为基础并指导其前进的，因此，要不断发展和创新马克思主义理论。当前，我们要强化国家舆论的权威性和时代性，就必须首先回到经典马克思主义，从源头上加强对马克思主义的整体性研究，充分发掘马克思文本中的价值资源，并结合我国改革开放和社会主义现代化建设的具体实际，开创马克思主义中国化的最新理论成果。在多元文化冲突的背景下，必须围绕以人为本进行创新，深刻阐明社会主义和谐社会的本质规定和重要意义，不仅要很好地回答什么是共产主义和社会主义的问题，回答资本主义的发展及社会主义的优越性问题，而且要很好地回答人们在现实生活中所关注的热点、难点和疑点问题，解决人民群众面临的思想问题，更要从以人为本、促进人全面发展的理念出发，阐明改革的社会主义原则，批判现实中的不合理现象，从而为进一步深化改革和推进社会主义和谐社会的建设提供理论支持。

（二）注重兼容不同的利益诉求

当前，我们正处在一个利益主体多元化的格局下，有规则的利益博弈是市场秩序的

① 基金项目：本论文为四川省高等学校思想政治教育研究会2017—2018年度重点立项课题（SCSZZD20177）的阶段性成果之一。

② 李忠伟，成都信息工程大学马克思主义学院副院长、教授。

重要组成部分，政府的责任就是保持公正性，保障整个社会健康有序运行，以促进相对和谐的关系和格局的形成。我们所追求的和谐社会绝不是没有利益冲突的社会，相反，它是一个有能力化解利益冲突、平衡利益关系的社会。鉴于当下的情况，政府要以人为本，从制度层面提升弱势群体的利益表达能力，如何通过国家的舆论建设来整合多方关系，使之成为一个和谐的利益整体，成为社会主义和谐社会国家舆论必须面对的问题。

（三）正确对待舆论监督

舆论监督是人民群众对社会生活中违背党和人民利益以及社会失范的思想和言行进行公开批判和揭露，形成舆论压力来促使这些不良作风和不良现象得以改正的行为。舆论监督并不是为了监督而监督，也不是为了批评而批评，而是要为社会舆论指明方向，将不良行为和不正确言论引导到正确的轨道上去。从本质而言，要以党倡导的主流思想对社会上的失范行为和言论进行纠偏和引导。舆论监督是正确决策的先导，是国家舆论增强影响力所必须重视的内容。从实践上看，新世纪新阶段以来，从中央到地方在舆论导向上没有出现大的差错，社会舆论的总体态势相对平稳，但是平静之下也存在一些不容忽视的问题，值得我们严肃对待。

二、须全面探索国家舆论的传播技巧

（一）遵循国家舆论传播规律

要提高国家的舆论传播和引导能力，体现时代性、把握规律性、富于创造性是必由路径。社会舆论有其生成、发展、传播、运动的特殊规律，执政者要引导好社会舆论，促使舆论从“自在”走向“自为”，提升舆论的公共理性，就必须对舆论的本质和运行的客观规律有深刻的理解和把握。当前，中国舆论生态发生了天翻地覆的改变，国家舆论处于意识形态的前沿，发挥着越来越重要的作用，人民群众通过新兴网络媒体获得了前所未有的话语权，社会舆论对公共治理产生着越来越大的影响。在传播领域，技术的每一次革命性变革都推动人类进入一个新的媒体时代，促进产生政治沟通、舆论传播的新景象，提出公共治理的新要求和新模式，其中遵循舆论运行和新闻传播的客观规律是最基本的要求。遵循国家舆论传播规律，就必须树立受众意识。国家舆论传播和引导是思想意识层面和精神观念领域的工作，如果受众存在排斥心理，就不可能实现有效的舆论传播和引导。

（二）打造融通中外的话语体系

国之交在于民相亲。文化是连接心灵的纽带，文化交流拉近了人与人之间的距离，各民族文化背景有别，社会背景有异，然而却因为有了文化的交流而相互尊重和理解、彼此欣赏。正是由于这个原因，打造融通中外的话语体系尤为重要。话语体系承载着特定的思想价值观念，是国家舆论影响力的重要组成部分，是一个国家在国际舞台上确立话语权的前提和基础。在经济全球化时代，谁的话语体系更具道义感召力和思想穿透力，谁的话语和叙事最能打动人，谁就拥有国际话语权，谁就能在国际竞争中取得优势。人类文明史上曾产生过许多有深远影响的话语体系。传统中国社会形成的“天下为公”“民为邦本”“仁政德政”“选贤与能”等一套立足自身文化基因的话语，至今仍塑造着中国人的理想底色。但是，鉴于当前我国所面临的国家舆论安全形势，其话语体系的建构还有待进一步提升。传播力决定影响力，话语权决定主动权，必须更好地传播中国声音、塑造国家形象、维护国家利益，推进对外话语体系建设。融通中外，就是我们传播的概念范畴表述，要求既要符合中国国情，有鲜明的中国特色；又要与国外的话语体系、表述方式相对接，使其易于为国际社会理解和接受。这一概念是我国对外传播工作的重大创新，有利于中国声音传播出去，与世界更好地沟通和交流；也有利于国际社会客观、理性地认识中国。

（三）加强舆情议程设置

议程设置是一种客观效果和现实功能，舆论引导是一种主观意愿和实践操作。议程设置和舆论引导之间存在着信息的共同支点和理论关联。媒介通过设置某些议题，通过对报道内容的选择、对报道方式的运用等，有目的、有意图地将受众的注意力吸引到这些特定的事物、议题上来，以引发公众的关注和讨论。为公众提供值得讨论的话题正是舆论引导的主要方式，媒介议程设置功能越强，引导舆论的能力就越大，效果就越好。因此，各级党委和政府要通过加强新闻发言人制度建设来创新强化议程设置能力。新闻发言人制度可以通过政府和党委的发言人及时主动地向各类媒体提供信息，以此对国内外舆论与媒体进行巧妙引导，掌控主动权。可以说，充分有效地利用媒体进行议程设置，是确保舆论调控能力得以提高的重要途径。在当今新媒介日益发达的传播环境中，试图漏报、迟报、隐瞒真实情况的一切行为都会造成不好的后果，只有加强议程设置、主动出击，才能占有舆论引导的先机。在具体的实践中，应注意政府、媒体、公众三者之间的协调配合，换言之，在议程设置中，党和政府应使其工作和政策成为备受广大人民群众关注的焦点，将新闻报道的公信力和政府的权威性相结合，在公众中形成有关议题，最终产生合力。

三、须全面拓宽国家舆论的传播渠道

（一）建立具有国际影响力的传媒集团

从舆论形成的过程来看，舆论客体的出现是舆论产生的开端，以媒体为中心的信息传播活动是舆论形成的必要条件。从这个意义上说，垄断传播媒介能有效地抑制不良舆论的产生，而通过媒介适时传播特定观点和信息则能引导某种舆论的形成和发展。简言之，掌握了一种信息传播媒介，就拥有了传播某种思想文化的权力和影响力。以美国为代表的西方发达国家之所以成为舆论霸权强国，主导着国际舆论的走向，与其强大的传媒优势紧密相关。西方发达国家的传媒优势总是冲击着发展中国家的思想意识、价值体系、民族文化与信仰，他们又总是采取各种手段对发展中国家进行贬低、丑化。对于传媒力量较弱的国家来说，其信息传播、信息安全掌控在传媒强国手中，原有的思想文化、价值观念和生活方式面临着被“信息强国”改造的危险。因此，强大的传播媒介是提高国家舆论传播和引导能力的关键，国家舆论的主导权和引领权始终离不开有影响力的传媒。尤其在全球化趋势和“西强中弱”舆论格局的冲击下，中国迫切需要打造具有更大影响力和竞争力的传媒集团来提升国家舆论的传播力和引导力，以突破西方强势话语的包围与侵蚀。组建超级传媒集团，一方面可使中央电视台、中国国际广播电台、中央人民广播电台等机构资源共享，优势互补，形成对外传播合力，共同参与国际传播领域竞争；另一方面，也可以通过跨媒体和跨行业兼并的方式打造具有雄厚实力的传媒集团。

（二）加强传统媒体与新媒体的融合发展

毋庸置疑，新媒体正在成为影响和构建中国社会发展的重要力量。然而，由于与生俱来的缺陷，它还无法完全依靠自身的力量推动全社会的发展和进步。以互联网为代表的新媒体使得公众发表观点更加容易，但是公众的网上行为是一种草根文化，传统媒体所代表的精英文化依旧重要。新媒体和传统媒体所代表的不同视角和文化并不是不可调和的。恰恰相反，相互促进和融合发展才有利于发出最具价值的声音。因此，充分利用传统媒体的权威性、公信力，抑制新兴媒体信息的虚假性、随意性，利用新兴媒体的便捷手段和内容来补充、丰富传统媒体的天然局限性，实现新旧媒体之间的资源共享、融合，这种有机结合的力量将是非常巨大的，它意味着草根经验与精英意识的结合几乎可以涵盖所有行业和群体的声音，它兼具经验和理性，有利于健全舆论引导机制，聚同化异，扶正抑偏。在具体实践中，传统媒体必须在数字化转型道路上积极探索，按照新的媒介产业发展方式打造新的运作体制和运作架构。新兴媒体也应积极与传统媒体进行多平台、多方位、多渠道的深层合作与互动。这样，既能促使其在自身领域有所发展，又能形成集约化的运作模式和宣传优势，从而获得更大的发展。

（三）构建多渠道的文化交流格局

随着经济全球化和文化全球化的深入发展以及国家传播力竞争的加剧，对外文化交流对一国的国家形象塑造及维护国家舆论安全的作用日益突出，并成为增强国家文化软实力、扩大中国国际影响力和话语权的重要途径。当今综合国力竞争的一个显著特点，就是在经济、科技、国防实力较量的同时，文化因素和文化较量日益突出。国际范围内的思想意识、价值观念、行为方式的交流交融交锋更加频繁，特别是中西方在社会制度、发展模式、政治观念、宗教信仰、生活方式等方面存在差异，意识形态斗争将长期而复杂。西方敌对势力不甘心中国发展强大，不愿意看到中国发展模式的成功，对我国西化、分化的图谋变本加厉，而且更多更直接地体现在对国际舆论话语权的争夺上。西方发达国家在舆论传播中具有一定的信息技术优势，国际舆论态势看似依然是“西强中弱”。因此，拓宽文化交流途径与打造有影响力的传播媒体有着同样重要的意义。党的十六大以来，随着对外文化交流的政策机制日益完善，我国对外文化交流的力度不断加大，数量、规模和覆盖面不断增加，孔子学院、海外文化中心数量不断增多，各种形式的民间文化交流也非常活跃，对外文化交流领域生机盎然，中国的国际影响力得到了显著提高，从而也推动了国际舆论向相对客观公正的趋势发展。

参考文献：

[1] 吴穹，刘朝. 人民战争思想在网络涉军舆论引导中的运用 [J]. 政工导刊，2016 (03).
[2] 李晓阳，熊久勋. 以“四个全面”战略布局为统领，维护和巩固意识形态安全 [J]. 中共四川省

委党校学报，2016（01）.
[3] 杨逐原．三个舆论场博弈背景下的舆论引导研究［J］．新闻前哨，2016（07）.
[4] 彭树杰．让中国故事越来越精彩　让中国声音越来越洪亮［J］．中国记者，2015（03）.
[5] 马克斯・韦伯．经济与社会［M］．林荣远，译．北京：商务印书馆，1998.
[6] 丁柏铨．对新中国建立以来舆论形态的历史考察［J］．当代传播，2011（01）.
[7] 刘建明．穿越舆论隧道：社会力学的若干定律［M］．北京：中共中央党校出版社，2000.
[8] 叶皓．突发事件的舆论引导［M］．南京：江苏人民出版社，2009.

简析新媒介对高校思想政治教育的重要性

王　瑜[①]

四川航天职业技术学院

摘　要：高校进行思想政治教育有助于避免大学生受到其他社会思潮的消极影响，也有助于保障我国未来的发展沿着正确的道路前行，并为我国社会主义事业的发展提供了强大的精神动力支持。本文从思想政治教育在教学形式上存在的问题出发，探讨了如何拓宽高校思想政治教育的形式问题，尤其对新媒介的利用及其在教育过程中的重要作用进行阐述，希望对高校思想政治教育的研究有所帮助。

关键词：高校大学生　思想政治教育　新媒介

在十九大报告中，习近平总书记指出，“青年兴则国家兴，青年强则国家强，青年一代有理想、有本领、有担当，国家就有前途，民族就有希望”。青年学生是中国特色社会主义事业的接力者、继承者，他们能否坚定中国特色社会主义的道路自信、理论自信、制度自信和文化自信，直接关系到中国特色社会主义事业的生死存亡。高校思政教育是立德树人的灵魂工程。通过对高校大学生思想政治教育相关理论、当前高校大学生思想政治教育现状、存在问题的分析，以及对高校大学生思想政治教育的主体、内容与形式的研究，可以拓宽思想政治教育的新领域和新视野，可以促进思想教育学科的发展，可以推动我国社会思想政治教育的理论研究。本文将从高校思想政治教育教学形式的角度进行探讨。

一、目前高校思想政治教育在教学形式方面存在的问题

我国高校思想政治教育的形式以课堂为主，部分学校开展了学习讲座，但社会实践很少，形式比较单一，学生都觉得课堂缺乏灵活性，不具有足够的吸引力。笔者认为，教育形式主要存在以下三方面的问题。

（一）教学形式比较单一

高校思想政治教育的形式以上课为主，学生多为被动学习，他们的主体性被忽略，积极性下降，多数学生认为教育环境亟待改善，他们认为，思想政治教育应该把教育环境扩大到课堂以外，以更生动的方式来呈现。在学生的价值观形成期，父母发挥着至关

---

① 王瑜：四川航天职业技术学院助教。

重要的作用，从调查来看，近80%的学生认为父母的价值观会对自己产生影响，所以思想政治教育不仅要从学校着手，还应该发挥家庭和社会环境的作用。

（二）实践形式有待扩展

目前，我国高校的思想政治教育基本没有实践课程，被问及觉得“哪些教育途径比较有效”时，多数学生选择了应该多开设思想政治教育实践课，多到红色文化基地学习和多参加社区或辖区组织的相关活动三个选项，这说明学生是很愿意参加思想政治教育相关的实践课程的。开设与思想政治教育相关的实践课程，能让学生更好地将课堂中所学到的知识与社会实践相结合，并在实际生活中加以充分利用，帮助他们激发学习兴趣，提升对马克思主义信仰的坚定性。

（三）更多传播媒介有待利用

这里说的传播媒介主要是新媒介，如微信、微博等，这些新兴的社会传播媒介影响非常广，当今，网络已经成为当代大学生获得知识和信息的主要渠道，高校也在利用网络进行思想教育，但多数仅限于网站和校园网，这些传播媒介相比于新媒介还是有一些不方便，新兴媒介的影响很大，信息的传播速度也十分惊人，这些新兴媒体在为大学生获取信息提供极大方便的同时也拓宽了学生的视野，这些都可以加以有效利用。

二、创新高校大学生思想政治教育的形式

（一）充分利用课外实践来拓宽思想政治教育的教学形式

目前，我国高校的思想政治教育正在探索通过多种多样的实践教学形式来加强教育。比如在校园网站上进行定期宣传和教育，多组织演讲或辩论赛，通过校园学报和广播站来开展教学，带领学生参观红色文化基地，参加社区或辖区组织的相关活动，比如2014年，四川师范大学中国近现代史纲要课程的学生积极参加了成都双桂路的社会实践活动，或是组织党组织生活，开展志愿者活动，走进群众，也可以选择参观历史博物馆、革命老区，走进社区敬老院、孤儿院举办公益活动，到偏远山区进行文化教育活动等，一些学校还开展了人文讲座。在笔者看来，应该多开办讲座，多邀请社会人士到课堂、教室与学生进行交流，从而开阔学生的视野，帮助他们树立对社会的正确认识；组织相关的社会实践和社会调查活动，让学生多与社会接触，在实践中学习。

（二）通过健全教育环境来提升思想政治教育的可操作性

很多学生都对周围的教育环境不满意，觉得有待改进，其实这里所说的教育环境并不是学校内部的硬件设施，而是整个社会信仰教育的现实环境。大学生的信仰问题与整个社会的影响密不可分。当前，高校思想政治教育经受着考验，资本主义势力的发展以及西方文化的渗透使思想政治教育面临严峻的挑战，但同时，经济全球化也给我们提供了思想文化交流的平台，我们可以利用这个平台，让更多的人了解马克思主义理论这一科学的信仰。

利用课堂环境进行思想政治教育从形式上来说较为单一，效果也不能达到最好，所以应该健全教育环境，提升信仰教育的可操作性。对此，应该使学校与家庭、社会、网络相联系。学校教育是直接教育，家庭教育是最根本的教育，社会教育是决定性的教

育，在进行信仰教育的过程中，学校应联合社会各部门、各组织，循序渐进地将信仰教育渗透到各行各业，形成和谐的教育大环境，让学生体会到，马克思主义理论其实与我们的生活息息相关，使他们更积极主动地学习马克思主义理论，从而推动马克思主义思想政治教育的开展。

（三）利用新媒体来拓宽思想政治教育的平台

随着社会经济的发展，我们已经进入了互联网时代，网络在人们的日常生活中起着不可或缺的作用，它已经成为当代大学生获取知识和信息的主要渠道，高校在以往的思想政治教育中也利用网络来进行思想政治教育，从 1999 年清华大学建立第一个“红色网站”开始到现在，各个学校都建立了自己的政治或道德教育专栏或网站，并利用网络教育来延续思想政治教育，建立了相关的资源数据库。此外，笔者认为，高校还可以利用新媒体来进行思想政治教育，比如微博、微信等。新媒体在为大学生提供极大方便的同时也拓宽了学生的视野。但新媒体也存在一定的不足，它们形成的时间较短，缺乏严格的监管。所以高校在思想政治教育过程中可以利用新媒体的特点来进行教育，把新媒体变成信仰教育的新阵地和新手段，同时也应该让教育者保持思想的开放性和教学的敏锐度，积极主动地拓宽网络教育的阵地，采用更为创新的方式利用新媒体来使学生产生共鸣。

三、新媒介在高校思想政治教育工作中的重要作用

新媒介是一个相对概念，是相对于传统媒介而言的，它主要指网络媒介，与报纸和书籍相比，它们在传播方式和内容形态上各有不同。笔者将从新媒介的特点出发，阐述其在高校思想政治教育中的重要作用。

（一）能使高校思想政治教育与现实生活的联系更为紧密

新媒介具有一定的隐蔽性，它隐藏于日常环境的各个空间和物体中。在科技发达的今天，新媒介随处可见，要将思想政治教育同新媒介相结合，使其贯穿于学生的日常，成为其学习生活中不可缺少的一部分。

（二）能使随时进行思想政治教育成为现实

利用新媒介可以有效地针对受教育群体进行思想政治教育，加上一些新媒介属于主流媒体，信息传播率高，如果能够让学生根据自己的空闲时间利用新媒介来学习，效果肯定更好，长时间的学习能够使学生更加深入地理解思想政治的重要性和意义，更好地肩负起自身的责任。

（三）能使随地进行思想政治教育成为现实

新媒介具有鲜明的时代个性和广泛的应用性，适合不同的场合，具有生动性和真实感，可以产生更好的视觉效果，运用新媒介的这些性质来进行思想政治教育，能够以学生更易接受、更贴近生活的方式来展现其所要学习的内容，且能够保障知识更高效地传播，从而扩大学生的学习范围。

新媒介既拥有人际媒体和大众媒体的优点，即完全个性化的信息几乎可以同时送达所有的人，使每个参与者都可以对内容进行对等和相互的控制；又免除了人际媒体和大

众媒体的缺点，即传播者与每个接受者个性化地交流独特信息时，不再受一次只能针对一人的限制；传播者想同时与大众交流时，也不必再针对单个接受者提供个性化的内容。这些优点如果能够运用到高校思想政治教育的工作和教育中来，一定能够激发学生的学习积极性和学习兴趣，从而使学生更好地学习。

四、结语

新兴的社会传播媒介影响力非常广，我们处在一个互联网时代，网络已然成为当代大学生获得知识和信息的主要渠道，高校也在利用网络进行信仰教育，但多数仅限于网站和校园网，这些传播媒介与新媒介相比还是有一些不方便，新兴的媒介影响很大，信息的传播速度也十分惊人，这些新兴媒体在为大学生获取信息提供了极大方便的同时也拓宽了学生的视野，这些都可以加以有效利用。

参考文献：

[1] 习近平．在同各界优秀青年代表座谈时的讲话［EB/OL］．（2013－5－4）．http://www.chinanews.com/gn/2013/05－04/4787155.shtml.

[2] 王玉忠．浅析网络新媒体对高校思想政治教育的影响［J］．教育与职业，2015（05）．

[3] 柏林．积极开展“三自”活动　加快大学生社会化进程［J］．镇江市高等专科学校学报，1999（03）．

[4] 匡文波．到底什么是新媒体？［J］．新闻与写作，2012（07）．

[5] 徐振祥．新媒体素养：大学生思想政治教育的重要内容［J］．黑龙江教育（高教研究与评估），2008（11）．

新时期高校校园文化建设研究

——以成都理工大学校园微信公众平台为例

郭　虎　吴　雨[①]

成都理工大学

摘　要：校园文化是学校发展的灵魂，是凝聚人心、展示学校形象、提高学校文明程度的重要方面。新时期要求高校校园文化必须与时俱进，善于利用时代发展带来的便利条件进行校园文化建设。本文以成都理工大学为例，阐述其充分利用微信公众平台这一载体进行校园文化建设，以期凸显媒介的校园文化建设功能，促进和完善高校校园文化建设，形成一种良好的校园文化环境，旨在为校园文化建设提供新途径、新方法。

关键词：新时期　校园文化　建设

高校校园文化是中国特色社会主义文化的重要组成部分，在新时期，要充分利用各种有利条件，牢牢把握时代发展机遇对其加以发展。随着互联网信息时代的发展，新媒体的运用越发普遍，微信是目前最热门的社交信息平台，功能丰富多样，对进行校园文化建设大有裨益。

一、校园文化

（一）校园文化的内涵

校园文化是以学生为主体，以校园为主要空间，并涵盖院校领导、教职工，以育人为主要导向，以精神文化、环境文化、行为文化和制度文化建设等为主要内容，以校园精神文明为主要特征的一种群体文化。

（二）校园文化的内容

校园文化包括精神文化、环境文化、行为文化与制度文化。精神文化主要是以青年学生为代表的文化观念以及学生特有的思维特征、行为特征和方式，校园文化的本质内容是校园风气和校园精神。环境文化包括校园建筑设计、校园景观、绿化美化等物化形态的内容。行为文化和制度文化则主要涵盖了学校的传统、校风、学风、人际关系、集体舆论、心理氛围，以及学校的各种规章制度和学校成员在共同活动交往中形成的非明文规范的行为准则。

---

① 郭虎，成都理工大学马克思主义理论专业研究生；吴雨，成都理工大学马克思主义理论专业研究生。

3. 校园文化建设的功能

文化具有非常强大的功能，校园文化作为其重要组成部分，作用同样不可小觑。从校园文化对学生的影响来看，首先，积极向上的校园文化可以营造良好的氛围，开展各种校园活动，如社团活动、文娱活动、演讲比赛等，能够形成一种轻松积极、乐观向上的氛围。其次，良好的校园文化可以让学生受到潜移默化的感染，使学生素质得到进一步提升。另外，校园文化还可以陶冶学生的情操。通过举办各种团队合作竞赛、书法比赛以及运动会等活动，可以使学生感受到校园文化的力量。从对学校的影响来看，校园文化代表着一种精神力量，它凝聚着全校师生的力量，是学校办学实力和品牌的象征，拥有好的校园文化能够提升学校的知名度，促使学校往更好的方向发展。

二、微信平台承载高校校园文化建设的功能

2017 微信公开课上公布的《微信数据报告》显示，微信日平均用户达到了 7 亿多，与去年同期相比增加了 35%；数据还显示，用户的年龄分布也较初期有了较大变化，尽管微信用户的主力军依然是“80 后”“90 后”，但“95 后”也已经占据了 14%的比例，这说明，当前，学生群体是微信使用率的主要贡献者。本文以成都理工大学的微信公众平台为例，说明利用微信这一载体进行校园文化建设的方方面面。

成都理工大学共有三个微信公众平台，分别是成都理工大学、成都理工研究生圈和成都理工大学图书馆。这三个平台功能各不相同，包含了各种丰富有趣的内容，但它们有着共同的特点：方便快捷、设置人性化、内容丰富。

（一）成都理工大学官方微信平台

成都理工大学官方微信平台由三个大的板块组成，第一个板块是新生专栏，包括了学生的学、住、行以及 VR 全景校园，这一栏专为新生设定，目的是帮助新生熟悉校园环境，以便更好更快地适应校园生活。第二个板块是学习板块，包括考试事宜、成绩查询、后勤报修以及电费充值等内容，它满足了学生各方面的需求，既有学习上的，也有生活上的。第三个板块是联系反馈，主要包括投稿、教学信息反馈、驾校报名、新生福利等项目，这一板块为平台检测自身的工作效果提供了很好的测试条件，让学生可以自由反馈意见和信息。这一平台从多角度出发，为学生提供了极大的便利。

（二）成都理工研究生圈微信平台

成都理工研究生圈微信平台主要面向研究生群体，这一平台也包括三个板块，每个板块都各有其特色。比如“研途有你”，包含“学术钙片”“博雅沙龙”“青春舞会”和“硕博论坛”。各种学术沙龙是研究生生活必不可少的一环，可以为研究生的专业知识增砖添瓦；生动有趣的研究生青春舞会为研究生的学术生活增添了青春的活力和色彩；硕博论坛为研究生打开学术视野、拓展学术知识提供了有利条件。这些板块帮助学生调整精神状态，使他们在轻松愉快的环境中学习，营造了良好的校园文化环境。

（三）成都理工大学图书馆微信公众平台

成都理工大学图书馆微信平台相当于一座虚拟图书馆，它由几个板块组成。第一个板块是读者的个人中心，学生可以通过绑定读者账号随时查阅自己的借阅信息，同时，

还可以在这里进行图书馆特定竞赛的活动报名，方便快捷。第二个板块就是图书馆的资源，通过这一板块，学生可以进行馆藏查询，获取公开课资源，随时随地展开学习。第三个板块是常用服务板块，这也是公众平台的又一人性化设置，比如提出使用过程中的问题，进行图书荐购，向图书馆推荐自己认为有价值的书籍，若推荐达到一定人数，学校就会考虑将书籍购买入馆，实现资源共享。这一公众平台主要是为学生的学习服务，有利于学生认真学习专业知识，拓展自己的视野，从而形成良好的学风。

微信平台承载着新时期校园文化建设的光荣使命，将校园文化建设的各个方面融入一个个板块中，利用新时期互联网发展带来的便利，以学生喜闻乐见的方式进行校园文化建设。通过这一载体，校园文化建设的方式更加灵活简便，学生学习的积极性得到了明显提高，特别是微信公众平台增加了新功能之后，他们主动报名参加各种竞赛和活动，考取各种职业资格证书，这是一个十分喜人的现象，也是使用新兴工具的效果。

三、新时期高校校园文化建设

那么，如何使高校校园文化建设卓有成效呢？英国著名的当代文化研究之父斯图亚特·霍尔提出了一种有关编码与解码的理论，他认为，电视话语好比商品，也需要经历马克思所描述的生产、流通、使用、再生产四个环节，一切种类的传播都不是自然生成的，在信息传播之前必须对其进行重新建构，但是，信息的建构具有诠释性和社会性，它必将受到许多因素的影响，例如现实中的可感知因素、隐性因素以及一些客观因素。因此，与现实的商品相同，在信息编码环节，主创人员必须在一个有意义的话语形式中生产符码。完成信息编码之后，信息将进入流通环节传递至受众，受众对接收到的信息进行解码，从而获得影响，从而反映出编码信息的效果。这一理论对于高校文化建设同样适用。进行校园文化建设事实上就是进行校园文化话语的建设，这一过程需要通过编码的方式来实现，要充分考虑影响编码的多种要素，对校园文化的各要素进行合理而有效的编码，以期对校园文化信息进行构建，从而对受众产生良好的效果和影响。

校园文化在编码之后被生产出来，并通过这一载体进入流通环节，即学生的视野，学生对微信公众平台的信息进行解码并从中受到影响。校园文化建设的成效与学生的解码程度密切相关。那么，这里涉及一个问题，也就是学生到底能够在多大程度上对编码信息所代表的意义进行解读？总的说来，微信公众平台的校园文化编码信息有以下三种不同的解码方式。

第一种是主导型的信息解码方式，也就是说，在这种解码方式之下，编码信息的解码者，也就是受众，对于经过编码的信息所表达或者传递的意义与自己的解码所得一致，即受众完全接受编码信息带来的意义并产生期望，在这种情况下，校园文化建设的成效就会有所凸显。

第二种是对抗主导型的信息解码方式，这种解码方式与第一种截然相反，在这种解码方式下，受众会对编码信息进行误读，完全偏离原本的意思，编码信息的成效也就得不到体现。在对校园文化建设的信息进行编码之后，难免会有学生倾向于这种反抗主导型的解码方式，在这种情况下，校园文化就无法对其产生良好的影响，校园文化建设的影响对于这一类学生来讲成效甚微。但是学校可以通过其他途径影响学生，例如朋辈教育，朋辈之间具有平等互动的特点，利用学生之间的沟通交流来引导反抗型学生转变观念，采取正确的主导型解码方式，可以达到校园文化建设的良好效果。

第三种是介于主导型解码方式和反抗主导型解码方式之间的中间型解码方式。这种解码方式下的受众既接受编码信息所表达的思想，同时也保留自己的看法，这种方式的存在客观上也是由于编码信息存在某种不足。因此，在处理编码信息时必须使编码与解码相协调，编码要基于现实，考虑受众的接受能力，只有这样，才能使编码体现其意义。校园文化的建设过程也是这样，需要依托校园文化环境的现实状况，充分考虑学生的需求，真正结合具体实际进行校园文化建设，利用好微信这一贴近学生生活的平台，将校园文化贯彻其中，使校园文化更为有效地感染学生，从而促进校园文化的繁荣与发展。

参考文献：

[1] 李建中. 中国文化概论 [M]. 武汉：武汉大学出版社，2005.
[2] 邓天杰. 中国文化概论 [M]. 北京：北京师范大学出版社，2012.
[3] 陈江风. 中国文化概论 [M]. 南京：南京大学出版社，2005.
[4] 程样国，詹世友，王健清. 大学精神的奠立与高校校园文化的营造——社会主义核心价值体系对高校校园文化建设的引领作用 [J]. 江西社会科学，2009 (12).
[5] 王德斌. 当前高校校园文化建设存在的问题及对策探析 [J]. 思想理论教育导刊，2009 (06).
[6] 杨阳. 当前高校校园文化建设应着力把握好的几个问题 [J]. 思想理论教育导刊，2012 (04).
[7] 郑予捷. 高校特色校园文化建设的实施路径探析 [J]. 西南民族大学学报（人文社科版），2013 (10).
[8] 张明志. 高校校园文化建设的要义与方略 [J]. 黑龙江高教研究，2009 (08).
[9] 闫玉. 高校校园文化建设对策思考 [J]. 广西民族学院学报（哲学社会科学版），2006 (04).
[10] 韩迎春，吴瑶. 高校校园文化建设基本理论研究述评 [J]. 黑龙江高教研究，2007 (11).
[11] 杨义芹. 高校校园文化建设与大学生思想政治教育探析 [J]. 学校党建与思想教育（高教版），2009 (10).
[12] 冯刚. 关于进一步深化高校校园文化建设的思考 [J]. 学校党建与思想教育（高教版），2013 (18).
[13] 马化祥，霍晓丹. 国际化视野下的高校校园文化建设——以北京大学建设和谐校园文化为例 [J]. 思想理论教育导刊，2011 (03).
[14] 刘海春. 论朋辈教育和高校校园文化建设的耦合与运用 [J]. 高教探索，2015 (02).
[15] 崔越. 论社会主义核心价值观教育与高校校园文化建设的契合 [J]. 学校党建与思想教育（高教版），2013 (08).
[16] 李好. 美国高校校园文化建设的特点及启示 [J]. 湖北社会科学，2010 (03).
[17] 巩梅. 浅谈高校图书馆在校园文化建设中的作用 [J]. 大学图书馆学报，2002 (05).
[18] 茅海燕. 全媒体时代高校校园文化建设路径探析 [J]. 江苏高教，2014 (06).
[19] 王洪凯，和婧. 社会转型期我国高校校园文化建设研究 [J]. 河北师范大学学报（教育科学版），2013 (02).
[20] 宋向华，张学书. 思想政治教育视角下的高校校园文化建设 [J]. 中国教育学刊，2013 (S4).
[21] 刘玺明. 网络环境下高校校园文化建设的创新 [J]. 现代教育管理，2010 (08).

[22] 刘洁. 网络时代高校校园文化建设的挑战和改革途径 [J]. 东北师大学报（哲学社会科学版），2011 (02).

[23] 石秀杰，吴楠，宋慧勇. 以社会主义核心价值观引领高校校园文化建设 [J]. 中国成人教育，2011 (24).

[24] 山述兰. 以社会主义核心价值观引领高校校园文化建设的策略研究 [J]. 实践研究，2015 (01).

[25] 吴彬镪. 以社会主义核心价值观引领高校校园文化建设研究 [J]. 思想教育研究，2016 (01).

[26] 程样国，王健清. 以社会主义核心价值体系引领高校校园文化建设 [J]. 南昌大学学报，2010 (03).

[27] 孙成武，常珊珊. 以社会主义核心价值体系引领高校校园文化建设的路径探析 [J]. 东北师大学报（哲学社会科学版），2012 (06).

高校网络舆情（危机）研判及管理策略研究

万　力　邹育池　王　政[①]

西南医科大学　重庆医科大学

摘　要："天灾不可忘，人祸犹可鉴"，作为网络舆情（危机）的直接参与主体之一，高校发挥着至关重要的作用，就高校应对网络舆情（危机）的管理，本文拟从三个时间段，即舆情（危机）端倪初现之前，主要进行网络舆情（危机）预防机制建设；网络舆情（危机）发生之际，主要围绕应急处理能力的评判；以及网络舆情（危机）发生之后，主要针对应急预案的实施展开论述。上述举措的最终落脚点为构建服务型高校，以最大的努力保护高校师生的"寸土权利"。在此基础之上，进一步探讨如何提升我国高等院校网络舆情（危机）的应急管理水平。

关键词：网络舆情　高等院校　服务型高校

近些年来，我国网络舆情（危机）事件频发，而高校作为应对网络舆情（危机）的前沿阵地直接承受着压力，舆情事件对高校应急管理能力提出了新的考验，高校能否在网络舆情（危机）管理中做好发生前、发生时和发生后的管理工作至关重要。鉴于我国网络舆情（危机）事件频发的实际，高校亟须转变角色，以求更好地保护在校师生的人身、财产安全，营造良好的学校氛围。本文围绕网络舆情（危机）管理中高校的角色定位问题，从网络舆情（危机）发生前、发生时和发生后三个维度进行探讨，力求契合我国服务型高校建设，提出应对举措，攻克网络舆情（危机）原生、次生危害，提升高校师生对网络舆情（危机）的抵御、应对能力。

一、网络舆情与高等院校

一般而言，网络舆情事件的发生可分为三种类型：舆论制造者撰写信息后开展的舆情、网民自撰内容诱发的舆情、公共部门发布信息后激发的舆情。高校网络舆情事件中较为常见的表达方式是自编或者转述，人们将自己的亲见所想直接发布于网络平台。在微博、微信等已成为主流网络沟通媒介的今天，这些自发编写的信息可能会引发轩然大波。

高校作为一个实体机构，既是教师队伍的管理者，也是学生权利的守护者，复杂的

① 万力，西南医科大学法学院专任教师；邹育池，西南医科大学临床医学专业在读；王政，重庆医科大学卫生检验与检疫专业在读。

身份决定了高校的角色定位和职责，其根本任务是在高校生存发展中维持良好秩序和提供优质教育服务。若找准自身定位，高校所表现出来的执行力、凝聚力定将大大提高，应对突发性事件的整体水平，在实践中的主体责任意识，处理诸如网络舆情（危机）等突发性事件的工作效率也将逐步提升。在网络舆情（危机）面前，高校应该本着为广大师生服务的核心理念，树立良好的服务形象，用敏捷、奉献、高效的行动力为师生谋幸福、添福祉。

二、高校网络舆情（危机）管理现状

（一）网络舆情（危机）预防阶段

在我国网络舆情（危机）应急管理中，高校是网络舆情（危机）应急管理的主体，在网络舆情（危机）预防阶段发挥着不可或缺的作用。不少高校在网络舆情（危机）到来之前就成立了应急管理办公室，并及时做好应急预案，开展好师生的网络舆情（危机）教育宣传工作。网络舆情（危机）在一定程度上来说是不可避免的，对高校师生进行适宜的网络舆情（危机）教育，普及网络舆情（危机）应急常识是降低网络舆情（危机）危害的有力举措。从某种程度上来讲，每一次的网络舆情（危机）都是一个很好的例子，只有增强高校师生的危机意识，强调应急宣传教育，提高他们应对网络舆情（危机）的能力，才能真正增进整个学校的网络舆情（危机）心理承受能力，进而形成合力，共同促进和谐安稳的高校建设。

（二）网络舆情（危机）应对阶段

在网络舆情（危机）的应对阶段，高校起着引导作用，要带领广大师生及时有效地应对网络舆情（危机）。网络舆情（危机）发生之时，高校要在第一时间控制好局面，同时做好舆论的引导工作。网络舆情（危机）发生以后，高校应联同有关部门，通过报纸、电视等新闻媒介如实对网络舆情（危机）管理的情况进行跟踪报道，包括网络舆情（危机）发生的原因、破坏程度，同时也让广大师生了解高校在网络舆情（危机）管理中的所作所为，有助于高校树立良好的形象，形成正确的舆论导向，及时将这些正面的信息传播出去，激发师生的团体意识。网络舆情（危机）的危害不仅在于会对生命和人身财产造成影响，甚至会使整个高校出现人心不安、秩序混乱的局面。届时，及时快速地稳定人心，控制好当前的局势，维护整个高校政治和经济系统的健康合理运转，成为当今高校指挥网络舆情（危机）管理的最重要目标。

（三）网络舆情（危机）恢复阶段

在我国，高校应急管理就是管理损失，用最短的时间，花最少的费用，把网络舆情（危机）的破坏程度降至最低，成为高校面对网络舆情（危机）应急管理的最高目标。在我国高校网络舆情（危机）管理中，高校一直占据着主导地位，带领师生共同应对网络舆情（危机）。在网络舆情（危机）恢复阶段，高校主要负责安抚师生和重建网络舆情（危机）影响区域，并对整个网络舆情（危机）过程进行综合评估。高校的网络舆情（危机）评估主要源于应对网络舆情（危机）的经验积累，通过对网络舆情（危机）对策的有关理论进行研究，积极听取专家意见，从而准确地评估网络舆情（危机）给高校带来的损失和采取应急措施取得的成效。其中，网络舆情（危机）评估方法运用比较广泛的是成本—效益分析。总的来说，高校在网络舆情（危机）重建过程中起着主力军的作用，应及时做好受网络舆情（危机）影响师生的安抚工作。

三、服务型高校视域下网络舆情（危机）管理路径

作为网络舆情（危机）管理的引导者，高校的角色定位主要体现在自身行为上，基于现今我国主要矛盾已发生变化，要强化网络舆情（危机）管理，引导者亦应着力于法治践行，搭建平台建设服务型高校。

（一）预防机制建设

在网络舆情（危机）发生之前，健全完备的应急管理法律法规必不可少。必须加强法治研究和建设，尽快制定和完善相关的法律、行政法规、规章等规范性文件，实现网络舆情（危机）管理法治化。加强法治建设主要包括三个层次：一是要在我国宪法中增加有关紧急状态方面的具体规定，在宪法中明确规定紧急状态基本制度，为紧急状态法提供法律依据。二是制定一部统一的、综合性的紧急状态法，对紧急状态管理做出明确而细致的规定，确立国家紧急状态中实行法治的法律基础。三是从不同方面、层面，在各种领域制定和完善各类专门进行应急管理的法律、法规。只有这样，才能有效保障高校预防网络舆情（危机）机制建设的合法性，并能切实做到维护师生的合法权益，避免网络舆情（危机）管理的随意性、盲目性，以免出现违法违规行为。做到“通过程序和实体的完善，提高高校的法治保障能力”。“他山之石，可以攻玉”，我国高校也需积极借鉴国外高校应对突发网络舆情（危机）事件的具体做法，长此以往，必将对我国高校应急管理法律法规的完善起到推动作用。

同时，高校应建立健全网络舆情（危机）前预防机制，明确网络舆情（危机）可能造成的原生、次生灾害，形成合理有效的网络舆情（危机）预防机制，高校师生可在网络舆情（危机）发生之前进行网络舆情（危机）防控演习，以保证网络舆情（危机）预防机制的可行性。此外，受网络舆情（危机）的潜在影响，师生作为与网络舆情（危机）关联最大的主体，应具备相应的预防意识，但由于自身的局限性，其难以及时有效地把握网络舆情（危机）管理的实质所在，而高校在这一方面极具优势，应大力宣传网络舆情（危机）的预防机制及内容，以便形成完整的体系。

（二）应急能力评判

网络舆情（危机）发生时，高校应树立将师生权利放在首位的价值取向。在网络舆情（危机）的应急处理中，应始终坚持“以人为本”“师生生命财产安全始终是最重要的”。在网络舆情（危机）事件应急处理中，保障师生的日常生活条件是应急网络舆情（危机）管理和开展帮助工作的首要任务，必须确保受网络舆情（危机）影响的师生的身体和心理健康。

完善多元治理的网络舆情（危机）应急管理模式。能否充分调动全校师生参与管理是制约网络舆情（危机）管理成败的一个重要因素。高校不是万能的，有效的网络舆情（危机）管理需要高校、广大师生、社会组织等共同参与，这不仅是市场经济的外在要

求，也是高校的内在需要。要实现对网络舆情（危机）的有效管理，根本上在于公共治理结构的优化，十七届二中全会通过的《关于深化行政管理体制改革的意见》明确指出，要更好地发挥公民和社会组织在社会公共事务管理中的作用，在应对网络舆情（危机）时应广泛吸纳社会公众参与其中。

（三）应急预案实施

网络舆情（危机）发生之后，应明确高校行政问责制度。责任高校构建的具体过程各不相同，但所依据的内在逻辑是一致的，即沿着“对谁负责”“对何事负责”“由谁负责”“如何负责”的逻辑主线进行构架，这预示着我国的高校管理方式应由注重依靠行政手段向注重依靠法律手段转变。网络舆情（危机）事件应急管理的各个阶段都必须落实高校问责制度。网络舆情（危机）管理的对象大多数都是突发的、非常规的，既要做出正确决策应对突发事件，更要落实问责制度，确保网络舆情（危机）管理工作顺利进行，确保师生的生命、财产安全，实现学校的稳定、和谐。

建立指挥高效迅速、运作协调的职能体系。高校应变机制落后，部门和部门交叉重叠，决策机制混乱等都是导致网络舆情（危机）恶化的原因。公共机构在研究方案、制定决策和检查实施等环节上耗费了大量时间，整个网络舆情（危机）体制要依赖最高负责人的介入，才能实现逐步动员。网络舆情（危机）机构繁多易造成机构集体失灵，以致需要再临时成立一个机构来领导网络舆情（危机）行动，这充分说明公共治理体制尚不健全。所以，应借鉴其他国家高校治理的有益经验与教训，构建起适合我国高校、指挥高效迅速、运作协调有力的职能体系，将网络舆情（危机）掌控在体系运转之内。

四、结语

网络舆情（危机）的发生考验着每一个关联主体的角色扮演，而在网络舆情（危机）管理中起着指引作用的高校，其身份定位至关重要。高校不单单要保障受网络舆情（危机）影响的师生基本生活，更应形成一套完整的网络舆情（危机）运行机制，让高校不忘初心，砥砺前行。十八届三中全会以来，法治之声逐渐高涨，网络舆情（危机）管理中涉及法治的问题也有所增加，有鉴于此，高校应树立牢固的服务意识和服务型高校建设的理念，构建起一系列配套机制，实现对网络舆情（危机）的管理，让网络舆情（危机）应对机制更加健全。

参考文献：

[1] 姜海霞，季超，王玲．高校舆情管理跨部门合作机制研究［J］．中国管理信息化，2017，20（21）．

[2] 叶晖．社会主义核心价值观视域下高校学生舆情管理和引导探究［J］．红河学院学报，2017，15（02）．

[3] 刘星．当前高校舆情传播特点与管理策略［J］．青年记者，2016（29）．

[4] 郦悦．互联网+背景下杭州高校舆情管理与舆论引导现状及对策研究［J］．经贸实践，2016（04）．

[5] 曲升刚，严懿．新媒体时代高校舆情管理机制建设——以X学院为例［J］．中州大学学报，

2015，32 (06).
[6] 胡朝. 高校舆情管理现状与对策研究 [J]. 特区实践与理论，2015 (01).
[7] 陈玉，王大勇. 高校网络舆论危机应对机制 [J]. 西部广播电视，2014 (21).
[8] 伍明. 高校舆情危机管理研究 [D]. 武汉：中南民族大学，2013.
[9] 范作闽. 建设服务型高校行政管理模式的思考 [J]. 闽西职业技术学院学报，2012 (02).
[10] 王雷. 浅谈高校服务型行政管理体系构建 [J]. 东北电力大学学报，2012 (04).
[11] 宗宇. 打造服务型高校行政管理模式的策略 [J]. 开封教育学院学报，2013 (07).

“互联网+”视角下高校育人机制探析

——以高校就业工作和资助工作为例

田魁园[①]

成都工业学院

摘　要：互联网具有个性化、即时性、交互性、“碎片化”时间性等特征，结合互联网开展高校就业工作和资助工作，能够推动学生工作的传统优势与信息技术高度融合，符合新时代学生工作内容的需求，符合互联网原生代大学生的特点。以十九大精神为指引，从“互联网+”视角探索育人机制，将立德树人内化到就业和资助工作中，有利于加强大学生社会主义核心价值观教育，有利于促进“全过程育人、全方位育人、全员育人”。

关键词：“互联网+”　高校　育人机制　探析

一、绪论

2018年5月2日习近平总书记在与北京大学师生座谈时指出：“要把立德树人的成效作为检验学校一切工作的根本标准，真正做到以文化人、以德育人，不断提高学生思想水平、政治觉悟、道德品质、文化素养，做到明大德、守公德、严私德。要把立德树人内化到大学建设和管理各领域、各方面、各环节，做到以树人为核心，以立德为根本。”总书记的重要讲话，在对我国教育工作坚持立德树人根本任务提出新要求的同时，也为我们在新时代牢牢抓住理想信念铸魂这个关键环节完成立德树人的根本任务指明了方向。“互联网+”是把互联网的创新成果与经济社会各领域深度融合，推动技术进步、效率提升和组织变革，提升实体经济创新力和生产力，形成更广泛的以互联网为基础设施和创新要素的经济社会发展新形态。当前，在“互联网+”“智慧校园”蓬勃兴起的背景下开展新时代学生工作，树立“大思政”格局，坚持以立德树人为中心环节，推进全员全过程全方位育人，是贯彻落实全国高校思想政治工作会议精神和习总书记系列讲话的必然要求，也是服务高校发展战略、促进人才培养的题中之义。

① 田魁园，成都工业学院计算机工程学院辅导员、助教。

二、"互联网+"就业育人机制探析

（一）利用互联网建立专业教师的就业指导机制

互联网已经成为高校大学生获取信息、沟通交流和休闲娱乐的重要渠道和平台。然而，互联网平台中的信息较为复杂，挖掘有效的、可利用的信息需要老师进行指导，学校要加强和改进高校思想政治工作，推进全员育人，特别是要抓住教师队伍这个"关键少数"。另外，大三学生外出实习较多，很少和老师见面，老师可以借助互联网平台建立沟通渠道对学生进行学业指导，并在这个过程中关注学生的思想动态。毕业生从网上获取的就业信息真假难辨，高质量的就业信息资源十分有限，而且很多学生工作和专业不对口。专业教师拥有学科知识背景，拥有一定的社会关系，可以给学生推荐合适的就业单位，利用微信、校园网站、QQ群、邮箱等发布就业信息。专业教师既了解学生的学习情况，又了解相关用人单位对专业技术人才的需求，推荐的单位与学生的专业匹配度高，学生比较满意。学生找到合适的工作外出实习后，专业教师可以利用互联网与学生加强沟通，对学生的毕业论文进行跟踪指导，可以借助互联网平台对学生的实习内容进行指导，帮助学生确定毕业论文主题，进而对毕业生的毕业论文写作进行指导。在学生"找工作—外出实习—撰写毕业论文"的过程中，专业课老师可以充分利用互联网与学生进行沟通，这样不仅锻炼了学生的自主学习和实践能力，还让学生感受到了学校的温暖。如图1所示，通过互联网平台，专业教师能够即时对学生进行学业指导、就业指导和思想教育；通过互联网平台与学生建立起沟通渠道，听取学生的反馈，关注网络舆情，加强网络监督，防止学生找工作时上当受骗；关注学生就业时期的思想动态，对学生进行思想引导，缓解学生的就业压力，帮助学生克服就业困难，能够起到一定的育人作用。

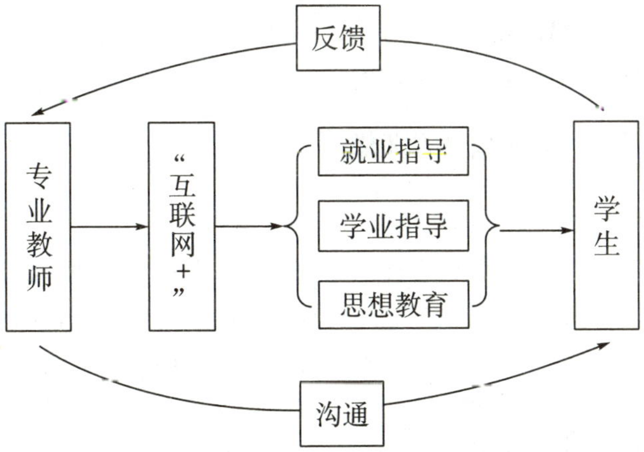

图1　"互联网+"视角下专业教师就业指导机制构想

（二）利用互联网建立学生干部和党员干部在就业中的引领示范机制

学生干部和党员干部在大学生的思想政治教育工作中起着标杆作用，学校应该从大一开始通过主题教育、实践锻炼、志愿服务等多种方式，提升学生干部、党员骨干的思想政治理论素养，使之独有的“朋辈优势”在学生班级、社团、寝室、网络等各种平台中得以充分发挥。在就业过程中，学生干部可以利用微信公众号、新浪微博、QQ群等发布招聘信息、求职技巧，定期推送心灵美文、分享前辈就业经验，借助互联网分模块进行就业指导和就业帮扶的宣传，由学生干部牵头更具针对性，效果也更加明显。其次，学生干部的就业会成为很多学生关注的焦点，借助互联网进行宣传，有利于调动广大学生的就业积极性。此外，我们鼓励就业质量比较高的学生干部通过互联网进行宣讲，这些学生干部对企业的福利待遇、工作环境、发展空间等都比较了解，可以使自身的示范效应得到很好的发挥。除此之外，在外实习的学生党员若无法返校参加组织生活，可以安排他们通过网络视频进行答辩，这样不仅能够让学生安心实习，也对党员干部进行了思想教育和培养。通过网络，能够有效整合学生干部和党员干部力量参与就业指导服务工作，能够充分发挥学生干部和党员干部的模范带头作用，起到一定的育人作用。

（三）利用互联网建立毕业生就业跟踪调查机制

基于互联网平台建立毕业生跟踪调查机制，针对不同年份的毕业生、不同的用人单位和学生对学校就业指导服务的满意度，分别设计网络问卷和调查提纲。通过互联网发放问卷，收集毕业生对专业人才培养工作的意见和建议，对重点用人单位进行线上调查，线下走访交流、听取用人单位对毕业生能力和专业培养方案的意见和建议，利用网络问卷从就业基本状况、就业质量、母校评价等方面客观全面地调研本科毕业生的就业情况和主要特点，从而全面系统地反映毕业生的就业工作实际，并根据反馈的信息调整人才培养方案，优化课程结构，为改进教学模式、改进学生工作提供参考，及时回应社会关切、接受社会监督，建立健全毕业生就业工作评价体系。通过网络平台建立毕业生跟踪调查机制，一方面能够节省人力、物力、时间等调研访谈成本，另一方面，被调查者可以通过手机进行参与，在问卷回收周期范围内任意时间点都可以参与，生成的数据也较为直观，能够进行横向和纵向的对比，便捷有效。调查的结果可以为学校教学改革提供依据，对改进学生工作起到促进作用。

三、“互联网+”资助育人机制探析

（一）利用互联网建立资助政策的宣传机制

每年临近暑期，高校学生资助管理中心都会发布办理生源地贷款和助学金的申请通知，为了方便学生更好地理解政策，有的高校还印制了宣传彩页，部分高校则直接转发上级的资助文件，可是效果并不理想。到了暑期，学生还会陆续通过网络或者电话询问今年申请生源地助学贷款需要准备哪些材料，盖哪些章，该怎么办理，等等。通过搜集材料发现，资助政策的宣传通知文件达上千字，有些宣传彩页文件达到十几页，而且流程图错综复杂，这不符合以人为本、为学生服务的目的，而纯粹是为了解读和落实政策。那么该如何让学生切实享受资助政策呢？第一，通过微信公众号，推送制作简化而清新的资助政策，让学生对资助政策一目了然，学生看到的是资助工作者精简过的内容，原来的政策文件可以作为附件以供参考；第二，通过新浪微博、百度贴吧、QQ、微信等就资助问题与学生建立沟通渠道，听取学生的心声，及时总结问题，并针对问题进行有效的答复；第三，利用校园网站、新媒体宣传资助政策，并强调申请材料和申请流程等重点，在网站留下负责人和负责部门电话，方便学生电话咨询。由此可见，利用互联网平台宣传资助政策比传统依靠线下纸质材料宣传的方式更为简化、鲜明、便捷、灵活、准确，也更能吸引学生的关注，既能够节约宣传成本，又能达到宣传目的。

（二）利用互联网建立资助评选机制

《2017年中国学生资助发展报告》显示，2017年，我国资助普通高校学生4275.69万人次，资助金额1050.74亿元，比上年增加94.90亿元，增幅9.93%。可见，高等教育资助力度加大，大量贫困且优秀的大学生受惠于资助政策。但是，贫困的标准如何界定？如何保证让贫困学生切实享受资助？从"互联网+"视角建立资助评选机制有以下几个要点：第一，二级学院在制定资助评选标准的时候，可以借鉴学校经验，根据学科特点、学生情况设计新的评选标准，并将其公开化，让学生通过各种公共平台进行讨论，然后对标准进行打磨改进，最终让学生满意。第二，怎么发现那些家庭贫困而又不愿意让别人知道的同学呢？可以借助互联网问卷进行调查，将设计好的问卷内容放到网上，将生成的二维码或者链接分享到QQ群，学生通过手机点开链接就可以进行填写，问卷内容只有学生本人和老师能够看到，这样可以有效保护学生的隐私，消除学生的顾虑。第三，学生可以通过校园卡的网络消费终端查询自己的消费情况，消费数据可以列为评选参考指标。第四，借助省内资助数字网络系统，实现在线一站式资助申请办理，实现"提交申请—班级审核—学院审核—学校审核"的线上评选模式，线下材料存档参考，能够简化评选步骤，节省评选时间。由此可见，通过互联网建立资助评选机制，能够充分保障学生权益，体现以人为本的教育理念，简化申请步骤，提升办事效率，有效促进资助工作的公平公开公正，同时有助于保护学生的隐私，促进学生心理健康发展，有助于实现精准资助。

（三）利用互联网建立贫困生帮扶机制

如图2所示，从马斯洛需求层次理论可以看出，人最低级的需求是生理需求，高级的需求是爱和尊重以及自我实现。马斯洛重视人的需求与"以人为本"思想具有密切的内在关系。2017年，教育部党组印发《高校思想政治工作质量提升工程实施纲要》（教党〔2017〕62号），将资助育人纳入"十大育人体系"，凸显了资助育人的重要性。"互联网+"视角下建立贫困生帮扶机制有以下几个要点：第一，在资助系统的基础上，建立贫困生帮扶的网格化子系统，利用大数据量化帮扶指标，比如学业、心理、社交、生活等，以问题和效果为导向，分类设置负责跟踪的指导老师。第二，开展社会主义核心价值观教育，开展诚信教育和感恩教育，开展丰富多彩的社团活动，挖掘学生的兴趣特长，树立榜样典型，帮助贫困生消除自卑敏感心理，帮助其融入集体，树立正确的世界观、人生观、价值观。第三，在就业系统中关注贫困生就业指标，开设网络就业指导课程，帮助贫困生做好职业生涯规划和就业指导，帮助学生树立正确的择业观、就业观和发展观，做好就业帮扶，做好对困难学生毕业后就业质量与职业发展的追踪指导与反馈，鼓励更多的毕业生到基层、到党和国家最需要的地方建功立业。

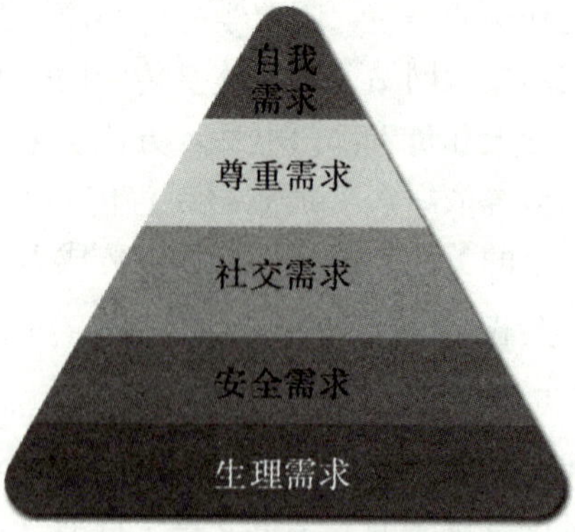

图 2　马斯洛需求层次理论

四、结语

综上，高校就业工作、资助工作与“互联网+”相结合，不仅能使传统工作的优势得到有效发挥，同时可以使其与信息技术高度融合，有利于促进课程、科研、实践、文化、网络、心理、管理、服务、资助、组织等方面的整合。实现资源优化配置，有利于提升工作效率，增强育人工作的实效性。

参考文献：

[1] 落实立德树人根本任务，必须抓住理想信念铸魂这个关键［EB/OL］.（2018－05－31）. http://opinion. people. com. cn/n1/2018/0531/c1003－30024346. html.

[2] 中华人民共和国中央人民政府．国务院关于积极推进“互联网+”行动的指导意见［EB/OL］.（2015－07－04）. http://www. gov. cn/zhengce/content/2015－07/04/content _ 10002. htm.

[3] 中华人民共和国教育部．2017 年中国学生资助发展报告［R/OL］．（2018－03－01）. http://www. moe. edu. cn/jyb _ xwfb/xw _ fbh/moe _ 2069/xwfbh _ 2018n/xwfb _ 20180301/sfcl/201803/t20180301 _ 328216. html.

[4] 中华人民共和国教育部．中共教育部党组关于印发《高校思想政治工作质量提升工程实施纲要》的通知［Z］.（2017－12－05）. http://www. moe. edu. cn/srcsite/A12/s7060/201712/t20171206 _ 320698. html.

[5] 符路瑶．马斯洛需求理论在大学生思想政治教育中的应用研究［D］．北京：北京化工大学，2012.

新媒体语境下高校对外宣传的有效性研究

母海燕　刘定畅　王　潇[①]

四川大学锦江学院

摘　要：高校开展对外宣传有助于提升学校的社会认知度、美誉度，提高竞争力、影响力。新媒体时代背景下，高校的对外宣传工作面临挑战。文章运用传播学相关理论和方法，结合实例进行深度分析，探索新媒体语境下高校对外宣传的有效方法和路径。

关键词：高校　对外宣传　新媒体　有效性

高校对外宣传为什么这么"热"？其意义何在？当前又存在哪些问题？在新媒体语境下，高校该如何提升对外宣传的传播力和影响力？笔者认为，只有结合新媒体特点和舆论形势，将内外宣传结合起来，同步推进，在内容上找到大众的关注点、社会媒体的兴奋点、校园新闻的创新点，在形式上结合新媒体传播"短、频、快"的特点，才能紧跟"三微一端"，分层次、有节奏地开展对外宣传。

一、新媒体语境下高校对外宣传的重点和难点

为了提升学校的社会认知度、美誉度，提高竞争力、影响力，营造良好的外部舆论环境，进行对外宣传是高校的必然选择。

随着通信技术的发展和互联网的兴盛，信息交换速度加快，新媒体逐渐取代传统媒体成为舆论主阵地，而这一取代现象在青年群体中更为普遍。新媒体有及时性、实时性、海量性、虚拟化、社群化、碎片化、交互式等特点，监管难度大、舆情突发性高、舆情应对复杂，对舆论引导和宣传工作提出了新的要求。

目前，高校关于新媒体的新格局、新思维、新方法的应对方式还不够成熟，存在机制不健全、队伍不精干、方法不够用、思维跟不上、技术难保障等问题，掣肘了新形势下高校的对外宣传，此时，亟待有切实可行的研究成果来破解难题。为此，"新媒体语境下高校对外宣传的有效性研究"具有较强的现实意义，有较大的应用和发展空间。

此外，在新媒体语境下创新高校对外宣传形式，有利于突破校园媒体的固有思维、打开宣传工作新格局。要使校园媒体发挥有效作用，必须认清形势，结合新媒体的特点进行深度探索与实践，寻求高校对外宣传新突破。

---

① 母海燕，四川大学锦江学院宣传部副部长、助理研究员，主要研究方向为高校形象建设；刘定畅，四川大学锦江学院新媒体编辑；王潇，四川大学锦江学院校报编辑。

二、新媒体语境下高校对外宣传现状及存在的问题

笔者从事高校新闻宣传实务及理论研究多年，紧密结合实际，从现状调查、问题分析、对策研究等方面对新媒体语境下高校的对外宣传进行了探讨。研究发现，当前高校的对外宣传工作中仍然存在对外宣传观念淡薄、定位模糊、思路不清，资源不足、内容片面雷同、形式单一等问题。

部分高校对外宣传观念淡薄，把对外宣传工作当成一种负担，不愿意或害怕面对媒体，工作中更是不讲求方式方法，无法适应日新月异的宣传及舆论环境。

不少高校宣传部承担着思想理论学习、对内对外宣传、校园文化建设、宣传事务管理等多项职责，工作繁杂，难以实现专人专岗，对外宣传工作定位模糊。

校园日常活动年复一年，大同小异，高校对外宣传资源普遍不足。一些高校在宣传工作中不求创新，习惯于“炒冷饭”，以至于官话连篇、不接地气。个别高校为追求知名度甚至不惜炒作，但方法不得当，反而收到负面效果。对外宣传内容片面雷同，形式单一，难有新意，也是高校对外宣传工作面临的一大难点。

目前，新媒体语境下高校对外宣传的对策研究多停留于理论层面，真正可行、有效的实战策略仍然较少。各高校虽然对开展对外宣传工作的重要性、必要性有所认识，但部分高校对舆论环境研判不准确，对新媒体的认识不到位，运用新媒体的能力不足，借助新媒体进行对外宣传的思维跟不上，导致工作成效不明显，局面难以突破，对外宣传工作始终处于被动状态。

三、新媒体语境下高校对外宣传工作突破策略

2013 年，习近平总书记在全国宣传思想工作会议上指出：“很多人特别是年轻人基本不看主流媒体，大部分信息都从网上获取，必须正视这个事实，加大力量投入，尽快掌握这个舆论战场上的主动权，不能被边缘化了，要解决好‘本领恐慌’问题。”

2016 年，习近平总书记在党的新闻舆论工作座谈会上指出：“随着形势发展，党的新闻舆论工作必须创新理念、内容、体裁、形式、方法、手段、业态、体制、机制，增强针对性和实效性。”“要适应分众化、差异化传播趋势，加快构建舆论引导新格局。要推动融合发展，主动借助新媒体传播优势。”

随着新媒体时代的到来，高校宣传工作者如何才能主动作为？如何才能在信息的汪洋中吸引读者的注意力？

（一）注重新闻报道策划，掌握大众关注点

所谓新闻的报道策划，就是围绕某个主题，对新闻采编活动进行富有创新价值的策划和设计，通过制定和实施方案来强化传播效果，以形成和引导舆论的前瞻性行为。

新媒体时代，高校进行对外宣传时应充分了解大众的阅读口味、阅读习惯以及关注点，做到顺应“读图时代”、多用图说话；文风力求轻松有趣、更具可读性；内容组织精当、突出亮点，适宜在微信、微博等新媒体上进行阅读、传播。

（二）直击时事焦点，瞄准媒体兴奋点

高校是一个相对封闭的环境，开展对外宣传时必须紧扣社会时事热点、焦点，加强

与社会主流媒体的合作，提升校园媒体的生命力和影响力。

“搭车宣传”因为切实抓住了社会媒体的兴奋点，往往能取得较好的宣传效果。“搭车”不仅可以针对大型活动和热点新闻事件，更应当紧跟主旋律、弘扬正能量，报道主流舆论所急需和呼唤的新闻。

笔者曾推出的《手写百万字教案七旬教授走红校园》报道就是一例。老教授“手写教案”中蕴藏的坚守课堂、躬耕讲台、严谨治学的大学精神正是时代所呼唤的，因此该篇报道一经推出便获得了较大的影响力，也收获了很多正面评论。

四川大学锦江学院七旬老教授的手写教案在校内走红，学校宣传部组织学生记者深入了解，发掘了严教授“手写教案 30 多年，曾编撰一本字典；以负责的职业精神、严谨的治学态度和求实的处世精神影响学生”的事迹，并抓住这些闪光点撰写新闻稿——《川大锦江学院教师百万字手写教案走红校园》。华西都市报在第 3 版要闻版大篇幅报道；中国新闻网等 80 多家媒体相继发稿、转载 110 余条；凤凰网、搜狐在教育版推出相关评论文章《这些高校教师缘何走红网络》，将新闻事件上升到了回归大学精神的层面。

“高校创新创业故事”也是一例。2015 年两会上，李克强总理提出要把“大众创业、万众创新”打造成推动中国经济继续前行的“双引擎”之一。在这样的背景下，大力宣传创新创业方面的典型事迹和人物是所有媒体的工作重点。高校作为人才培养的园地有天然优势，很多高校都围绕着“创新创业”这一主题开展新闻报道策划，从发掘典型人物、报道相关活动、宣讲优惠政策等方面进行了多层次、全方位的报道。其间挖掘的各类素材、特别是人物故事，也正是社会媒体所急需的报道材料。可见思媒体之所思，才能实现双赢。

一般来说，体现时代精神、符合社会主流价值取向、具有典型性、反应事物的发展趋势的事实是媒体乐于突出和强化的。

此外，社会媒体近年来也开始策划、开展各类活动，若主题合适，可积极引进校园。这既能丰富校园文化生活，同时也有利于对外宣传。总之，要开展好高校外宣工作，必须加强与社会媒体的联系，充分了解社会媒体的口味和需求，时刻在校园中寻找相应的新闻素材，力争实现双赢。

（三）关注大事小事，发掘校园新闻亮点

公众和媒体对“985”“211”高校、地方高校、民办高校的关注度向来较为悬殊。少数名牌大学历来备受瞩目，这些学校实力较强，在教学科研、学术成果、师生校友等方面更容易涌现有分量、有价值的新闻。但对大多数地方高校、民办高校来说，由于种种条件制约，学校少有“轰动性”的新闻事件。巧妇难为无米之炊，这在一定程度上制约了对外宣传工作的开展。

对此，高校宣传工作者更应该转变思维：不仅要时刻关注“大事”，也要关注日常“小事”。

近年来频频走红网络的“学霸狗”“学霸猫”便是一例。2011 年 11 月，北京大学一只从 2004 年开始经常与学生一起听课的猫咪走红网络，其因酷爱旁听被冠以“旁听猫”之名。部分网民指出，这只猫可能是为了取暖才到教室“听课”，然而更多网民乐

于将其趣味化地解读为一种励志好学的精神。此后，电子科技大学、武汉大学、西北农林科技大学、安庆师范学院等高校的“学霸狗”，山西财经大学、山东大学、福建医科大学、北京化工大学等高校的“学霸猫”纷纷见诸网络。这类新闻因为具有积极正面的意义，受到了社会大众的广泛关注。

一节选修课、一只校园萌宠都是校园里的“小事”。要想让校园新闻有创新，高校宣传工作者一定要保持敏锐的新闻嗅觉，从细处着眼，善于发现日常生活中的新闻点，推出有趣味又接地气的新闻报道。

（四）创新报道形式，紧跟数媒发展

从事宣传工作，必须把新闻敏感性放在第一位，保持强烈的好奇心，不断接收新鲜事物和新鲜知识。除创新对外宣传内容以外，还必须创新报道形式，紧跟数字媒体发展的脚步。

从报纸到门户网站、从微博到微信再到 App 客户端，短短十年，数字媒体平台几经变革。个人电脑的普及促进了门户网站的诞生，智能手机的普及让微博、微信得以流行，无线网络的普及引领了“读图时代”到来，数字媒体平台崛起极为迅猛，日新月异的技术革新也使平台的更新换代越来越快。

根据不同媒体平台、针对不同平台的特性提供最“对味”的内容，这对所有传媒人来说都是一个挑战。门户网站之后是微博，微博之后是微信，微信之后又是什么？要想不被时代丢下，就必须主动出发寻找答案。

人民网新媒体智库发布的《2015 年中国网络视频产业生态发展报告》中指出，无论是从助推“互联网+”经济，还是具有独特的舆论影响力和产业发展空间来看，微视频都日益成为越来越独立的媒介形态。“三微一端”正在逐渐取代“两微一端”。

从目前态势看，秒拍、美拍等微视频 App 以其简便操作的特点吸引了大量的用户群，为微视频的制作、发布提供了有利条件。4G 网络的快速发展为用户在移动终端观看微视频提供了有利条件。微视频本身短小精悍、信息量大、现场感强、表现方式多元的特性也和青年群体的趣味性偏好一致。

各类微视频不仅频频出现在尼泊尔 8.1 级地震、东方之星客轮沉没等热点新闻事件的报道中，Papi 酱的走红更是微视频巨大吸睛能力的直观体现。2016 年，Papi 酱凭借犀利吐槽的微视频吸引了大量关注，其单条视频最高拥有 676.3 万的播放量。未来，微视频用户量、传播力都会迎来更大突破。笔者认为，高校如果能筹建摄制团队，利用好航拍等新技术，以“文+图+微视频”的形式推出对外宣传作品，会收到更好的效果。

同时我们也应当清醒地认识到，不论时代、平台如何改变，传媒行业的核心竞争仍然是人才的竞争。如何跟上时代潮流和受众口味，如何预判、适应、运用“下一个新媒体”，如何进行更好的创意和策划，这一切仍需要宣传工作者保持敏锐的嗅觉，不断修炼自身，成为集策划、组织、采访、写作、拍摄、编辑、排版、美工等多项能力于一身的“多面手”。如此，宣传工作者和其开展的高校对外宣传工作才能始终走在时代前列。

四、结语

综上所述，高校对外宣传工作要取得新突破，必须主动转变思维，紧跟时代步伐，结合新媒体特点开展新闻报道策划，掌握大众关注点，发掘校园新闻创新点，直击社会媒体兴奋点，不断创新报道形式，实现新媒体语境下高校对内对外宣传的良性互动与有效推进。

参考文献：

[1] 杨秀国. 新闻报道策划 [M]. 北京：人民日报出版社，2012.

[2] 钟小霞，冯小宁. 新媒体环境下高校对外宣传策略研究 [J]. 今媒体，2014 (08).

[3] 唐娟. 新媒体时代创新高校对外宣传工作的研究 [J]. 新闻传播，2015 (06).

高校官方微信选题策略初探

——以四川外国语大学成都学院官方微信为例

江浪莎[①]

四川外国语大学成都学院

摘　要：目前，高校官微在各大高校的宣传领域中起着不容忽视的作用，要保持高校官微的生命力，好的选题是关键。高校官微运营团队应围绕选题的题材、角度、形式等多个方面，运用恰当的策略和技巧确定选题，并与时俱进地在技术、热点、团队这三方面进行革新，以发挥高校官微的最大价值。在本篇中，笔者将以四川外国语大学成都学院官方微信为例，探讨高校官微的选题策略。

关键词：高校　官方微信　选题策略

目前，微信公众号已成为各大高校主流的宣传阵地之一，它区别于传统媒体的内容和形式，在高校的形象推广、品牌树立、价值塑造、思想引领等方面起到了不可或缺的作用。在这个过程中，选题是高校官微生命力的基础，一个个内容新颖、可读性强、传播度高的选题，会让高校官微不断“圈粉”，进而提高关注度、知名度和美誉度。在此背景下，高校官微如何确定选题、确定哪些选题，便成为高校官微运营团队（以下简称“官微团队”）每天都要考虑的问题，这个问题也常让官微团队陷入急迫与焦虑。笔者认为，确定高校官微的选题，应从题材内容、切入角度、包装形式等各方面入手。本文以四川外国语大学成都学院（以下简称“川外成都学院”）官方微信为例，从该校官微2017年的选题入手，探讨高校官微选题策略，对所得经验和教训进行梳理，以期与同行们相互借鉴、共同进步。

一、选题现状

2012年8月，腾讯公司开发的微信公众平台正式上线。2014年，由高等院校以社会组织名义向腾讯申请并获得认证的“高校官方微信平台”陆续开通。

很快，官微就成为各大高校宣传阵地中新的主力军。微信公众号凭借图文并茂的精美版式、生动活泼的语言表达、不拘一格的包装形式、手机终端的便捷使用、社交圈的快速传播等特点，制作出了与传统的报纸、广播、电视、网站等截然不同的高校宣传报道，开辟了高校宣传领域的新天地。

---

① 江浪莎，四川外国语大学成都学院党委宣传部新媒体中心主任，主要研究方向为高校新媒体运营。

截至2016年1月，教育部75所直属高校全部开通官方微信。许多高校的党委宣传部增设“新媒体中心”或“新媒体工作室”，由专门的指导老师和学生记者团队负责官微的日常运营。有的高校新媒体学生记者团基数庞大，甚至形成了上百人、多地、跨校区的格局，以保证较高的更新频率。

在这种情况下，高校官微的选题就显得极为重要。一个好的选题，能在短时间内制造出“10W+”的阅读量，在高校的形象推广、品牌树立、价值塑造和思想引领等方面的益处显而易见。

高校官微诞生的初始阶段，各类选题千变万化，新意层出不穷。其中比较典型的案例是2015年年末到2016年年初，各大高校争相改编民谣《南山南》。当时，南京大学和北京大学的官方微博通过重新填词进行互动，其他高校也陆续加入了这场改编创作，还为此录制了专门的音频和视频。高校版《南山南》的歌词清新隽永，独具高校的特色和亮点，唤起了许多人关于母校的记忆，在受众中引发了强烈的共情和共鸣。

经过三四年的蓬勃发展，高校官微的选题开始呈现疲软态势。首先，不同官微间相互模仿借鉴，使得同类型题材重复率高。比如，每当春天来临，发布美丽的风景照片几乎成为高校官微的共同选择，其包装形式也大同小异。其次，短消息和简报式的稿件开始进入官微，这不但没有发挥微信公众号的优势，反而使官微逐步演变成为与报纸、网站性质雷同的信息发布平台。

究其根本，笔者认为原因主要有两点。第一，高校的运转具有循环往复的特点，例如毕业与迎新等特殊节点，年年都在发生，但年年也必须关注，要在重复性的活动中彰显新意与亮点，的确是一种考验和挑战。第二，高校官微的运营主要依赖于学生记者团队，他们并非专业的新闻记者，且平常要兼顾学业与其他实践，为了保证官微的更新频率，有时也会推送质量欠佳的稿件。

综上所述，策划好的选题，既是官微团队面临的日常，更是当务之急。

二、选题策略

四川外国语大学成都学院官方微信自2013年12月开始运营，至今已发布近500条图文信息。2017年，该官微共发布159篇稿件，总字数超过23万，累计阅读数49万。经统计，这一年该官微的主要选题类别及数量分布如下：

（1）全校范围内的重大活动：24篇，约占总量的15%。

（2）优秀学子、团队、校友访谈：17篇，约占总量的11%。

（3）校园电视新闻：18期，约占总量的11%。

（4）媒体报道的本校新闻及其追踪：6篇，约占总量的4%。

（5）自主策划的选题：94篇，约占总量的59%。

从以上统计可以看出，自主策划的选题数量高居榜首。与前四类选题相比，该类选题有一个明显的特征，即都是“想出来的选题”，而其他四类选题，均可归为“送上来的选题”。

自主策划的选题可取材的内容广，可表达的角度多样，可变化的形式丰富，从静态的校园风光到鲜活的人物故事，从学生的衣食住行到学习、实践、交友、锻炼、求职等多个方面，校园里的一人一事、一草一木、一砖一瓦，皆可以成为选题，反映千姿百态的校园生活，弘扬校园的精神与文化。这类选题毫无疑问是高校官微宣传的重点，针对这类选题的策划，可运用一些有效的策略和技巧。

（一）点面结合，开阔视野

高校官微团队可通过“点线面”的立体观察来确定选题。关注校园里的“点”，即关注各类群体，比如学生、教师（教学岗位和学工系统）、后勤职工等；关注校园里的“线”，即关注不同的部门，比如教务处、学工部、团委、图书馆等和学生生活紧密相关的部门；关注校园里的“面”，即关注不同的层面，比如从全校到各院系再到每个专业。“点线面”结合观察，就能为官微发现新选题。

（二）结合热点，深度挖掘

适合高校官微发挥的“热点”一般有两类，时间热点和网络热点。

时间热点包含两条线索：节假日和高校时间表。比如，妇女节、母亲节、教师节、国庆节等方面的选题，就是根据节假日确定的。而结合迎新季、毕业季、招生季、录取季所策划的选题，对照的就是高校时间表，属于学校特有的时间节点。

网络热点可发挥的空间更大，因为它们层出不穷、受众广泛、易于传播。在四川外国语大学成都学院官微 2017 年的稿件中，就有很多内容涵盖了网络热点。比如《稳住，我们能赢！一起勇闯 CISISU 王者峡谷》一文，就结合网游“王者荣耀”的角色概念介绍了学院重磅的品牌活动；《CISISU 旗舰店上新“双十一”这十大爆款必入》一文，把学院的多语种文化、优美的校园风光、一流的硬件设备等十大方面“物化”为“双十一”火爆抢购的十件物品；《前线情报！CISISU“白夜悬案”今日侦破》一文，根据热门影视剧《白夜追凶》的故事构架，将“白天”和“黑夜”拟人化为一对双胞胎，配上学院内同一地点白天和黑夜的对比照，反映学院内不同时段的生活面貌。

（三）老调新唱，角度多样

以一学年为周期，周而复始地运转，这是高校生活的特点。基于这个特点，官微选题必然会具有一定的重复性，如何从年年举办的校园活动中挖掘亮点和新意，转换选题的切入角度是方法之一。

英语口译大赛是学校内关注度极高的专业性赛事，如果官微每年只报道赛事本身，难免会导致审美疲劳。2017 年，川外成都学院官微就以英语口译大赛为切入点，推出了“我们的翻译官”系列采访，报道了五位正在从事口译工作的优秀校友，避开了只报道比赛本身的思路。

每年 4 月 23 日举办的“读书周”活动，也属于校园里的日常活动，官微每年都在尝试不同的选题角度：用多语种写读书格言、关注图书馆的外语书籍、展示图书馆阅读大数据、采访图书馆志愿者等，既紧扣“读书周”的主题，又彰显了学院特色。

（四）固定栏目，培养习惯

2017 年，川外成都学院官微推出了三个系列栏目，均冠以了统一的名称：“CISISU 偶像联盟”是第九届学院“十佳”优秀学生的报道，共 10 期；“CISISU 语言秀”是介绍学院截至 2017 年所开设的 12 门小语种，共 12 期；“英国小说经典赏析”主要介绍英国各个历史时期的经典读物，共 11 期。

这些栏目中的每篇稿件都有固定的发稿时间或类似的写作格式，调性统一，有连续性，易于培养粉丝的阅读习惯，让读者保持阅读期待，建立读者与官微的亲近感和关联感。

（五）精心包装，不拘形式

同样的内容，不同的包装形式，会呈现截然不同的阅读效果。

比如，对于上百张高校运动会的高清大图，既可以用常见的图文模式平铺直叙，也可采用 H5 来展示，配以动感活力的音乐和不断翻页的体验，让读者仿若置身运动会现场。面对纷繁的学院风景照，可将所有图片分类处理，为每个分类冠以一个关键词，比如季节、颜色、形状等，赋予散乱的图片以内在的逻辑。

2017 年春，川外成都学院官微推出了校园电视台制作的短视频《CISISU 版春日飞花令》，同学们身着汉服出镜，配以多首描写春花的古诗词，画面不仅清新唯美，更契合了“中国诗词大会”的“飞花令”热潮，比普通的春季“校花”图片传播效果更好。

除了以上五点，高校官微要保持“问渠那得清如许，为有源头活水来”的生命力，还必须从机制上保障选题的顺利诞生。目前，川外成都学院官微团队共有 20 余名学生，每周召开一次例会，时长约为一个半小时，五名高年级同学担任责任编辑，各自带领一个小组在例会上进行选题讨论与分享，小到 logo 设计和排版风格，大至选题创意和制作方式，均可畅所欲言。每个学期，每个小组还要独立完成一个自主策划的选题。

综上所述，好的选题是保证高校官微常新和长青的关键。尽管高校周而复始的运行规律会给选题创新带来客观上的困难，但官微团队只要能另辟思路、遵循传播规律、积极发挥主观能动性，便能让此难题迎刃而解。

三、选题革新

微信公众平台是自媒体时代迅猛发展的产物，这款产品本身也在不断地更新。官微团队除了在内容上下功夫以外，还必须与时俱进，至少注意三个方面的革新。

首先，选题的传播技术上。微信公众平台主打图文模式，但目前这种单一的形式已无法完全满足选题的制作需要和粉丝的阅读需要，横屏观看的长图制作、短视频、直播、VR 全景、自写代码的小程序等应该被更广泛地运用于高校官微中。同时，线上线下的活动亦不能疏忽，这是使官微选题更具广泛传播力的必经之路。

其次，选题的热点选择上。追逐热点是高校官微获得高阅读量的办法之一，但不是所有热点都值得追逐。对于承载着价值塑造和思想引领功能的高校官微来说，应避免低俗化、庸俗化和过度娱乐化的热点，有的热点被跟风滥用后，若官微继续使用，还会给人留下原创性不足的印象。官微团队既要倾听流行的声音和思想，也不能一味地迎合和讨好受众，把握二者间的平衡，掌握其中的分寸，是高校官微的责任所在。

最后，选题的团队构建上。拥有一支可持续发展的官微团队，是官微选题永葆新意的基石。但在现实中，官微的学生记者往往经过两三年的锻炼和培养，才能较为成熟地驾驭官微工作，而新补充进团队的同学，又面临着从头学习采写、摄影、排版等基本功的任务，使得学生记者团换届时的官微选题质量参差不齐。所以做好官微团队“以老带新”的培养和传承，也是不可忽视的重点。

四、结语

好的选题是保持高校官微生命力的关键，亦是官微团队日常所面临的重要任务。官微团队在确定选题时，可从题材、角度和形式等多方面入手，恰当运用“点面结合，开阔视野”“结合热点，深度挖掘”“老调新唱，角度多样”“固定栏目，培养习惯”“精心包装，不拘形式”等策略和技巧，并通过定期召开选题会等机制确保选题的顺利产生，同时在选题的传播技术、热点选择、团队构建上进行革新，以此保证官微在高校的形象推广、品牌树立、价值塑造、思想引领等方面发挥真正的作用。

参考文献：

[1] 李琛．“10w+”高校官微推送传播特征研究 [J]．东南传播，2016（10）．

[2] 徐成英．高校官方微信公众平台用户使用情况研究——以西北大学官方微信公众平台为例 [J]．新媒体与社会，2016（01）．

[3] 向令，曹丹．高校微信公众号运营的策略研究——以四川大学微信公众号为例 [J]．视听，2017（08）．

新形势下加快推动传统媒体和新兴媒体融合发展分析

王川宁①

四川文化产业职业学院

摘　要：习近平总书记指出：推动传统媒体和新兴媒体融合发展，要遵循新闻传播规律和新兴媒体发展规律。强化互联网思维，贯彻落实十九大精神，深刻领会时代背景和历史贡献，重视对媒体融合的发展的具体探讨、研究势在必行。本文将新旧媒体融合发展放于新形势下，从推动传统媒体和新兴媒体融合发展的意义、现状、未来三大维度去分析。其中将主要从理性认识传统媒体和新兴媒体的优劣势，重视融合发展的理念，建立健全新旧媒体融合发展的机制这三个层面来分析新形势下如何加快推动传统媒体和新兴媒体的发展。

关键字：媒体融合　传媒改革　融媒体　新型主流媒体

一、推动传统媒体和新兴媒体融合发展的意义

正如当前的数据和调查结论展示的那样，传统媒体和新兴媒体都已经进入了新时代。新形势下，过去的媒体行业发展模式已经不能完全适用。新发展理念的提出旨在丰富新闻媒体改革和发展，在遵循新闻传播规律和新兴媒体发展规律的基础上推动传统媒体和新兴媒体融合发展，实现传统媒体和新兴媒体优劣势互补、一体化发展。以媒体融合为发展方向，将有利于新闻传播行业的规范化、统一化，增强传统媒体的活力，提高新兴媒体的专业性。本文将具体阐述如何推动传统媒体发展，以及新兴媒体融合发展的时代要求和社会效益。

（一）促进传统媒体和新兴媒体资源的合理配置和有效利用

鉴于各自的发展特点，传统媒体和新兴媒体的运行形式和技术手段不尽相同，但是两者在媒体资源的消耗上有部分交叉和重合。因此，传统媒体和新兴媒体的融合发展会同时扩大两者的人才资源储备，实现信息资源的共享。相比传统媒体和新兴媒体的对立和竞争，这无疑会减少资源浪费，节约各媒体单位的新闻运行成本。并且将会有更多的资金和资源投入媒体发展的技术支持和产品内容，而这些发展方向才是提高新闻媒体行业核心竞争力的关键因素。

---

① 王川宁，四川文化产业职业影视学院播音专业负责人、专任教师，主要讲授广播播音主持、普通话语音等课程。

（二）实现传统媒体与新兴媒体的优势互补，推动两者协调统一发展

传统媒体和新兴媒体有各自明显的优劣势，推动两者融合发展将最大限度地缩小劣势的影响，并通过优势整合促进利益的最大化。具体来说，传统媒体与新兴媒体相互融合、优势互补，会带来以下几点好处：第一，以新兴媒体的方便快捷来弥补传统媒体时效性较差的特点；第二，以传统媒体的专业性、权威性来弥补新兴媒体新闻内涵参差不齐的状况。

（三）满足新闻受众的多元化需求，推动新闻媒体长远发展

新闻受众在年龄、性别、阶层等社会身份方面存在差异，形成了多元化、多层次的新闻倾向和消费需求。在新时代的国情下，新兴媒体和传统媒体的统一协调发展可以极大地满足各类新闻消费者的需求。大量的新闻受众是衡量一个行业发展状况和前景的重要因素，因此，实现融合发展能够保住更多的新闻受众，为新闻媒体实现长远发展提供良好的保证。

二、传统媒体和新兴媒体发展现状分析

要想为传统媒体和新兴媒体的发展提供建议和对策，就必须针对当前传统媒体和新兴媒体的市场及发展状况做一个总结性、系统性的认识报告。笔者通过文献收集、内容分析等方式归纳了当前媒体行业的发展现状。

（一）传统媒体发展现状

互联网的快速发展给传统媒体带来了巨大的挑战，新闻受众的流失导致传统媒体面临缩减规模的趋势。特别是随着手机等社交媒体的兴起，用户对社交平台的依赖给报纸、广播、电视等传统媒体带来了巨大的冲击，传统媒体如报纸发行量、广电收听收视率等市场指标都迅速下滑，优势日渐消失。此外，受限于自身的属性和起源、历史等，传统媒体仍然生存在传统新闻媒介的思维定式中，没有形成开放性的眼光和融合性的发展思路。

（二）新兴媒体发展现状

新媒体依托于互联网和社交平台，一方面发展迅速，规模和数量不断增加，市场受众也呈扩大趋势；但另一方面，新媒体快速发展时没有形成系统的规范，开办门槛较低，行业素质良莠不齐，例如“标题党”“内容为王”等不实报道，给社会带来了一定的负面影响。

（三）传统媒体和新兴媒体融合发展现状

传统媒体和新兴媒体融合发展总体上有一定程度上的推进，已有大量媒体响应号召，推动传统媒体和新兴媒体转型融合，增强了媒体的竞争力和综合效益。比如，湖南卫视利用传统媒体的既有资源和受众，依托互联网技术打造了“芒果 TV”，而这仅仅是地方电视台新旧媒体融合的事例之一。在看到融合的机遇的同时我们也要看到，传统媒体和新兴媒体融合依然存在许多问题。比如，传统媒体和新兴媒体融合的管理体制并不完善，融合过程中常常没有形成合理的融合目标和有效规划。这些问题都有待分析和

改善，创造传统媒体和新兴媒体的融合时代还任重道远。

三、传统媒体和新兴媒体融合发展的未来

整合新闻媒体资源，推动传统媒体和新兴媒体融合发展。一方面要将十九大精神落实到具体的媒体发展过程中，统一传统媒体和新兴媒体融合发展的思想，提高相关产业和部门对新时代下的媒体产业的认识，并且切实树立起推动媒体融合发展的紧迫感、责任感、使命感。另一方面要把握好新闻媒体行业的未来前景，政府政策、新闻产业、新闻媒体、社会大众都将在传统媒体和新兴媒体相融合的发展过程中发挥相应的建设性作用。

（一）理性认识传统媒体和新兴媒体的优势与劣势

要实现传统媒体和新兴媒体的优势互补及一体化发展，认识和分析两者的运行细节和发展机遇与挑战十分必要。因此，本文利用“SWOT 分析法”对传统媒体和新兴媒体展开具体分析，如表 1 所示。

表 1　传统媒体和新兴媒体的优势与劣势对比

类型	传统媒体	新兴媒体
优势 (Strengths)	1. 传播方式具有定期性，拥有优秀而成熟的采编队伍，人才储备更加充实； 2. 具有发布社会信息、提供娱乐交流、解读政策的功能； 3. 有更强烈的社会责任感，信息采集核实工作更细致； 4. 公信力更强、具有思想性、权威性，其把关能力更强，能够甄选网络信息	1. 具有极强的时效性，能够做到实时传播、连续传播、同步传播等多种传播途径； 2. 信息数量大、内容丰富、互动性强、覆盖人群广，具有更加广泛的传播范围； 3. 在产品、服务、运营等商业领域上更具创造性； 4. 打破地域界限，使信息的传递不受时空的限制，满足新闻受众多元化需求
劣势 (Weaknesses)	1. 往往采取单一的报道方式对新闻进行客观抽象的概括，与客观事实之间存在差距； 2. 受容量、时间等限制，缺乏个性化和创新性； 3. 时效性较差，只能截取少量信息，不能完全满足新闻受众的需求； 4. 信息多为单向传播，受众处于被动接受的地位，难以对报道的内容进行及时反馈或互动	1. 信息具有海量化、匿名化的特点，所以其权威性、真实性难以保证； 2. 传播的信息往往具有多而杂、快速而不准确、精简而不深入，真假难辨的特点； 3. 公信力不够，缺乏思想深度，一些庸俗、垃圾的信息内容将给公众安全带来潜在的威胁； 4. 尚未形成完全成熟的商业模式，盲目追求商业效益，缺乏创意和社会效益
机会 (Opportunities)	1. 有广度、有深度、有高度的新闻报道是传统媒体无可取代的发展优势； 2. 可以更多地投入采访和调研，追求更加全面、深刻的新闻报道	1. 放大移动化、智能化、互动化、个性化、社交化的特征是新媒体发展的机会； 2. 利用已有的市场份额为大众提供个性化的内容信息

续表1

类型	传统媒体	新兴媒体
威胁（Threats）	1. 大量受众被新兴媒体抢占，市场份额正在流失； 2. 若不及时进行产业调整和改革，将陷于发展的瓶颈	1. 过于依赖互联网和移动终端； 2. 发展历史短，还需要不断地创新和调整

（二）内化十九大思想，重视融合发展的理念

意识有指导实践的作用，加快推动传统媒体和新兴媒体的融合发展，需要有符合国情的理论思想作为指导。下文主要从三个角度来谈传统媒体和新兴媒体的发展。第一，将新闻媒体人的精神内化于心，积极承担社会责任，无论是开展日常的新闻媒体工作，还是促进传统媒体和新兴媒体融合，都要贯彻落实十九大精神。时刻牢记一个新闻媒体人的责任：促进新闻信息真实、准确、全面、客观地传播。应该将提高群众的道德素质，营造良好的社会氛围，关注弱势群体，督促社会的公平正义，建设社会主义精神文明作为最终目标。第二，以技术支持为理念促进传统媒体和新兴媒体融合发展，有效合理地运用互联网、大数据、云计算等技术来为新闻生产开拓新的空间。互联网和大数据的使用旨在为用户带去创新性、针对性的体验，以此满足新闻受众多样化、个性化的信息需求。当前已有部分媒体走在了前面。如北京广播电视台的“大媒体”平台就是依托互联网和大数据建立起来的。第三，注重新闻报道的内容建设，新闻内容质量的高低无疑是留住用户的根本因素，秉承新闻时效性、真实性、社会性、创新性的原则，要以高含金量的内容作为发展的核心。

（三）建立健全媒体融合发展的机制、体系

关于建立健全相关机制、体系来推动媒体融合发展，笔者认为这是所有环节里最重要的部分。无论是融合节目体系的建设，还是组织结构和管理机制的建设，都应该形成一种规范的机制。在一个稳定的大环境下，让流畅、高效的机制发挥作用，传统媒体和新兴媒体的发展才能在新形势下走得更远。具体来说，一是要整合升级传统媒体和新兴媒体的制作播放平台，然后构造集采编、制作、存储、发布于一体的广播电视制播云平台。具体实施的例子有：社会媒体可以借鉴新华社的经验，以“新华全媒头条”为载体，适配多种终端，以先进技术引领和推动融合发展，实施“全媒记者”“全媒编辑”培养方案。二是为新闻媒体的发布和播放提供一个具有安全保障的体系，这需要建立起专业的审核评估后台，由专业的团队来实践。三是建立在新闻报道内容上的融合机制，充分链接社会资源，力争新闻内容广布政务、商务、教育、医疗、旅游、金融、娱乐、体育、农业、环保等领域。四是培养媒体融合要求下的复合型人才，从人才挑选、管理、培训等方面推动人才的创新发展。

四、结语

当前，大众对媒体信息的需求日渐多元化，当前的新闻媒体现状显然难以满足受众的需求，因此，传统媒体和新兴媒体的融合发展将会成为新时代的必然要求。在理性面

对当前传统媒体和新兴媒体融合的现状下，从意识上、机制建立上推动媒体相互借鉴、相互学习，为新形势下新闻媒体的发展描绘一幅新的蓝图，让媒体行业和新闻大众有更多受益。

参考文献：

[1] 王峰. 对传统媒体和新兴媒体融合发展之路的一些思考 [J]. 中国传媒科技，2014 (09).

[2] 鲁宏杰. 黑龙江垦区传统媒体与新兴媒体融合发展路径探析 [J]. 农场经济管理，2016 (06).

[3] 邹祥勇. 传统媒体与新兴媒体融合发展的趋势与策略 [J]. 广东广播电视大学学报，2014 (05).

[4] 马利. 遵循规律　优势互补　勇于创新——对推动传统媒体和新兴媒体融合发展的思考 [J]. 新闻与写作，2014 (11).

网络文化研究论丛（第三辑）

网络文化建设

简论新媒体时代传统文化的传承与弘扬

刘滢雪[①]

成都理工大学

摘　要：国家和民族的长治久安与兴旺发达，与其拥有的悠久、灿烂的传统文化紧密相关。在新媒体时代，如何继承与弘扬传统优秀文化，是摆在高校师生面前的重要课题。我们要坚持文化自信，发挥优势，集传统文化之大成；百花齐放，共同担当传统文化传承重任；开拓创新，拓宽优秀传统文化的传播途径，最终实现中华民族的伟大复兴。

关键词：传统文化　文化自信　新媒体　影响　传承与弘扬

国家的兴旺和发展离不开文化的继承与发展，在新媒体日益发展的今天，更好地传承和弘扬传统文化至关重要。正如党的十九大报告中所提到的："文化是一个国家、一个民族的灵魂。文化兴国运兴，文化强民族强。没有高度的文化自信，没有文化的繁荣兴盛，就没有中华民族伟大复兴。"

一、传统文化基本内涵及其作用

（一）传统文化的基本内涵

在五千年的历史长河中，我们的先辈在华夏大地上繁衍生息，创造了灿烂的中华文化。习近平总书记明确指出，"优秀传统文化可以说是中华民族永远不能离别的精神家园"，"老子、孔子、墨子、孟子、庄子等中国诸子百家学说至今仍然具有世界性的文化意义"。这些思想家上究天文、下穷地理，广泛探讨人与人、人与社会、人与自然关系的真谛，构建了博大精深的思想体系。老子、孔子等人的思想中包含许多关于人与自然、人与人、人与社会和谐生存发展的认识，这些思想思考和表达了人类生存与发展的根本问题，是全人类共有的精神财富。

（二）传统文化的重要作用

几千年来，中华优秀传统文化已经深深地融入了国人的血液和灵魂，融入了治理国家的理念和实践。一是建构起了"以孝为本"的伦理纲常和家国同构的政治结构以及认知方式，长期保持着一致性和稳定性，使得国家统治得以巩固，社会发展得以稳定；二

---

① 刘滢雪，成都理工大学环境与土木工程学院地下水科学与工程专业本科生。

是建构起了注重家族归属的家庭关系模式，形成了以家庭为中心的伦理观念，使得家庭和睦、邻里和谐；三是建构起了注重内在修养、以“德”为中心的个体价值取向，对维护家庭伦理和国家政治秩序起到了重要作用。

即便在今天，优秀的传统文化也是与社会主义社会相适应、与社会主义核心价值观相契合的，它所体现出来的价值追求，在建设中华民族精神家园、实现中华民族伟大复兴的征程中也继续发挥着积极作用。它是实现社会主义现代化的思想基础和精神保障，是凝聚全国各族人民的价值纽带，并为当前社会发展提供了有益帮助。

二、伟大梦想、文化自信与传统文化之间的关系

（一）实现中华民族的伟大复兴需要有足够的文化自信

习近平总书记在十九大报告中明确指出：“实现中华民族伟大复兴是近代以来中华民族最伟大的梦想。”要实现这一伟大梦想，必须不忘初心，牢记使命，矢志不渝，开拓创新，在已有成绩的基础上付出更为艰苦的努力。但是，前提是充满自信，即道路自信、理论自信、制度自信和文化自信。在这“四个自信”中，作为植根于中华大地、汲取华夏文明营养的马克思主义政党，特别要充满文化自信。在谈到文化自信时，习近平总书记特别强调：“文化自信是一个国家、一个民族发展中更基本、更深沉、更持久的力量”，“没有高度的文化自信，没有文化的繁荣兴盛，就没有中华民族伟大复兴”。

（二）足够的文化自信源自优秀的中华传统文化

中国人的文化自信从哪里来呢？从中华传统文化中来。几千年来，中华文化铸造的自强不息、厚德载物、刚健中正的民族之魂，成为中华民族发展壮大的精神动力和智慧源泉。因为拥有优秀的传统文化，我们才得以拥有文化自信；有了高度的文化自信，我们才能更好地构筑中国精神、中国价值、中国力量，为人民提供精神指引，才能真正实现伟大的中国梦！

弘扬优秀传统文化是坚定文化自信的基石。经历了20世纪80年代末的文化大讨论、90年代初的国学热、21世纪以来传统文化的崛起，我们开始对传统文化进行理性分析和客观评价，在传统文化与现代化建设的关系上达成了共识，即传统文化对于现代化建设有着积极的促进和推动作用，他们之间并不矛盾。当前，应该大力传承和弘扬优秀传统文化，并使其与当前我国国情相适应，与社会主义先进文化建设相适应。

三、新媒体时代更需要不断传承与弘扬传统文化

中国互联网络信息中心（CNNIC）于2018年1月31日发布的第41次《中国互联网络发展状况统计报告》显示，截至2017年12月，中国网民规模达7.72亿；学生依然是中国网民中最主要的群体，占25.4%，互联网普及率在学生群体中已经处于高位。

新媒体的形式丰富、互动性强、精准度高、覆盖面广，它极大地缩短了人与人、人与世界、人与信息的距离。面对新媒体，处在新时代，我们更要传承和弘扬中华优秀传统文化。

习近平总书记把传承和弘扬中华优秀传统文化提升到中国的发展特色和发展道路、

增强文化自信和道路自信的层面。他指出："要讲清楚每个国家和民族的历史传统、文化积淀、基本国情不同，其发展道路必然有着自己的特色；讲清楚中华文化积淀着中华民族最深沉的精神追求，是中华民族生生不息、发展壮大的丰厚滋养；讲清楚中华优秀传统文化是中华民族的突出优势，是我们最深厚的文化软实力；讲清楚中国特色社会主义植根于中华文化沃土、反映中国人民意愿、适应中国和时代发展进步要求，有着深厚历史渊源和广泛现实基础。中华民族创造了源远流长的中华文化，中华民族也一定能够创造出中华文化新的辉煌。独特的文化传统，独特的历史命运，独特的基本国情，注定了我们必然要走适合自己特点的发展道路。对我国传统文化，对国外的东西，要坚持古为今用、洋为中用，去粗取精、去伪存真，经过科学的扬弃后使之为我所用。"

这种高度肯定中华优秀传统文化是人类共有精神财富且具有世界普遍文化意义的思想观点，体现了我们党对于中华传统优秀文化本质意义的新认识和新高度。

四、新媒体时代下传承与弘扬传统文化策略

习近平总书记在纪念孔子2565周年诞辰国际研讨会暨国际儒学联合会第五届会员大会开幕会上的讲话中指出："不忘历史才能开辟未来，善于继承才能善于创新。优秀传统文化是一个国家、一个民族传承和发展的根本，如果丢掉了，就割断了精神命脉。我们要善于把弘扬优秀传统文化和发展现实文化有机统一起来，紧密结合起来，在继承中发展，在发展中继承。""在学习、研究、应用传统文化时坚持古为今用、推陈出新，结合新的实践和时代要求进行正确取舍，而不能一股脑儿都拿到今天来照套照用。要坚持古为今用、以古鉴今，坚持有鉴别的对待、有扬弃的继承，而不能搞厚古薄今、以古非今，努力实现传统文化的创造性转化、创新性发展，使之与现实文化相融相通，共同服务以文化人的时代任务。"

那么，新媒体时代下，我们到底应该怎样传承与弘扬优秀传统文化，以实现传统文化的"创造性转化和创新性发展"呢？

（一）发挥优势，完成优秀传统文化之集大成

长期以来，我们在优秀传统文化的传承与弘扬方面缺乏科学规划，甚至仅仅把其归为学术研究，如果没有国家的重视，只是学者的反思，"国学热"也只能是暂时的。所以，我们要统一认识，提高站位，紧紧把握时代特征和当前任务，充分利用当前的新媒体优势，在整理和发掘传统文化积极内涵、赋予民族传统文化以时代精神和适宜形式等方面发挥应有的作用，做出更大的贡献。

新媒体的出现，"互联网+"、物联网、云端等的广泛应用，给予了我们无限的可能，特别是大数据的应用，国家已经将其提高到战略高度，不久前第十九届中央政治局第二次集体学习时，习近平总书记强调指出："大数据发展日新月异，我们应该审时度势、精心谋划、超前布局、力争主动，深入了解大数据发展现状和趋势及其对经济社会发展的影响，分析我国大数据发展取得的成绩和存在的问题，推动实施国家大数据战略，加快完善数字基础设施，推进数据资源整合和开放共享，保障数据安全，加快建设数字中国，更好服务我国经济社会发展和人民生活改善。"

当今，我们要以"服务当代、面向未来"为理念和宗旨，结合现代人的认知习惯和

思维模式，充分利用大数据，利用新媒体，按照文化逻辑和发展脉络，对中国传统文化典籍进行一次彻底的梳理、整合，精心组织编纂传统文化经典，并以社会主义核心价值观为引领，完成一次中华传统文化的集大成，让其中的精华闪亮起来，帮助人们更好地领略传统文化经典的魅力，从而为中华传统文化的传承与弘扬奠定坚实的基础，让传统文化的光芒得以辉煌再现。

（二）百花齐放，共同担当优秀传统文化传承重任

一方面，国家主流媒体要承担传承优秀传统文化的责任。要充分发挥平台优势，舍得拿出黄金版面、黄金时段、黄金栏目，呈献最优秀、最精彩、最受关注的文化食粮，以寓教于乐、寓文于娱的形式，让优秀文化充分展示于版面、画面、声音、文字中，像空气一样浸润人们的肺腑，净化人们的精神家园。“百家讲坛”“汉字听写大会”“中国诗词大会”“朗读者”，以及最近出现的“一路书香”“经典咏流传”等经典节目，都起到了很大的作用，让读者、观众、听众了解历史、汲取知识，接受优秀文化洗礼，享受优秀文化盛宴。

另一方面，文艺工作者也要承担传承优秀传统文化的责任。传统文化不仅仅是一本本古代典籍，也是新媒体时代下的一部部文艺作品。因此，传承与弘扬的渠道和途径不可或缺。习近平总书记在文艺工作座谈会上强调指出：“文学、戏剧、电影、电视、音乐、舞蹈、美术、摄影、书法、曲艺、杂技以及民间文艺、群众文艺等各领域都要跟上时代发展、把握人民需求，以充沛的激情、生动的笔触、优美的旋律、感人的形象创作生产出人民喜闻乐见的优秀作品，让人民精神文化生活不断迈上新台阶。”为此，我们可以依托文艺工作者，在大力传承和弘扬传统文化方面下功夫、做文章，通过各种创造形式和展现形式，引领人们走进传统文化博大精深的学术殿堂，接受传统文化的熏陶，真正使光耀中华五千年的传统文化之光在中华大地熠熠生辉！

（三）开拓创新，拓宽优秀传统文化传播途径

弘扬优秀传统文化既有利于保留中华民族的根与魂，还能指导我们的人生，引领我们的发展，使其在我们这一代得以继续发展和壮大，又能让新时代的公民，特别是年轻一代，肩负起优秀传统文化的传承与弘扬的历史责任。

习近平总书记强调：“要始终把弘扬中华民族传统美德、加强社会主义思想道德建设作为极为重要的战略任务来抓，为实现中华民族伟大复兴的中国梦提供强大精神力量和有力道德支撑。”因此，我们应该把中华优秀传统文化的传承与弘扬与实现伟大梦想和践行社会主义核心价值观紧密结合起来，结合“富强、民主、文明、和谐”“自由、平等、公正、法治”“爱国、敬业、诚信、友善”，深入挖掘和阐释传统文化的深层价值理念及其现代意义。

借助现代媒体手段，通过声光电融合的视频、音频、动画等多种表现形式，采取专门开设课程、推进传统文化慕课（MOOC）、网站互动点播、开展网络交流等多种学习方式，实现对传统文化的学习和理解、继承与弘扬，从而推动中华民族优秀传统文化实现创造性转化、创新性发展，从而更好地构筑中国精神、中国价值、中国力量，为人民提供精神指引。正如著名国学大师梁漱溟先生在 1988 年 5 月接受记者采访时所说的：

传统文化要顺应时代潮流。

我们有理由相信，在新媒体时代下，中华优秀传统文化一定可以回归生活，普及推广，创新发展，大放异彩；我们也有理由相信，在新媒体背景下，传统文化的传承与发展，一定会在内容上创新，在形式上更新，在面貌上崭新，应时代之缘，契时代之机，充实时代内涵，开拓时代精神，从而使优秀的传统文化真正地为这个时代注入光明和希望，并有力助推中华民族的伟大复兴。

参考文献：

[1] 习近平在中法建交 50 周年纪念大会上的讲话［R/OL］．（2014－03－27）．http://www.xinhuanet.com/world/2014－03/28/c_119982956.html.

[2] 中国互联网络信息中心．第 41 次《中国互联网络发展状况统计报告》［EB/OL］．（2018－01－31）．中华人民共和国国家互联网信息办公室.

[3] 习近平．推动实施国家大数据战略［R/OL］．（2018－01－06）．http://society.people.com.cn/n1/2018/0106/c416169－29749174.html.

[4] 习近平．习近平谈治国理政［M］．北京：外文出版社，2018.

[5] 梁漱溟．中国文化的命运［M］．北京：中信出版社，2013.

网络流行语对高校思想政治教育的影响研究

王宇曦①

成都工业学院

摘　要：在党的十九大报告中，习近平总书记提出了建设网络强国的战略思想。伴随着互联网技术的高速发展，全球网络一体化空间逐渐形成。网络上新颖、娱乐、诙谐的网络流行语日益出现，大学生热衷于通过网络流行语来关注时事，参与社会活动。但是，网络上也存在着大量不良的网络流行语，影响着大学生的价值取向，这种网络流行语阻碍了高校思想政治教育的开展。本文基于思想政治教育的理论基础，探讨网络流行语和高校思想政治教育之间的关系，研究如何有效应对网络媒体发展对高校思想政治教育的挑战，增强网络思想政治教育的针对性和实效性。

关键词：互联网　网络流行语　大学生　思想政治教育

一、网络流行语及其特征

网络流行语是产生于网络并运用于网络交流的一种语言，有中英文字母、符号、标点、拼音、图片和文字等多种形式。为了提高网上聊天的效率，网民用更为诙谐的、富有代替性的方式进行交流，逐渐形成了特定的语言。

与生活中的常规用语相比，网络流行语主要具有以下几个特点。

（一）流行性

网络流行语的产生、出现、消失都需要一定的时间和过程。新的网络流行语出现后，旧的网络流行语被逐渐替代。网络流行语的使用体现了网络世界的发展，反映了网民的内心世界，网络流行语只有被公众广泛认可并且富有强大的生命力，才能在网络世界里存活，反之，则会逐渐消失。

（二）简洁性

21世纪，快节奏生活成为社会的主流，人们为了更加快速、便捷、高效地传递信息，逐渐简化语言的使用，这样一方面能提高输入效率，另一方面也体现了人们快节奏的生活态度。聪明的网友利用符号、字母、数字的组合来表达不同的含义，让信息的传递变得更加快捷。

---

① 王宇曦，成都工学院计算机工程学院辅导员。

（三）创造性

网络流行语具有一定的创造性，它的出现本身也是一种创新。语言是时代发展的载体，高校青年大学生是互联网的主力军，他们充满了活力和激情，具有较强的创造力，发明了新颖、活泼的网络语言，这些看似古怪、难懂的词语在网络和现实生活中得到了广泛使用。

（四）趣味性

对于大多数大学生来说，上网是为了在网络世界里获得快乐，也是他们释放自身学业压力的一种方式。另外，对于一些较为严肃的情绪，人们用一种较为有趣的方式说出来，也是对自己感受的一种表达。

（五）不规范性

在网络世界里，网民们为了更加快捷地表达自己的想法，往往会打破常规的表达方式，自己创造语言，大多数网络语言都不符合传统的造词方法。网络流行语通常是数字、字母、汉字等自由组合重叠使用，还有些是网友即兴而为。随意的网络流行语搭配在很大程度上影响着大学生的日常表达。

二、网络流行语在高校思想政治教育工作中的积极作用

截至2017年12月，我国网民规模达7.72亿，普及率达到55.8%，超过全球平均水平（51.7%）4.1个百分点，超过亚洲平均水平（46.7%）9.1个百分点。全年新增网民共计4074万，增长率为5.6%。从网民构成来看，学生在其中占比最大。

网络流行语不仅是青年表达自我的工具，也是一种社会现象和文化现象。它反映了时代的发展，也反映了青年的内心世界。网络流行语具有鲜明的特色，深受广大学生的喜欢。网络流行语的出现为高校思想政治教育工作方式的转变提供了机遇，它与思想政治教育的结合将有利于了解高校大学生的思想心理动态，提高大学生的社会参与感，增进思想政治教育课堂的师生互动和教学成效，推进高校思政工作的改革。

（一）充分了解当今大学生想法

网络流行语反映了当下社会发展的趋势，也反映了大学生的价值取向，网络流行语所反映的内容都与高校思想政治教育相关。大学生的观点无论正确与否，都在一定程度上反映其世界观、人生观、价值观。近年来我国各大门户网站、论坛等都会盘点年度最热网络流行语，这些都有助于思想政治教育者及时了解高校大学生的思想动态。

（二）提高大学生社会参与度

伴随着互联网的发展，网络流行语应运而生，这也是大学生思想解放、天性解放的表现。虚拟的网络世界激发了大学生对自身话语权的追求，也表达出他们参与社会事务的强烈意愿。正值青年时期的大学生内心情感丰富，思想活跃，具有强烈的社会参与感。目前，多数大学生能够认同社会理想是个人理想实现的基础，也认同奉献精神、国家和集体利益，但是仍然有部分大学生社会责任感缺失，对此，思想政治教育者要着力引导大学生关心时事，关注国家，鼓励大学生积极主动地融入社会。

（三）网络流行语一定程度上能提高大学生的综合素质

多数网络流行语都是经由创作得来，不仅可以激发高校大学生的创造力和想象力，也可以加强大学生之间的沟通，让彼此间的沟通交流更加有趣，也拉近了同学们的距离，我们常常看到很多班委在管理班级时运用网络流行语更能得到同学们的支持，也可以增强大学生的班级凝聚力。网络中一部分所谓“心灵鸡汤”式的网络流行语具有一定的正能量，这些网络流行语会鼓励大学生追求自己的梦想，不畏挫折，引导大学生努力实现人生价值。

三、网络流行语盛行的时代下，高校思想政治教育工作面临的困难

（一）网络流行语易导致大学生语言使用不规范

网络流行语往往不太规范，它的组词方法违背了传统的造词规则。从网络流行语的特征中可以看出，网民把字母、符号、数字、汉字、拼音等进行随意组合形成网络用语，这些用语在网络世界中的使用频率日渐升高，人们逐渐将该用法作为习惯用法，规范的表达反而成为另类。词语的混乱使用给传统规范的表达带来了冲击，影响着大学生在日常学习生活中的表达，甚至可能导致学生的口头表达能力逐步退化，同时，由于基本的语言基础与规范受到冲击，大学生的阅读注意力、口头表达能力受到影响，长期以来所形成的思维方式也会因此改变，不利于高校大学生未来的发展。这些都给大学生思想政治教育带来了较大的挑战，所以引导学生使用规范用语刻不容缓。

（二）不规范的网络流行语影响大学生思想道德素质的提高，阻碍大学生树立正确的价值观

当今社会，微博、论坛等成为大学生参与网络世界的主要平台，一些不规范的网络用语会影响大学生的价值观，阻碍大学生思想道德素质的提高。网络暴力现象会导致网络文明失序，高校思想政治教育者要引导学生树立正确的三观，提高自身的思想道德素质。

（三）网络流行语造成大学生思想教育的话语差异

一方面，传统的思想教育话语是严肃的，而网络流行语是新型的、不规范的、随意的，这导致二者之间存在巨大的差异，大学生喜欢运用网络流行语来和同学进行交流，传统的思想政治教育话语则很难吸引起大学生的注意；另一方面，一部分思想政治教育者无法理解网络流行语，这让教育者与学生之间产生了沟通障碍，造成了高校思想政治教育困难。

四、在网络流行语环境下，开展高校思想政治教育的建议

（一）引导大学生使用规范的语言

当今使用网络流行语的大学生越来越多，对此，高校思想政治教育者不能忽视，要引导学生使用规范性语言。第一，要加强关于语言和文字规范标准的宣传，让大学生意识到规范使用文字、语言的重要性；第二，应该了解当下的网络流行语，分析大学生的

内心想法，对症下药，对大学生进行有针对性的引导；第三，开展名著诵读等活动，让大学生领略传统语言的美感，从而强化语言的规范应用。

（二）坚持以学生为中心，运用艺术性话语来进行大学生思想政治教育

网络流行语并非洪水猛兽，它的存在也说明社会中有符合网络流行语存在的条件，高校思想政治教育者要充分了解、掌握网络流行语的含义，只有这样，与学生的沟通才能更加融洽。同时，教育者应该创新自身的教育话语，用更贴近大学生的方法来进行思想政治教育。管理具有科学性和艺术性，而充分利用网络流行语是管理艺术性的表现，适当地运用网络流行语可以缩小与学生之间的话语差异，更有效地进行思想政治教育。

（三）充分利用网络新平台，引导大学生践行社会主义核心价值观

高校思想政治教育工作的主要任务是提高大学生的道德修养水平，对此，首先要占领网络新阵地，关注网络流行语的发展，分析其核心内涵以及背后的价值，充分挖掘网络流行语中所蕴含的正能量，运用积极的网络流行语来进行高校思想政治教育，从而增强高校教育的感染力和吸引力。党的十九大以来，高校教育倡导理想信念教育，注重落实社会主义核心价值观，引导学生树立正确的道德观念，有效地提高大学生的思想政治素质。

（四）加强校园文化建设，营造健康校园网络环境

学校是大学生精神成长的重要环境，加强校园文化建设是开展思想政治教育工作的前提。要努力营造积极向上的网络环境，让大学生在健康、安全的环境下成长，充分发挥学生榜样的作用，引导大学生树立良好的价值取向。学校应充分利用网络媒体传播党的十九大精神，有效应对网络媒体发展给高校思想政治教育带来的挑战，增强网络思想政治教育的针对性和实效性。

参考文献：

[1] 孙一鸣．网络流行语对大学生思想政治教育的影响研究 [J]．学理论，2014（33）．

[2] 李星辰，罗晓博．网络流行语变迁对大学生价值观的影响 [J]．理论观察，2017（11）．

[3] 王延隆．网络流行语与思想政治教育的话语变革 [J]．中国青年研究，2015（03）．

[4] 曹宣明．青年网络流行语解读与思考 [J]．当代青年研究，2011（01）．

[5] 王仕勇．近十年我国网络流行语研究综述 [J]．重庆工商大学学报（社会科学版），2012，29（05）．

[6] 刘宁，王红．新媒体视阈下社会主义核心价值观传播话语权构建——基于网络流行语的维度 [J]．兰州教育学院学报，2017，33（01）．

论高校网络文化建设的创新性原则

钟家全①

成都信息工程大学

摘　要：网络文化极大地改变了高校师生的学习工作方式、生活方式和思维方式，深刻地影响着师生的价值观念和精神世界。高校网络文化建设应遵循创新性原则，要解放思想、变革观念，正确处理继承、借鉴与创新的关系，高校应加强网络文化理论研究。

关键词：高校网络文化　建设　创新性原则

20世纪90年代中期以来，网络在高校得以迅速普及，网络文化成为深受广大师生欢迎的文化形态，它极大地改变了高校师生的学习工作方式、生活方式、思维方式和交往方式，深刻地影响着师生的价值观念和精神世界。

一、高校网络文化的含义

文化作为折射生活基础的精神世界，其形式和内容会随着传播手段的发展而改变。互联网不仅是一种技术，也是一种文化。它对传统文化的生产、流通和传播产生着深刻的影响，促使传统文化转型，网络自身蕴含着丰富的文化价值意蕴，也构成了一种崭新的传承方式。伴随着网络的产生、信息高速公路的贯通和延伸，一种基于网络信息技术的新型文化——网络文化登上了人类文化舞台，为我们提供了世界范围内的通信、合作、共享信息资源和知识环境。

人们对网络文化存在着不同的认识，至今尚未达成共识。网络文化认识上的差异，反映了人们对网络文化有着不同的理解。这种理解上的不同主要源于研究者的切入角度。界定网络文化主要有两种方法——从网络的角度看文化和从文化的角度看网络。前者主要从网络的技术性特点切入，强调由技术变革所形成的文化传播方式对传统文化范式的冲击，认为一种新的文化样式产生了；后者主要从文化的特性切入，注重网络的思想性特点，强调网络内容的文化属性，认为文化内容发生了变迁，文化模式开始转型。

网络文化是新兴技术与文化内容的综合体，本质上是一种“人”的文化。透过互联网的物理表象，我们发现网络真正“网”住的是人，并且是人在其中创造了一种文化；互联网联起来的是电脑，其中流动的是信息，开发出来的是资源，吸引的则是电脑前面

① 钟家全，成都信息工程大学教授。

的人；如果说互联网是一种媒体，那么它的“人文”层面更是显而易见；如果不从文化的角度来认识互联网，我们就无法把握其本质。因此，应该侧重从文化的角度来界定网络文化。从文化的角度看，网络文化是以网络技术为支撑的、基于信息传递所衍生的所有文化活动及其内含的文化观念和文化活动形式的综合体，它主要包括网络精神文化、网络制度文化、网络行为文化和网络物质文化四个层面。在网络文化系统中，网络物质文化是基础、网络精神文化是灵魂、网络制度文化是保障、网络行为文化是表象。

随着全球网络化和高校信息化的深入发展，网络文化在经历了与高校校园文化的碰撞融合之后形成了一个新子集——高校网络文化。高校网络文化是高校在育人过程中以广大师生为主体，以校园文化为依托，通过网络进行信息传递所衍生的所有财富和精神的总和。它包括两个方面的含义：一方面，高校网络文化是在高校这个特定空间背景下形成的网络文化，这样的背景决定了高校网络文化具有一定的精英文化气质；另一方面，高校网络文化作为网络文化的子集，仍然存在物质、行为、制度和精神四个层面。物质方面，包括计算机等终端、网络等；制度方面，涵盖管理规制网络传播和师生网络行为的规章制度等；广大师生通过网络进行的工作、学习、交流、娱乐等活动，参与创建的网络媒体传播内容，以及在网络内容影响下形成的价值取向、思维方式，共同构成高校网络文化的精神层面；行为层面，既包括网络建设、管理和使用等一般活动，也包括学习、研究和创新网络技术等专业活动，还包括利用网络学习、研究、传播和服务社会等活动。这四个层面不是孤立存在的，而是相互依存、相互影响、相互促进的，共同彰显高校网络文化的特殊规律。

二、高校网络文化建设应遵循创新性原则

网络是一把“双刃剑”，高校网络文化对高校的影响也是双重的：一方面，它有利于激发师生的主体意识，开阔师生眼界，提高师生素质，和谐师生关系，传播社会主义文化和社会主义核心价值观；另一方面，它的一些内容也冲击了社会上的主流价值观，污染了信息环境，淡化了人际关系。

需要指出的是，作为基于网络技术而产生的新型文化，网络文化的负面影响仅仅是人们在具体运用和传播的过程中产生的。网络文化对于人类而言是福音还是邪恶，取决于使用者自身。在网络文化全面步入校园的今天，高校只有凭借积极的态度、创新的精神，紧跟时代和技术发展的步伐，切实建设好高校网络文化，才能使之成为促进高校发展的推动力量。人类的实践活动是合规律性与目的性的有机统一，高校进行网络文化建设，必须遵循包括创新性在内的科学原则，只有这样，才能保证高校网络文化沿着正确的方向发展。

创新是人类特有的认识能力和实践能力，是人类主观能动性的高级表现形式，是推动民族进步和社会发展的不竭动力，在国际竞争日趋激烈的网络信息时代，网络文化已经成为国与国之间竞争的重要筹码。我们要在高校网络文化建设中掌握主动权，形成自身的特色与优势，就必须积极进行文化创新。

创新是文化的本质特征，是文化生存发展的动力之源，是不断增强文化吸引力和感召力的重要途径，是中国网络文化永葆先进性的源泉所在。创新是文化得以生存和发展

的力量之源，一种文化只有具备创新的特质，并不断提出新思想、新理论，引领新思潮，推动新发展，才能拥有强大的生命力。党的十六届四中全会强调，要以创新的精神领导文化建设，“创新内容、创新形式、创新手段，努力铸造中华文化的新辉煌”。党的十七大报告指出，要“在时代的高起点上推动文化内容形式、体制机制、传播手段创新，解放和发展文化生产力，是繁荣文化的必由之路”。这就要求文化建设必须与时俱进，具有创新精神。

网络文化的发展是一个动态的过程，它总是要根据社会实践的发展而不断更新内容，拓宽发展空间，创新发展思路。因此，只有不断进行创新，高校网络文化才能成为中国特色网络文化的重要组成部分，才能具有吸引力和生命力，才能激发师生的创造力，推动高校网络文化向更高、更新的层次发展。同时，创新也是实现高校网络文化育人目标的必然要求。建设健康向上的高校网络文化，最终是为了促进大学生的全面发展。创新是人类永恒的生命活动，是人类本性的本质力量的最高表现。而先进的网络文化恰恰是以促进人的生命化、文明化和现代化的教育为目的，以促进人的创造性和个性发展为根本。从这个意义上来说，培养人的创新精神是高校网络文化建设理应追求的价值目标。因此，只有坚持创新性原则，高校网络文化才能承担起以创新精神为关注对象的人文使命，才有对大学生创新精神的召唤。

三、高校网络文化建设如何坚持创新性原则

创新是以新思维、新发明和新描述为特征的一种概念化过程，它具有三层含义：一是更新，二是创造新的东西，三是改变。简单地说，创新就是利用已存在的自然资源或社会要素创造新的矛盾统一体的行为，也就是对旧有资源的替代和覆盖。

一是要正确处理继承、借鉴与创新的关系。文化不是亘古不变的，而是动态发展的，它必然随着时代的发展而发展。只有不断创新，才能保持文化的生命力和先进性。但是文化创新不是无中生有，而是以从民族文化和外来文化中汲取养分为基础。也就是说，文化创新是建立在继承和借鉴的基础上的。继承和借鉴是创新的前提，创新是一种开拓性的继承和借鉴。网络文化既不是现有的西方文化，也不是现有的东方文化，而是对二者的双重超越。高校网络文化建设要在马克思主义的指导下，既要充分继承我国传统优秀文化，又要善于借鉴西方优秀文化，更要在继承、借鉴的基础上努力与时俱进，根据时代进步和社会发展的需要不断推动高校网络文化发展。

二是要解放思想，变革观念。任何变革都首先是人观念的更新。观念创新是实践创新的先导和前提。解放思想、变革观念，就是要突破和摆脱陈旧过时、不切实际的观念和思维定式的束缚，创造出符合时代潮流和实践需要的新观念。就文化建设的创新而言，解放思想、变革观念，就是要自觉地把思想认识从旧的观念、做法和体制的束缚中解放出来，因此，在高校网络文化建设中，必须坚持“三个面向”，顺应时代发展潮流，解放思想，更新观念。只有这样，才能构建高水平的高校网络文化，才能培育出高素质的中国特色社会主义事业的建设者和接班人。

三是要加强网络文化理论研究。网络文化作为一种以网络信息技术为依托的现代文化形态，其形成发展的规律不同于传统文化，这就给高校网络文化建设的观念、方式和

手段等带来了前所未有的挑战。高校要充分利用自身具有的文化、科研和人才优势，加强对网络文化形成和发展特殊规律的研究，不断深化对新时代网络文化发展地位、方向、动力和目的的认识，为建设符合社会主义先进文化要求的高校网络文化提供理论支撑和智力支持。只有对网络文化的形成发展规律有了较为深刻的认识，才能推进网络文化建设和管理的理念、方式和手段的创新，才能促进高校网络文化健康发展，才能在更大范围内、更高程度上让高校广大师生共享网络文化发展成果。

参考文献：

[1] 鲍宗豪. 网络文化概论［M］. 上海：上海人民出版社，2003.
[2] 孔昭君. 网络文化管窥［J］. 北京理工大学学报（社会科学版），2000（02）.
[3] 冯永泰. 网络文化释义［J］. 西华大学学报（哲学社会科学版），2005（02）.
[4] 邱伟光，张耀灿. 思想政治教育学原理［M］. 北京：高等教育出版社，1999.

微文化背景下高校思想政治教育探究

王　希[①]

西华大学

摘　要： 微文化是互联网技术与人文社会高度融合的时代产物，是高校思想政治教育的新型载体，它既促进了高校思想政治教育的发展，同时也带来了一定的挑战。本文阐述了在微文化背景下，高校思想政治教育的重要性及其面临的机遇和挑战，并有针对性地对新形势下高校思政教育工作的具体实施路径进行探究。

关键词： 微文化　高校　思想政治教育

近年来，随着微信、微电影、微视频、微媒体、微支付、微公益等一系列以“微”为标志的新兴事物的诞生，微文化已然成为社会的主要生活方式和价值理念。从广义上来看，微文化实际上就是随着网络信息技术的发展和互联网时代的到来，人们所创造的偏向于个性化的物质财富和精神财富的总和。从狭义上看，微文化主要是指进入个人互联网时代后所形成的一种注重个体和微观的观念模式以及行为模式的精神现象。本文中所讨论的高校思想政治教育中的微文化，主要涉及狭义的概念。

伴随互联网发展而成长起来的青年人群，受微文化的影响较为深刻，微文化的及时性、便捷性和个性化等特点，造就了青年人群独特的思考方式和交流方式。根据中国互联网络信息中心于2018年1月31日发布的第41次《中国互联网络发展状况统计报告》，截至2017年12月，中国网民总规模达到了7.72亿，其中，使用移动终端上网的比例占97.5%。根据统计，网民中以20～29岁年龄段的网民占比最高，达30%，其中学生群体占25.4%，规模最大。可以看出，学生是互联网主要的受众和参与者，他们最具思辨活力，处于知识创新和服务社会的最前沿。所以，处于微文化背景下的高校思想政治教育面临着巨大的机遇。

习近平总书记在全国高校思想政治工作会议上强调，要把思想政治工作贯穿教育教学全过程，开创我国高等教育事业发展新局面。在党的十九大报告中，习近平总书记进一步指出，青年一代有理想、有本领、有担当，国家就有前途，民族就有希望。中国特色社会主义进入新时代，实现中华民族的伟大复兴，是中国共产党人的历史使命。新时代新使命，全国宣传思想工作会议从宣传思想工作层面对培养时代新人提出了更高标准和更严格要求。加强宣传思想工作，要克服人们在价值判断上的“模糊化”乃至“混乱

① 王希，西华大学党政办公室文秘科工作人员、助教。

化”的倾向，要引导时代新人自觉践行社会主义核心价值观。宣传思想工作要适应新时代新形势，在完成“育新人”这个重要使命上实现创新发展。要以培养担当民族复兴大任的时代新人为着眼点，强化教育引导、实践养成、制度保障。党和国家对高校思想政治教育十分重视，思政教育在微文化背景下承载着更多的内容与期待，高校应该运用新媒体技术，将高校思想政治工作的传统优势与现代信息技术进行深层次、多维度的融合，使思想政治工作联网上线，增强自身的时代感和吸引力。

作为文化发展最新形态的微文化，其信息传递的主要媒介是以微博、微信为代表的网络公共平台，通过简短精练的文字、音频、视频等方式进行文化传播，如图 1 所示，信息传递通过载体，在极短的时间内受到大家关注，收到反应和反馈。在微文化背景下，微载体以其自主性、时效性、便捷性、交互性、海量性等特点对高校思想政治教育形态进行渗透和改变，所以研究微文化背景下高校思想政治教育具有时代意义。

图 1　信息传播途径

一、微文化背景下高校思想政治教育的重要性

高校作为提升我国文化软实力的重要力量，是传承、创新、引领我国文化的核心。微文化作为最新的文化现象和表达形态，运用网络和手机进行数字化信息传播，为中国社会转型构建了一个全新的时空语境。高校思想政治教育作为一项中国特色的社会实践，受到网络技术和媒体环境的深层制约，但针对大学生的高校思想政治教育进行的改革和创新，必须发挥互联网的积极作用和新媒体的正面影响。

高校思想政治教育可以引导大学生在面对各种思想文化的冲击时做出正确的判断，面对复杂的社会问题时具有独立思考的能力，从而树立正确的世界观、人生观和价值观。

二、微文化背景下高校思想政治教育面临的机遇

（一）微文化拉近了高校思政教育与学生的距离

微文化背景下的微载体具有自主性、时效性、便捷性、交互性、海量性的特点，突破了时空环境对思想政治教育的限制，拉近了高校思想政治教育和大学生思想水平之间的距离，为创新教育模式打下了扎实的基础。

在互联网迅速发展的现代，网民不再被动地接受各种爆炸式的信息，而是通过各大互联网媒体平台自由发表个人观点，与他人进行交流与探讨。而期刊、BBS 论坛、网页新闻、专家学者讲座等网络平台，也逐渐成为各大高校开展思想政治教育工作的新途径，这些平台的运用不仅大大提高了学生的参与热情，还可以鼓励和帮助学生主动融入社会。对于教育工作者而言，也有利于他们充分利用微文化传播平台传播知识，拉近与学生的距离，使教学工作更具亲和力和创新性，从而推动高校思想政治教育工作的持续开展。

（二）微文化促进了教育理论和实践融合

我国传统的理论灌输式的思想政治教育方式已经不能够满足当今社会对大学生的要求，而微文化传播平台的使用可以弥补这些不足。在日常的思想政治教学实践中，学生可以通过微视频、微电影等形式生动地展示教学内容，不仅帮助学生加深了理解，还提高了他们的实际操作能力。同时也可以通过微信、微博等微平台，获得各类思想政治教育的相关信息，提高学生的参与度，使学生在学习过程中提高效率、开阔眼界。

三、微文化背景下高校思想政治教育受到的挑战

移动通信技术的发展使新兴的微文化被赋予了新的生命力，这种“即时传播”的方式改变了人们的思想意识。大学生快速了解时政、关心时事，也为思想政治教育的发展提供了契机，但是消极负面信息一经传播，便难以控制，给思想政治教育工作带来了极大的阻碍。

（一）高校思想政治教育工作者面临的挑战

高校思想政治教育工作者面临的挑战主要有两个：一是微文化时代传播主体分散化挑战思政课教师的主导权，在传统的高校思政课教学活动中，教师凭借自身丰富的知识和信息储备，在教学活动中占据了绝对优势。但在微文化时代，大学生热衷于运用各种自媒体工具进行人际交往，并将之作为获取信息和知识的重要渠道和途径，其速度和数量远远超过了教师，由此带来的海量信息弱化了教师对信息资源的掌握优势。特别是对于通过自媒体快速及时广泛传播的某些热点问题或突发事件，“手机控”或者“微信控”的学生早已有所关注，而教师则因为对信息的关注度不够，即时反应稍微有些滞后。这些都使得高校思想政治教育工作者信息资源的主导权面临挑战。二是微信、微博等平台的教育功能为高校思想政治教育者所忽略。大多数人习惯于在日常生活中使用微信、微博等微平台表达自己的观点和情绪，但高校思想政治教育者对这类微平台的认知大多停留于它是一种聊天交流工具，容易忽略它的教育功能。

（二）大学生群体中存在的问题

由于微文化的流行，大学生接受的多是快餐式的碎片化信息，有些信息还带有明显的倾向性，容易使大学生的判断和价值观受到影响，即微文化时代传播内容的浅表化冲击着思想政治课的教学内容。

在微文化时代，许多未经筛选的互联网信息传播到了学生群体当中，影响和模糊了学生的视听范围，主流思想政治教育的声音逐渐弱化。微博、微信等社交软件逐渐成为信息传播的主要通道，这些信息传播追求话语的及时与快速表达，信息日益碎片化，影响了学生的思想深度。

高校思想政治教育是对大学生进行马克思主义理论教育和意识形态教育的主渠道和主阵地，受这种“浅表化”思维方式的影响，学生在学习学校所传播的思想政治教育理论知识时，会习惯性地流于表层甚至产生排斥，无法自觉地深入理解思想政治教育所包含的内在深意，容易对正确的意识形态产生抵触心理，在复杂的网络生态中迷失方向。

四、微文化背景下高校思想政治教育的路径选择

（一）以习近平新时代中国特色社会主义思想引领高校思政教育

习近平总书记曾指出，做好高校思想政治工作，要因事而化、因时而进、因势而新。要运用新媒体新技术使工作活起来，推动思想政治工作传统优势同信息技术高度融合，增强时代感和吸引力。高校需准确把握新时代思想政治教育的变化和特点，以习近平新时代中国特色社会主义思想为指导，以总书记关于网络工作的重要论述为网络文化传播的根本遵循，积极应对高校思想政治教育的新形势、新挑战，壮大网络课程内容。要以立德树人为原则，培养思想上合格、政治上可靠、能担当民族复兴大任的时代新人。

（二）利用易班网创建网络共享模式

易班网是高校教育教学、生活服务、文化娱乐的综合性互动社区，它融合了论坛、社交、博客、微博等应用，加入了为在校师生定制的教育信息化一站式服务功能，并支持 WEB、手机客户端等多种访问形式，易班网的这些功能和特点可以使其成为高校在网络上开展思想政治教育的重要途径。首先，推动各类优质教育教学资源向易班网汇集，将易班网打造成开放式网络育人平台。通过易班网的聚合功能，不同地区的高校可以将自己的思想政治教育课程资源进行共享，进行思想政治课程教学方面的经验交流。易班网的便捷性可以使学生随时通过电脑或手机登录易班 App 或易班官网，访问优课界面学习自己喜欢的课程，加深自己的理解。其次，易班网具有更纯粹的教育引领性，高校需要提供易班网线上交流平台，能够分享学生、教师、校友等的优秀事迹、成功经历与经验，使其成为加强大学生理想信念教育的主要载体。依托易班平台进行思想政治教育是一种新方式、新途径，具有可持续性。最后，易班网要扩大网络覆盖面，教育工作者要鼓励学生用手机下载易班 App。高校可以专门安排教师、学生会干部等人员对本校的易班平台进行日常管理，对易班平台上面的思想政治学习内容定期进行更新，对学生的学习情况进行追踪。

（三）利用网络微文化资源丰富教学方式与内容

高校要将校园微论坛、微公益、微视频、公众号等微平台作为高校思政工作的新阵地，实现线上线下结合，统筹规划布局。要将大学生的兴趣、爱好和思想政治教育的内容结合起来，同时针对大学生关注的热点问题建立微文化平台，让师生自由表达自己的观点和意见。

教师可以利用微工具，开设思想政治论课微课堂，打造生动活泼又便捷高效的教学方法。比如，设立思政课专用微信公众号，分享专家学者的最新研究成果或关于最新热点问题的解读，上传视频、音频等资料供学生学习和讨论，分享自媒体上的知识，吸引学生投稿分享学习体会和心得。还可以利用微博、微信上的热点问题开展案例教学和实践教学。利用自媒体开展专题讲座、布置网上作业、检查教学效果。这些都丰富了思政课的教学方式和方法。教育工作者在利用微平台进行思想政治教育的同时，对于微文化在传播过程中对大学生思想政治教育可能产生的不良影响，要进行正确引导，使微文化

传播朝着健康、良性的方向发展。

（四）尊重学生的话语权

微文化背景下高校思想政治教育应该尊重大学生的话语权，改变传统思想政治教育“一对多、中心对边缘”的结构特征，用大学生习惯的表达方式进行言说。此外，微时代传播方式的交互性和自主性，微载体传播方式的特点在某种程度上与大学生渴望表达的情感需求相契合。使得学生更乐意充分利用各种自媒体工具作为平台，发布信息，发表评论。思想政治教育者可以通过微平台处理好师生关系，了解学生真实的想法，掌握学生的思想动态。最后，需要通过对大学生所关心的现实问题进行全覆盖、多维度分析，得到大学生的认可，从而增强高校思想政治教育话语的解释力。

在微文化时代，高校教育工作者应加强校园微文化建设，拓展大学生网络思想政治教育的新阵地，充分彰显微文化的导向功能、育人功能，创新高校大学生思想政治教育。把高校思政网络建设当作新时代思政工作的优质资源，进而增强核心竞争力。

参考文献：

[1] 赵佳寅. 大学生思想政治“微教育”模式研究［D］. 长春：吉林大学，2017.

[2] 李莉. 微文化背景下大学生思想政治教育问题与对策研究［D］. 武汉：华中师范大学，2013.

[3] 郑士鹏. 自媒体环境下高校思想政治理论课创新机制构建研究［J］. 思想理论教育导刊，2016（04）.

[4] 雷鸣，许琛. “互联网+”环境下的高校网络思想政治教育路径探析［J］. 湖南人文科技学院学报，2017（05）.

微媒体传播下高校共青团创新工作路径探索[①]

——以成都工业学院为例

陈原野　文思斯　周明祺[②]

成都工业学院　四川工商学院

摘　要：以微信、微博和微电影为主要载体的微媒体时代已悄然来临。为适应当代大学生在思想、行为等方面呈现的新特点，高校共青团工作亟待借助微媒体平台而革新，微电影正是一条富有创新性的路径。本文从高校共青团的工作实际出发，结合新形势下的成都工业学院材料工程学院团总支的工作实际，探讨微电影介入高校共青团工作的可行性与优势，论述了微电影工作创新的基本路径，希望能够为高校共青团工作创新发展提供一定的理论和实践支持。

关键词：微电影　共青团　创新工作

随着新媒体时代的快速发展，校园信息呈现出微媒体化和传播内容碎片化的特点。新形势下，大学生作为高校共青团的主要工作对象，其价值观、行为方式和学习模式都出现了新的特征，给当下的高校共青团工作带来了新的挑战和创新机遇。因此，高校共青团组织理应从自身实际出发，深刻洞察、科学分析微媒体给高校共青团组织带来的影响，思考如何顺应微媒体浪潮，从而更有效地开展工作。

微媒体是随着微博、微信等媒介广泛运用和扩散衍生出的一种新型信息传播方式。微媒体凭借其即时的交互性、传播速度的快捷性、传播方式的便捷性迅速占领着校园阵地，各类校园组织的官方微博、微信公众平台也应运而生，在高校共青团的实际工作中作为重要的信息宣传方式和传播手段。近年来，微媒体中新生力量的代表——微电影凭借其独一无二的特点受到了年轻受众的追捧，同时其作为社会主义核心价值观传播的可探路径，给当代高校共青团工作的开展带来了新的思路和思考。

一、何谓微电影

微电影是指专门在各种新媒体平台上播放的、适合在移动状态和短时休闲状态下观看的、具有完整策划和完整故事情节的电影短片。它的内容融合了幽默搞怪、时尚潮

---

① 基金项目：本文为成都工业学院校级科研课题项目“微电影时代下高校思想政治教育的新路径初探”成果。

② 陈原野，成都工业学院材料工程学院团总支书记、研究实习员；文思斯，成都工业学院人事处科员、研究实习员；周明祺，四川工商学院建筑工程学院助教、辅导员。

流、公益教育、商业定制等主题，可以单独成篇，也可系列成剧。微电影体现出“三微”：“微时长”“微制作周期”和“微投资规模”，长度从几分钟到数十分钟不等，主要在网络和手机上放映、传播。

微电影最初以广告的形式问世。2010 年年底，凯迪拉克发布的广告“一触即发”被广泛认为是第一部真正意义上的微电影，它凭借仅仅 90 秒的片长、完整的情节打动了观众，之后，微电影开始在全国范围内迅速发展。

二、微电影运用在高校共青团工作中的优势分析

眼下，微电影风潮已经蔓延至高校，各类微电影大赛应运而生，这在鼓励大学生拍摄与制作微电影的同时，也扩大了微电影在大学生中的影响。高校共青团工作革新是一项与时俱进的长期任务，如何全面了解微电影，使其在共青团工作中发挥优势，值得我们研究和探讨。

（一）从传播渠道上看，微电影有利于共青团工作影响范围的扩大

互联网数据分析权威机构易观智库发布的《2015 中国网络视频市场及用户研究报告》数据显示，如今视频应用成为除社交网络、即时通信外，移动互联网用户另一重要的网络生活方式。移动视频用户日益年轻化，目前，30 岁以下的移动视频用户占比 72.5%，相对而言，这个群体消费需求较为旺盛，勇于尝试新鲜事物。

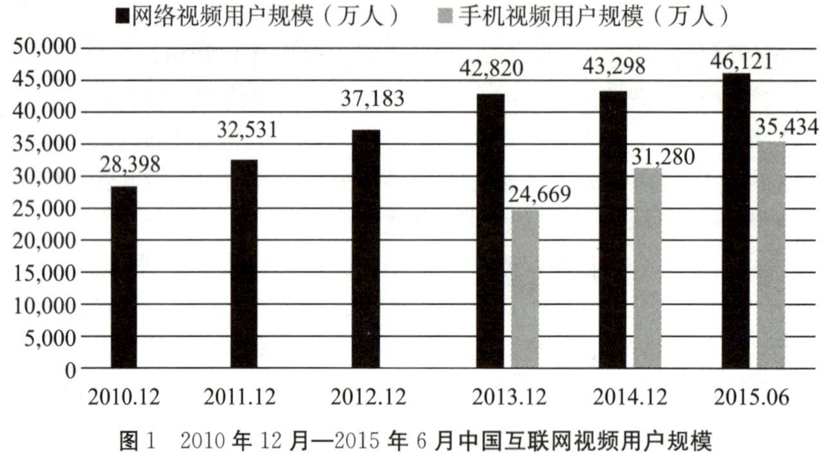

图 1　2010 年 12 月—2015 年 6 月中国互联网视频用户规模

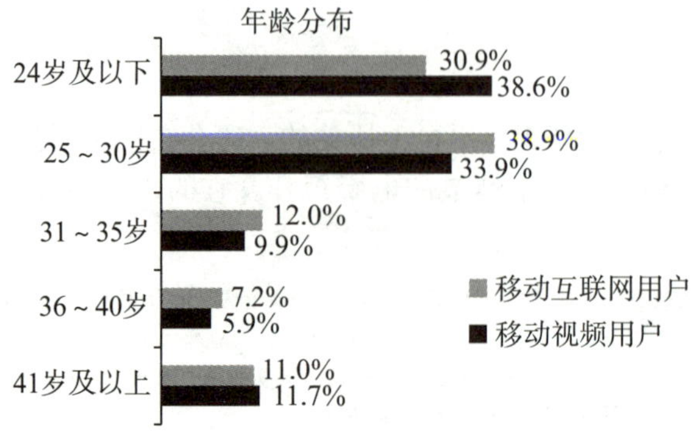

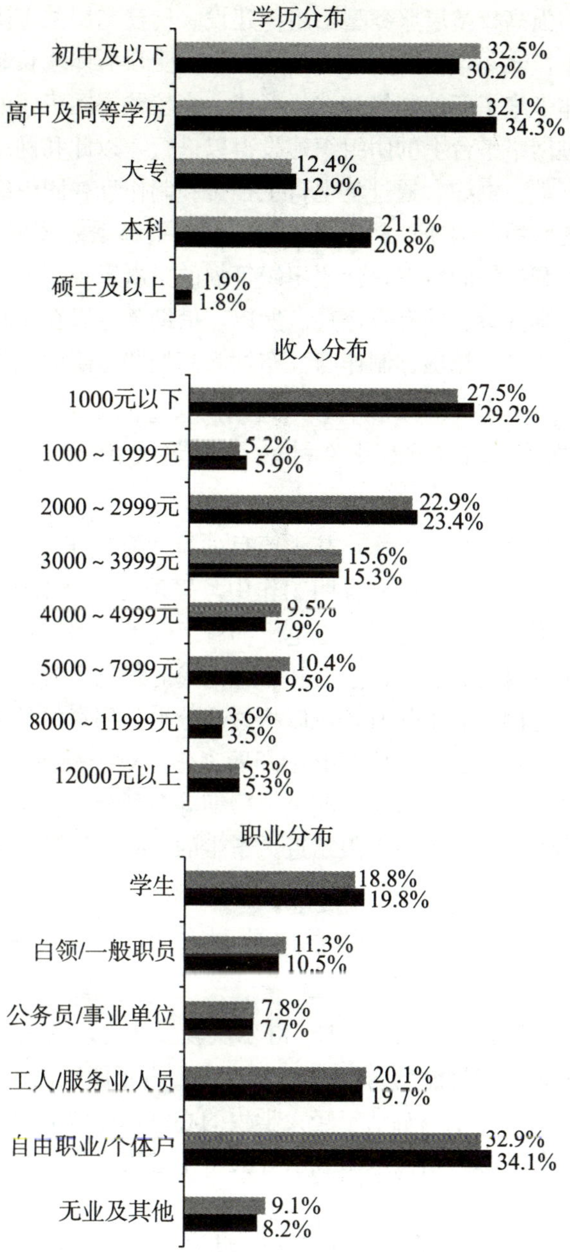

图2　移动视频用户呈现年轻化特征

资料来源：易观智库《2015中国网络视频市场及用户研究报告》。

根据以上资料，我们不难发现，由于新媒体发展迅速，多数人特别是年轻大学生的信息接收习惯正在发生改变，人们越来越倾向于在网络上观看视频而不是停留于传统的信息传播方式，如宣传栏、海报等。微电影宣传在传播渠道上的特点就是在新媒体平台上播放，它顺应了媒介环境的变化和人们习惯的改变，这也是这种工作和宣传形式迅速发展壮大的原因之一。

基层组织是共青团工作和活动的基本单位，是开展高校共青团工作的基础。就目前的工作任务来看，加强高校基层服务型团组织建设、构建基层共青团组织格局是现阶段高校共青团的重点工作之一，而如今，依托庞大学生受众群体成长起来的微电影为创新性地开展共青团工作带来了新的契机和选择形式。高校共青团工作的开展可以借助校园微电影的投放，通过网络平台上的团组织建设得以进行，以此和网络上的大学生群体获得更密切的联系和互动。例如，通过学生自主拍摄和制作反映团组织生活和基层团建的微电影促进团组织的联系与沟通；利用网络媒体和各类移动媒体覆盖面广、互动性强、易被大学生群体接纳和扩散的特点，让团组织策划的微电影视频成为了解大学生团员思想动态、掌握大学生真实诉求的有效途径。所以，借助微电影在年轻人中的传播渠道优势，将校园微电影的引导、拍摄、制作与发布纳入高校共青团的工作范畴，能有效扩大共青团工作的影响力和范围。

（二）从传播内容上看，校园题材的微电影更有利于贴近大学生团员的生活

将微电影引入高校共青团的工作，其主要目的是“寓教于乐”。这一教育智慧讲究教育为主，娱乐为辅。而在实际的共青团工作中，娱乐元素可谓形式多样，运动比赛、文艺汇演等多种表现形式让校园题材的微电影拥有了娱乐性强、吸引力大的特点。当代极具想象力的大学生本身所具有的创造力和年轻时尚的气息也为校园微电影的创作提供了无限可能。高校共青团开展工作时，可以将这部分极具创意的学生集中起来，围绕团组织建设的要求、主题和内容，利用微电影开展工作。对于校园微电影的创作者而言，年轻的创作团队会同时有导演、摄制、演员、后期等多种分工，整个微电影由大学生自编自导，充满着强烈的校园气息，无限贴近大学生的实际生活，易于成为大学生真正感兴趣的工作方式。

（三）从传播方式上看，微电影的隐性传播特点是共青团引导方式的创新

美国著名的整合营销传播之父唐·E·舒尔茨教授认为，在信息爆炸的时代，大众对信息的接受模式是遗忘和过滤的内容占 99%，人们真正能够记住的只有 1%。以往某些过于传统的引导模式已经难以触动年轻大学生的心灵，而微电影有着独特的隐性传播特征，不失为一个好的选择，借微电影以引导大学生健康成长，是探寻共青团工作路径的最新尝试。

华南师范大学于 2014 年发布的一项关于新媒体在社会主义核心价值观传播中的运用研究结果显示，在问及当代大学生“新媒体在传递正能量的过程中，您更倾向于选择接受哪种形式”时，“微电影”以 62%的受访频率居于第 2 位，仅次于“图片”形式，超过了“漫画”“文字”等。显然对于大学生而言，微电影这类形式更具吸引力，更能满足当下大学生的视觉、听觉需求，从而引发共鸣。

高校共青团工作中的微电影通常以校园为背景，将团组织建设和社会主义核心价值观巧妙地融合在一起，让一个故事的主题乃至细节的刻画成为主流校园文化和核心的体现。这使微电影不同于传统意义上的宣传模式，它不是单纯利用平面海报和硬性的传播效果进行宣传，而是以故事的叙说和剧情的发展作为引导，让学生与团组织共同演绎。

这种形式就为大学生提供了一个平台，让他们在娱乐的同时也能够理解影片所要阐述的社会现象和价值观，这就是微电影的传播精髓所在。

除此之外，信息传播者的动机也是影响共青团工作传播效果的重要因素。团组织通过影片的拍摄，将主流校园价值体系自然地放入校园情节当中，最大限度地弱化了传播者的宣传动机，顺理成章地让共青团工作更接地气，更加贴近实际、贴近学生、贴近生活，使短小精悍的影片在不经意之间产生出人意料的传播效果。

三、成都工业学院共青团工作中运用微电影的做法和成效

2016年，成都工业学院由材料工程学院团总支部率先加快工作载体向“微电影平台”扩展，在继续巩固传统工作载体的基础上，抓住大学生的兴趣爱好，开拓共青团工作的微电影阵地，对增强大学生对团组织的向心力起到了积极作用。

（一）培养学生人才队伍，组建共青团微电影工作室

由材料工程学院团总支部牵头，请具有微电影拍摄制作专业背景的教师给予指导，学校开始着力在全院范围内选拔、培养一批具有坚定政治信念、对微电影有着浓厚兴趣，同时具有创新精神的学生骨干力量，使其在微电影前期的策划、拍摄和后期制作、发布与宣传过程中发挥核心作用。截至2018年1月，材料工程学院团总支已经组建起一支由2名教师和20名学生组成的微影像工作室，工作室包括导演组、道具组、摄制组以及后期制作组，由老师定期指导。2016年10月，工作室以“迎新”和“纪念红军长征80周年”的团日活动为契机，在微信公众平台上广泛征集剧本，并最终完成了校园微电影《起点》的拍摄。该片以学校为拍摄背景，由学生自导自演，讲述了一名大一新生自入校以来成长过程中的点点滴滴。

（二）将微电影与其他新媒体有机结合，加强共青团全媒体阵地建设与互动

共青团工作要以微电影为新的引导点，扩大新媒体平台建设和应用面，特别是要加强材料工程学院官网以及团总支部的官方微博和微信公众平台建设，运用新媒体平台贴近大学生生活，创新开展共青团工作。2016年下半年，材料工程学院团总支发布微电影相关微博共计34条，官方微信平台“材料在线”推送20次，各平台播放微电影800余次。依托微电影拍摄，材料工程学院在新媒体平台发起了“微电影演员海选报名”“首部微电影首映礼抢票”“最佳群众演员评选”“观影心得体会分享”等活动，引起了学生的高度关注，为各团支部开展团日活动提供了参考和灵感，真正让校园微电影成为共青团正能量的传播形式和宣扬社会主义核心价值观的有效媒介。

（三）建立长效可行的推广机制，提升团组织微电影在校园里的影响力

由材料工程学院共青团组织牵头拍摄制作的微电影《起点》成功推出后，团总支部委员会逐渐将微电影推广到思想政治教育的各项工作中，并初见成效。目前，成都工业学院的“思想道德修养与法律基础”课程开始与微电影相结合，将课本里的知识转化为自由创作的剧本，成为课程的一大创新。同时，微电影已深入创新创业协会、3D打印协会等学生组织，各类比赛和项目的宣传均开始采用校园微电影的形式，微电影的质量

也在逐渐提升。在微电影的推广和制作过程中，团组织的引导和指导起着无可替代的作用，其他组织的微电影纷纷以团总支委员会拍摄的微电影为标杆，在扩展微电影参与面和群众基础的同时也提升了团组织微电影在大学生中的影响力，使微电影这一新生传播形式形成了良性发展的势头。

（四）人文素养提升，正能量微电影创新已初见成效

工科院校的校园人文氛围和学生人文素养较为缺乏，而大学生的人文素养提升已越来越受到各高校的重视。由共青团组织牵头的校园微电影显然为校园增添了不少人文色彩。材料工程学院团总支委员会的微电影从剧本到角色选拔、再到拍摄和后期制作由工科学生全程参与并主导，整个过程对工科学生提出了一定的人文情怀要求，增强了团队工作的凝聚力，一定程度上也渲染了校园的人文文化氛围。微电影校园首映式后，在工作室对150名材料工程学院2016级新生进行的问卷调查和访谈中，有近9成的学生认为通过微电影展现大学生活和学业的形式非常好，愿意接受这样的宣传方式，同时有56.3%的大一新生表示对校园微电影拍摄制作有兴趣，愿意加入工作室。

四、结语

微电影凭借其在传播过程中的独特性，通过数个成功案例和传播效果反馈，验证了自身的可行性与优势，逐渐为当代大学生所接受。高校共青团的主要工作对象是大学生，校园微电影理应与时俱进，成为现阶段共青团创新工作的选择之一，将共青团工作和教育理念注入校园微电影，以潜移默化的方式影响大学生，相信会发现更多惊喜。

参考文献：

[1] 常江，文家宝．“微”语境下的“深”传播：微电影传播模式探析 [J]．新闻界，2013 (41).
[2] 李会娜．微电影：凯迪拉克的广告新尝试 [J]．中国广告，2011 (08).
[3] 玄晓霞．微电影的校园文化表达与传播研究 [D]．济南：山东师范大学，2015.
[4] 郭庆光．传播学教程 [M]．北京：中国人民大学出版社，1999.
[5] 王丽媛．隐性广告在品牌建设中的受众注意分析——影视剧植入式广告的效果 [D]．长春：吉林大学，2007.

“互联网+”背景下的体育产业生态环境建设研究

魏洪平[①]

成都信息工程大学

摘　要：体育产业是第三产业的重要组成部分，也是我国产业结构调整和升级的重要目标。长期以来，我国体育产业发展中存在产业结构不尽合理、产业创新能力不足和产业融资渠道不畅等阻碍产业发展的问题，破解上述问题的需求日益迫切。基于“互联网+”背景，我国体育产业的生态环境建设应建立宽容和激励相融的创新文化环境，形成规范有序的市场生态环境，营造多层次的金融资本生态环境。

关键词：“互联网+”　体育市场　经济发展　生态环境建设

随着互联网时代的快速到来，当前社会经济发展模式的传统型和资本型产业状态难以适应当下知识经济时代发展的快速要求，积极对产业结构进行调整，促进产业有序、可持续发展是调整国内经济发展方向和实现产业转型的重要方向之一。在当前的产业转型战略中，具有低能耗和高经济增加值的第三产业将成为我国产业转型和升级的关键，作为第三产业典型产业形式之一的体育产业，自然也被纳入重点发展之列。

体育物质产品和精神产品是体育产业生产的主要对象，近年来，国内体育产业实现了快速发展，几百万的体育产业从业人员使社会经济增加值超过千亿元，完全高于国内生产总值的平均增长速度。在发展过程中，体育产业也暴露出产业结构不合理、区域发展不均衡、产业创新模式能力不足、国际知名品牌缺乏等问题。在对体育行业发展的先行研究中，学者王小娟剖析了国内当前体育经济发展面临的主要问题，刘振清提出了关于体育经济发展的建议，徐叶彤从宏观经济与体育经济发展的角度分析了体育产业发展的集聚效应，还有学者从系统化论、知识产权方面、定量化分析评价、发展区域性经济等视角对体育经济的发展展开研究。本次研究拟在分析国内体育产业存在的主要问题的基础上，通过分析区域体育经济发展对生态环境的影响，从“互联网+”视角对建设体育产业生态环境提出建议。

一、我国体育产业发展现状分析

（一）结构不够合理

我国的体育经济产业结构存在一定的不合理性，主要体现在以下几个方面。

---

① 魏洪平，成都信息工程大学体育部教师。

首先，地区间发展不均衡。以体育产业产值为例，北上广等经济发达地区体育产业的总产值约为西南片区等经济欠发达地区的几十倍。

其次，内部动力不足。体育产业结构包含生产体育产品、销售体育彩票、娱乐体育、群众休闲体育等子产业，发达国家体育产业的增加值主要源自休闲体育旅游、特许产品、电视转播、赞助等相关服务业，而国内体育产品生产对体育产业增加值的贡献率较低，体育服务业的贡献也不显著，即使在北上广等经济发达地区，其贡献率也不足20%，经济欠发达地区则更少。

最后，体育产业的消费市场有待进一步培育。消费市场的可持续增长是产业存续和发展的基础，我国居民体育消费的增长速度显著低于居民收入的增长速度，这一现状也对合理引导体育消费，以优质的服务不断增强体育消费产品的供给能力提出了需求。

（二）体育产业创新能力较弱

我国是体育用品制造大国，但并不是制造强国，体育产业整体的创新能力还较弱，创新能力不足也成为制约我国体育企业发展的瓶颈之一。此外，研发投入水平不高、产业科技人才匮乏、科技论文和专利数量偏少和创新机制不完善等，都是造成体育产业创新能力较弱的原因。

（三）体育产业融资渠道不够通畅

资本渠道不畅已经成为制约我国体育产业的重要因素。体育企业发展的总体规模不大，企业自身的融资能力较弱，在现有的以银行为主体的金融市场结构和非银行金融业务发展相对滞后的现实背景下，融资成为体育企业发展中普遍存在的难题。产业投资基金形式是实现金融资本与产业资本融合的有效模式，而我国以体育产业为对象的产业投资基金极少，也导致大量体育科技成果难以产业化和商业化，从而造成资源的沉淀和浪费。

二、产业经济生态环境构建的理论分析

产业的发展离不开特定的区域性生态环境，这是由产业发展的根植性特征和区域经济发展的承载力特征所决定的，只有跨越这些影响因素，借助“互联网+”的思维和操作行为，方可实现便捷、高效的产业发展和平衡。

（一）根植性对产业发展的影响

根植性（Embeddedness）是指经济行为深深嵌入于社会关系之中，分为组织根植性、认知根植性、社会根植性和制度根植性等几个方面。根植性特征说明产业的发展受到地方区域文化、政治环境等区域性生态环境的制约和激励影响，根植于地方区域化社会关系之中的经济行为本身，可以有效解释在发展的速度、质量和效益等方面存在的显著差异性对于不同区域性生态环境产业的影响。

（二）承载力制约着区域经济发展

体育产业的发展需要特定的人力资源、物力资源的投入，而任何具有特定空间范围属性的资源（物质资源、能量资源、信息资源、空间资源、人力资源、社会资源等）都具有上限，因此，其所在区域发展能力相应地也具有上限，产业发展的承载能力也是一

样，在区域空间范围和资源总量一定的条件下，区域承载力约束了产业的发展。

产业发展与特定的区域性生态环境之间的关系说明：一方面，必须为产业发展提供良好的区域生态环境，从而促进其与区域生态环境的协同发展；另一方面，产业发展规划的制定必须有效兼顾区域各种资源的特征，同时，在资源水平一定的条件下，可以通过区域生态资源的合理配置建立产业发展的内生动力机制。

只有充分发挥各区域优势，实现资源优质整合，避免低层次重复和产业矛盾，才能构建良好的体育产业生态环境。

三、我国体育产业的生态环境建设对策

"互联网+"是一种新的经济形态，对生产要素的培植、优化和集成具有积极作用。云计算、物联网、大数据、信息智能化等，将体育产业深度融合于经济社会各领域之中，"互联网+"成为各行业发展的有力助推器，有助于制造业、服务业等的融合更新与创新。发展壮大新兴业态，打造体育产业新的增长点，有助于为万众创新提供优质的生态环境，为产业信息智能化提供有力支撑，促进国民经济"大跃进"，寻找新的经济发展动力点。

我国体育经济发展的生态环境建设可充分借助"互联网+"，建立宽容和激励相融的创新文化环境、形成规范有序的市场环境，营造多层次的金融资本环境。

（一）建立宽容激励的创新文化环境

知识经济时代最重要的特征是知识作为要素进入了生产，并且在促进经济增长方面发挥着比传统的劳动和资本更加重要的作用。互联网经济时代，技术创新是产业实现转型升级的动力源，持续创新还可以延长企业的生命周期、提高企业的竞争力。"十三五"规划提出，要鼓励开发以互联网技术为支撑的体育服务，提升场馆预定、健身指导、交流互动、赛事参与、器材装备定制等综合服务水平，积极推动在线体育平台企业发展壮大，整合上下游企业资源，形成体育产业生态圈。

我国的全民健身理念和大国办体育的一些独特做法虽然未必全部合理，但确实给予了体育企业以相当的发展和挖掘空间。在勇于将创新理念付诸实践并最终形成创新成果和创新价值方面，美国硅谷高新技术企业的做法值得我们学习、借鉴。

在建立良好的体育经济发展的创新文化氛围方面，一方面，要积极建立宽容的创新文化环境，原因在于创新行为本身的高风险性决定了只有宽容失败的创新文化才能形成持续实施创新的激励；另一方面，积极建立激励型的创新文化，冒险精神和进取精神是促进创新的重要基础，因此，应积极培育良好的创新文化氛围，进一步从中国传统文化中发掘原创性资源，打造有助于体育产业发展的良好文化生态环境。

（二）形成规范有序的市场生态环境

产业经济的发展离不开优良的市场竞争与合作，要建立良好的体育产业发展生态环境，通过市场竞争引导体育产业发展的合理化和高级化，促进体育资源的合理配置和效率提升。在体育产业的市场竞争生态环境构建方面，首先，要全国一盘棋，不搞地方保护，利用互联网建立全国体育产品供应、生产、经营企业信息网，在了解掌握现有产业

运营情况的基础上，结合我国大力发展体育产业的国家宏观政策，放宽高附加值企业的准入标准，产生鲶鱼效应，提高体育产业的市场竞争程度，通过市场竞争而非行政干预的方式实现体育产业发展的方向性调整和体育资源的合理配置。其次，利用互联网资源共享优势，通过先进企业的标准化管理示范和行业标准制定，带动偏远、落实省区的后发速生，提高体育服务水平。最后，加大体育产业知识产权的保护力度，通过互联网备案查询方式减少不同地区体育企业的低层次重复，强化知识产权对体育产业发展的导向作用，提升知识产权的创造、运用、保护和管理水平。

（三）营造多层次的体育经济发展金融资本生态环境

党的十八届三中全会提出了深化改革的总体目标，其中大力发展混合所有制经济的发展路径为加强体育经济发展市场主体的合作夯实了基础，不同资本的优势互补和协同效应的实现，可以有效促进体育经济发展的活力和创造力。

实体经济的发展离不开金融资本的支持，金融资本的增值也需要借力实体经济，实现金融资本和实体经济的协调有序发展是经济发展的必然要求。只有加强不同资本间的有效融合，调动各方力量，参与体育经济的发展，才能构建多层次的体育经济，发展金融资本生态环境。

例如，美国作为世界第一体育强国，其体育经济的发展建立在其高度发达的体育金融资本市场发展的基础上。第二次世界大战期间，体育产业投资基金这种新型的产业投资形式在美国兴起并得到了迅速发展，体育产业投资基金凭借在组织结构和管理机制方面的灵活性，以及在提供金融支持和管理支持方面的双向作用，有效促进了美国体育经济的跨越式发展，也培育了美国倍力等世界知名的企业。

在体育产业发展的互联网金融资本生态环境构建方面，首先，政府部门应加大对体育企业和体育项目的直接支持力度，借助行业数据库，积极通过财政贴息、工程代建、项目补贴等形式精准、有针对性地加强对体育经济发展的直接支持，通过发起和设立体育产业引导基金等形式加强对体育产业发展的引导作用。其次，应大力发展各层次资本市场，从而满足不同发展规模的体育企业的需求，也通过多层次资本市场体系的完善满足体育产业投资基金等金融资本对退出渠道和价值增加的需求，比如我国体育产品生产大省福建、浙江和体育周边产品开发走在前面的湖北等，都分别采取了不同的资本投放方式。最后，大力发展面向体育企业的担保、融资租赁、小额贷款等非银行金融业务，从而满足处于发展初级阶段的体育产业企业的融资需求。只要资金扶持及时，小型企业就可在短期内产生不错的经济效益。

总之，体育产业既是传统产业也是新兴产业，它的转型、升级离不开“互联网+”的助力，只有与时俱进，才能让体育产业在服务于社会的同时产生良好的经济效益，使体育产业越走越远。

参考文献：

［1］王小娟，夏晓陵．我国体育经济发展面临的问题及其影响因素研究［J］．北京体育大学学报，2008（06）．
［2］刘振清．刍议我国体育经济对经济发展的影响及应对策略［J］．西安电子科技大学学报（社会科

学版). 2013 (05).

[3] 徐叶彤. 体育经济的集聚效应评价体系初探 [J]. 生产力研究，2013 (12).

[4] 闻扬，杜力萍. 中国体育产业系统探讨 [J]. 西南师范大学学报 (自然科学版)，2004 (04).

[5] 刘景黎. 北京奥运会后辽宁省体育经济发展的途径及策略研究 [J]. 沈阳体育学院学报，2010 (02).

[6] 王国勇，王宪忠. 体育产业发展的系统协调评价模型及其实证研究 [J]. 沈阳体育学院学报，2014 (02).

[7] 邓春林，张新萍. 解读体育产权问题——基于中国体制改革与体育经济发展的历史轨迹 [J]. 西安体育学院学报，2010 (04).

[8] 代玉梅. 重庆市体育产业现状调查统计分析 [J]. 西南师范大学学报 (自然科学版)，2016 (04).

高校网络文化阵地建设中网络主体道德建设策略研究

胡晓阳　翟东海[①]

西南交通大学

摘　要：伴随着互联网的普及发展，网络文化阵地建设日益受到重视。构建和谐的校园网络秩序，关键在于网络主体的道德建设。作为高校网络主体的大学生既具有身份“虚化”、交互跨时空等一般网络主体特征，又具有主体个性突出、政治鉴别力有待提高等特殊的身份属性，给高校网络主体道德建设带来了一定的挑战。通过开展建设以用户实名为基础的互联网管理、推进网络信息监测与追踪技术、加强网络主流意识形态建设、开展网络素质教育与宣传等措施，可以有效推进高校网络主体的道德建设工作。

关键字：高校　网络文化阵地　网络主体　道德建设

中国互联网络信息中心发布的《第 41 次中国互联网络发展状况统计报告》显示，截至 2017 年 12 月，中国网民规模达 7.72 亿，普及率达到 55.8%，超过全球平均水平（51.7%）4.1 个百分点，超过亚洲平均水平（46.7%）9.1 个百分点。网民以中学生群体的规模最大，截至 2017 年 12 月，学生群体占比为 25.4%。在信息化高速发展的今天，网络已不再只作为一种工具，网络生活已成为高校学生一种重要的生活方式，高校网络文化阵地建设越来越受到重视。

一、网络主体道德在网络文化阵地建设中的作用

伴随互联网的发展，“网络文化建设”日益成为学术界研究的热点话题。中国知网（CNKI）检索情况显示，自 1994 年以来，以“网络文化建设”为主题的学术文章共计 2809 篇，其中核心及以上级别文章 535 篇。同时，基于网络文化对国家政治、经济、文化、社会等多方面的影响，党和国家领导人高度重视网络文化阵地建设情况。网络文化阵地建设已经成为社会主义文化建设与发展的重要内容，而高校的网络文化阵地建设也已经作为加强意识形态建设，巩固马克思主义在意识形态领域的指导地位，贯彻党的教育方针，培养社会主义合格建设者和可靠接班人的重要部分。因而，高校构建和谐的网络文化环境，必然离不开作为网络主体的学生的良好道德修养。

---

① 胡晓阳，西南交通大学信息科学与技术学院讲师，主要从事思想政治教育研究；翟东海，西南交通大学信息科学与技术学院副教授，主要从事海量数据挖掘、舆情监测研究。

（一）高校网络文化阵地建设的必要性

高校是人才汇集之地，是思想碰撞之所，在依托互联网而展开的思想交锋、文化较量和意识形态斗争等方面，高校已成为前沿阵地——肩负着学习、研究、宣传马克思主义，培养中国特色社会主义事业建设者和接班人的重大任务。高校在这场“战争”中的胜败得失，直接关系到国家的意识形态安全、校园的和谐稳定，乃至社会主义建设事业的成败。新时代做好高校的意识形态工作，迫切需要加强高校网络文化阵地建设，抢占网络传播的制高点，掌握网络舆论的主导权，壮大主流思想舆论，坚决抵制错误的思想言论，确保形成积极健康、昂扬向上的校园网络文化环境。

随着互联网的高速发展，网络在改变青年学生生活、学习方式的同时，也深刻影响着他们的思想认知、道德观念和价值取向，这使高校的育人工作面临着新的机遇和挑战。互联网已经成为高校育人工作中“无法回避”的“最大变量”。因此，要做好新时代的高校育人工作，就必须充分利用互联网平台，深入研究青年学生的特征和互联网传播规律，努力使网络育人成为高校开展育人工作的有效手段，保证高校的人才培养质量。

（二）网络道德的形成机制

网络道德是指以善恶为标准，通过社会舆论、内心信念和传统习惯来评价人们的上网行为，调节网络时空中人与人之间以及个人与社会之间关系的行为规范。但是，基于互联网络技术特征对主体交互行为的影响，网络道德不同于现实社会中的道德。现实社会中的道德往往在“熟人关系”中产生，行为主体以各自在社会关系中的伦理关系属性作为身份标识，面对面地开展交流与互动，并在社会舆论、传统习惯和内心信念等的影响下，调整主体的社会角色，规范主体行为，形成现实社会交往中人与人之间的行为规范。

网络道德则诞生于互联网技术所创造的区别于现实社会的虚拟空间中。如图1所示，网络的虚拟性、交互性、共享性、超时空性和智能性五大特性相互作用，共同构筑了网络的技术特征圈层。这个网络技术特征圈层如镜子一般，折射出现实社会中的行为主体与交互行为，形成所谓的网络主体和网络主体交互，进而产生网络道德。与现实社会中的道德相比，网络道德虽然也在主体交互的过程中形成，但网络主体的身份标识已经被“虚化”，网络主体身份超越社会关系中的伦理关系属性而成为众多网民之一，并在网络空间的互动中享有平等的权利。同时，网络的超时空性与共享性极大地扩展了网络主体交流的时空范围和信息内容，使得网络主体在“超时空”的、“陌生”的、“自由”的“社会”中互动，现实社会道德在虚拟网络社会中的一部分功能失效，形成了目前网络社会中的道德失范状态。现实社会中的道德规范不适应新的环境，同时，新的道德规范在建设过程中也不断受到传统道德规范的抗拒，在这种情况下，加强网络主体自身的道德建设，培养一支高素质的网络主体队伍，对于规范高校网络主体的道德有着至关重要的作用。

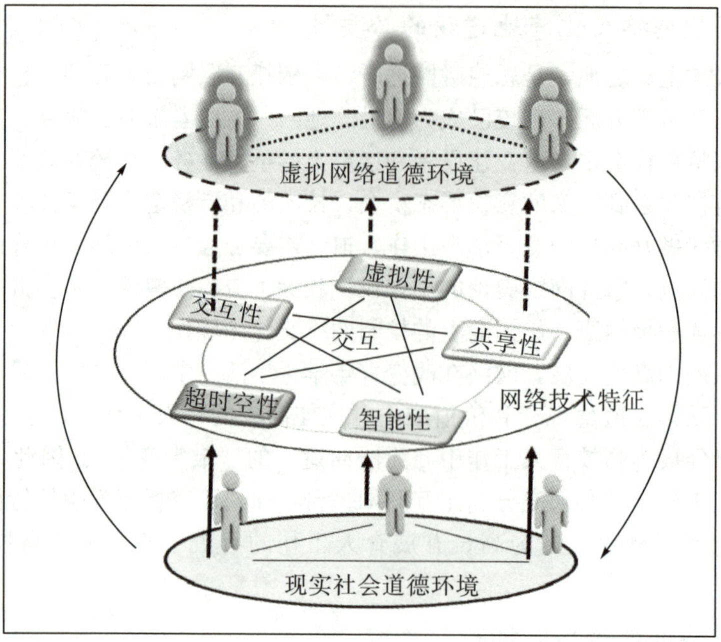

图 1　网络主体道德的形成机制

二、高校网络主体特征对道德建设的影响

从网络道德的形成机制看，良好网络道德环境的塑造，需要以个体道德素养为基础，以网络主体在虚拟空间中的网络特征为标识。青年学生作为高校网络的主体，既有一般行为主体的网络特征，又因其身份的特殊性而具备不同于一般网络主体的属性特征。高校网络主体的网络特征和属性特征，给高校网络主体道德建设带来了一系列的问题。

（一）高校网络主体的网络特征所导致的道德建设问题

网络主体身份"虚化"引发网络信息"失真"。网络技术的"折射"作用，使行为主体交互空间发生了从现实空间到虚拟空间的转移，从现实社会中的行为主体到网络中的行为主体，网络主体身份具备了"虚化"的特征，这是网络主体的普遍特征之一。这种"虚化"特征主要表现在两个方面：一是身份标识的超伦理性，网络主体可以拥有多个"网名"，但仅作为代号表现网络主体的行为喜好，而不反映其在现实社会中的伦理关系与社会地位。网络主体可以拥有多个超伦理性的身份，根据个人需要在不同场合、不同情况下表现不同的人格。二是匿名性，出于对个人言论自由和隐私权的保护，网络技术支持网络主体的匿名行为和言论，这种匿名性可以在将网络主体被侵害的后果降到最低的同时，充分发挥网络主体的言论自由。

网络主体身份"虚化"特征根植于网络技术特性，由网络技术的虚拟性特征决定。它使得网络空间的行为主体失去了现实社会规范的约束，加之社会信任缺失，在高校网络道德建设中产生了一系列问题。别有用心之人利用网络主体身份的"虚化"特征，通过网络向青年学生散播谣言，进行错误引导，给青年学生的身心健康造成了不良影响，特别是对一些"负面"社会事件的虚假解读，形成了"网络暴力"或造成群体恐慌等，拉拢、裹挟青年学生参与，以达到不可告人的目的。如“福建泉州儿童医院烤死新生儿”“武汉城管打死商贩”“陈永洲事件”“小黄车车座被插艾滋针”等虚假信息。面对这种网络信息“失真”现象，青年学生易受不良信息蛊惑和虚假信息欺骗，也易于被利用，不自觉地参与讨论、制造、传播虚假信息的活动，给高校网络道德建设带来了一定的挑战。

网络主体交互跨时空特性导致的负面信息影响。网络主体交互的跨时空性特征克服了信息交互的时间与空间上的限制，大大提高了信息传播的速度与效率，但同时也为负面信息的迅速传播和广泛影响提供了便利。如关于“社会热点事件”的“谣言”等负面信息，经过网络主体的跨时空交互，将被迅速放大，容易导致负面情绪和偏激观点充斥网络，如果高校网络主体缺乏对信息的客观评价和甄别能力，则会对社会的传统价值观念和社会伦理造成巨大的冲击，极易导致青年学生思想的混乱。另外，网络主体交互的跨时空性也会导致黄色、暴力等不良信息的泛滥，严重影响高校学生的“三观”。

（二）高校网络主体的属性特征所导致的道德建设问题

网络主体个性突出易引发多元价值冲击。网络主体身份超越了现实社会规范的约束，又因受“虚化”特征的影响，其可以在虚拟空间中自由发表言论而无需过度担心现实社会道德的约束。青年学生正处于世界观、人生观和价值观形成的关键阶段，乐于表现自我、渴望张扬个性，在突出主体个性与多元化的价值追求的网络空间中，不乏刻意标新立异，哗众取宠，宣扬自私自利、非主流价值观念的网络言论和行为，大大冲淡了主流社会价值在青年学生中的影响。

高校网络主体的政治鉴别力有待提高。这既是高校网络主体的现实特征，又是高校网络道德建设的重要任务。大学生处于获得政治社会化本质内容的年龄段，是人自然属性和社会属性迅速发展、逐步实现社会化、日趋成熟的阶段，他们的思维能力虽然有了一定的发展，但运用马克思主义的立场、观点、方法分析问题方面的能力比较欠缺，政治思维方式仍存在一定的缺陷，政治鉴别力较弱，不能对社会现象进行深刻、理性的分析。基于此，在网络空间内的意识形态斗争中，青年学生特别容易成为各种势力争取的主要对象。

三、高校网络主体道德建设的策略

开展高校网络主体道德建设，要遵循网络道德形成的一般规律，做好科学化网络管理和人性化教育引导的协同配合。既要充分理解高校网络主体的网络特征，针对其网络特性积极开展网络管理和监督工作，解决高校网络主体道德建设中的一般问题；又要准确把握青年学生的个性特征，通过切实有效的教育和引导，不断提升高校网民的认识水平和修养，排除高校网络文化主体道德建设中的障碍。

（一）以用户实名为基础的互联网管理

培养高校网络主体良好的道德素养，首先要在网络管理中降低网络主体身份“虚化”带来的负面影响，积极落实网络用户实名制政策。推进社会网络用户实名制，可以在一定程度上将网络主体身份“实化”，并将其纳入社会网络伦理道德关系体系进行监督管理，如此可以有效防止肆意发布网络虚假信息的不法、不道德行为，既有利于网络主体良好道德品质的培养，又有益于和谐网络生态环境的构建。

（二）推进网络信息监测与追踪技术研究

网络信息监测与追踪技术对于打击网络谣言、构建高校良好的网络道德环境具有重要意义，可以有效杜绝任意传播网络负面信息、刻意激化社会矛盾等网络不道德行为。运用现代科技手段根治网络道德混乱，使网络运行进入理性状态，对于营造和谐网络环境，培养高校网络主体形成良好的网络道德素养具有重要意义。

（三）加强网络主流意识形态建设

网络主体个性突出与多元化价值追求是网络空间的普遍现象，但个性突出不是标新立异，价值多元不是价值混乱。特别是在极具特殊性的高校，在推动网络建设发展的同时，要大力开展网络主流意识形态建设工作，引导高校网络主体塑造正确的价值观念。一是在网络中积极学习和践行社会主义核心价值体系，倡导集体主义，弘扬爱国主义精神，对分裂祖国、破坏团结、激化矛盾的不法网络行为予以坚决打击，并通过网络宣传开展舆论引导和网络主体道德建设，帮助高校网民做好价值判断。二是扩大社会主义意识形态的包容性，综合考虑高校网络主体在不同语境、不同背景下的利益诉求，增强社会主义意识形态对现实问题的解说力和感召力。

（四）开展网络素质教育与宣传

在高校网络文化建设过程中积极开展网络素质教育和宣传，引导高校网络主体在使用网络的过程中对互联网与社会发展进行深度思考。在高校青年学生中开展网络德育课程教育、网络法纪教育和网络文明教育等素质教育类课程，通过具体的案例、事件等在高校网络主体中开展宣传教育，增强其对网络内容的鉴别能力、对网络不道德行为的自律能力、对网络负面信息的免疫能力，最终促使其形成正确的网络道德观。

在开展网络素质教育的过程中，要特别重视责任教育。通过严厉打击网络违法行为、强力谴责网络不道德行为，让网络主体充分认识到网络违法、不道德行为带来的危害；通过大力推动高校网络设施建设，推动网络合作、资源共享等符合网络道德的网络资源交互，让网络主体认识到遵循良好网络道德秩序的益处。这样，才能使高校网络主体深入思考自己所应承担的道德义务和责任，思考在网络文化建设中如何维护网络道德秩序，构建良好的网络环境。

参考文献：

[1] 张巍巍．论网络主体的道德意识培养［D］．哈尔滨：哈尔滨工业大学，2007.
[2] 李伦．网络道德与和谐网络文化建设［J］．伦理学研究．2012，11（06）.
[3] 谢宜辰，李建华．论网络道德从他律到自律的转变［J］．求索．2007（10）.
[4] 吴秀珍．对倡导网络道德、构建和谐网络的思考［J］．河南社会科学．2008，3（02）.
[5] 曹腾觉．对网络道德主体信息素养的多维透视［J］．江西社会科学．2006（04）.

网络流行语对大学生思想政治教育的影响及对策

夏小童　陶玉祥[①]

西南交通大学

摘　要：新媒体时代，网络流行语在大学生群体中广泛传播，并逐渐成为大学生话语体系的一部分，对大学生影响深刻。本文从网络流行语的特点出发，探析网络流行语给高校思想政治教育带来的挑战，并提出了融合网络流行语进行思想政治教学、引导学生深入思考流行语的社会意义、加强主流思想政治教育三项对策。

关键词：网络流行语　大学生思想政治教育　影响　对策

20世纪后期，人类进入了信息时代，互联网中信息获取的快捷性和方便性吸引着越来越多的受众接触网络。据CNNIC发布的第41次《中国互联网络发展状况统计报告》，截至2017年12月，我国网民规模达7.72亿，互联网普及率为55.8%，较2016年底提升了2.6个百分点。其中，学生网民群体规模最大，占25.4%。在年龄结构中，20～29岁年龄段的网民占比最高，达30.0%。由此可见，大学中青年学生群体的互联网接触率非常高。

伴随着互联网的发展，网络流行语因其幽默、娱乐的特点深受大学生的追捧，成为大学生线上线下交流时独特的话语表达方式。其中，网络流行语所包含的多元价值观也潜移默化地影响着大学生。习近平总书记在全国高校思想政治工作会议讲话中明确指出，做好高校思想政治工作，要因事而化、因时而进、因势而新。要做好思想政治教育工作，就要研究网络流行语的特点及其对大学生的影响，给高校思想政治教育带来的挑战，以及如何顺势而为，利用网络流行语做好工作。

一、网络流行语的特点

作为一种语言形态，网络流行语起源于互联网，在网络中得以广泛传播，它具有以下三个特征。

（一）通俗性

任何一种文化的兴起都有其特定的文化心理。当前，通俗文化成为一股潮流，网民对严肃、庄严文化的喜爱程度降低，而产生了推崇诙谐轻松、颠覆传统的社会心理。网

---

① 夏小童，西南交通大学党委宣传部科员；陶玉祥，西南交通大学校报记者团学生副团长。

络流行语便在迎合偏好娱乐、追求时尚、颠覆传统、彰显个性的心理诉求中得以产生和盛行。因此，网络流行语之所以在学生当中颇受欢迎，一方面是因为其新奇时尚、不受语言规范的限制，相对于中规中矩的传统语言，对学生来说更具吸引力；另一方面，网络流行语活泼幽默，符合现在大学生的表达需求。但对个性的过度追求必然存在负面影响，部分学生为了标新立异，展现自身所谓的“时尚”，或为宣泄心中的消极情绪，肆意使用、传播粗俗不良的网络流行语，污染了网络环境。

（二）社会性

语言是文化的符号和载体，不能脱离文化而独自存在。文化发展的轨迹不可避免地会在语言中留下痕迹，语言也时时刻刻忠实地折射着文化内涵。社会生活是文化的重要来源，也是网络流行语形成的重要源泉。网络流行语作为语言发展的最前沿，很大程度上就是社会生活的一面镜子，反映了现实生活中的各种现象和问题，背后则是大众情绪和社会心理的体现。部分流行语还来源于社会上的热点新闻事件，其本身就承载着很多社会意义。

（三）时效性

词汇是语言的主要构成成分，网络流行语作为词汇的一个组成部分，必然遵从语言的发展规律：新词新义不断涌现，旧词旧义不断消亡。现实社会不断发展、变化，每个特定时期都有其特点，展现出不同的语言时尚。网友总是在很短的时间内创造出流行语，大部分流行语在盛行一段时间后便失去生命力，被新的流行语所取代。网络流行语的迅速蹿红得益于互联网去中心化、匿名性和互动性的特性，但也正是这些特性，决定了流行语更新速度快、流行周期短的必然命运。每个时期的流行语，都反映出相应的社会热点现象或大众心理特征，但大部分流行语都随着时代变迁而被淘汰了，仅有少数被划入现代语言体系。

二、网络流行语给大学生思想政治教育带来的挑战

（一）拉大思想政治教学与学生距离，加大教学难度

高校的思想政治教育工作多以理论教学为主，内容较为严肃枯燥，加上部分教育者只是进行刻板的理论灌输，常常让学生觉得不接地气、难以接受。近些年来，网络和智能手机的普及更是分散了学生在课堂上的绝大部分注意力，进一步拉大了思想政治教育者与学生的距离。学生网络流行语的通俗性还表现在它的随意性和不遵守语言规范上，它在使用过程中常常会破坏汉字文化本身的严谨，学生大量使用流行语，逐渐养成了随意化、口语化的语言习惯，与思想政治教育中强调的语言的严肃性、逻辑性、准确性背道而驰，降低了自身的语言素养，也加大了学生思想政治理论学习和教育者理论教学的难度。

（二）降低学生深度思考力，造成思想政治理论理解欠缺

流行文化总是在一定的时间周期内被人们追求、赞赏、推广和促进，然后又在某一天变成一种“过时”的事物。网络流行语作为一种流行文化，经历着“显现—流行—消失”的过程。很多网络流行语本身都具有深刻的社会意义，但流行语变化多且快，大学

生在跟风流行文化的社会心理动机下，对流行语的使用更多地停留在戏谑娱乐或了解大概的层面，而忽视了对某个流行语的追根溯源和意义挖掘。相反，思想政治教育需要学生养成勤于思考的习惯，具备深度思考的能力。“用理论指导实践”是马克思主义的基本原理之一，思想政治教育涉及较多的理论知识，学生只有善于思考，深入理解思想政治的基本理论，才能更好地付诸实践，从而在思想品德、政治素养、心理素质和行为习惯等各方面都达到一定的境界。但是，在快节奏变化的流行语环境下，网络流行语在一定程度上导致了学生深度思考习惯和精神的缺失，妨碍了学生批判思维的形成，减弱了学生的深度思考能力，从而影响其对思想政治理论的理解和实践。如何引导学生进行深度思考，在流行语娱乐的背后建立深刻的批判思维，是思想政治教育者应该思考的问题。

（三）不良网络流行语侵蚀大学生价值观念，冲击思想政治教育实效

网络作为现在大学生生活的主要组成部分，其中充斥的大量信息不知不觉地影响着学生的价值观，网络流行语作为大学生直接创作、使用和传播的对象，很大程度上直接影响着学生的价值观。我们要认识到，一些不良网络流行语有违社会事实，与社会主义核心价值观相违背，这些语言在学生中大范围传播，腐蚀学生思想，动摇其对社会主义的坚定信念。而高校思想政治教育的目标就是帮助大学生形成正确的价值观念，树立坚定的理想信念，不断提高自身的思想政治觉悟和思想道德水平。网络流行语中包含的多元观点冲击着思想政治教育的主流思想，不良流行语污染了大学生思想政治教育环境，给思想政治教育造成了一定的压力。

三、大学生思政教育在网络流行语挑战下的对策

（一）融合网络流行语进思想政治教育，把握适度原则

习近平总书记在全国高校思想政治工作会议中指出，要提升思想政治教育亲和力和针对性，满足学生成长发展的需求和期待。在如今的智能信息化时代，网络流行语的迅猛发展较大地冲击了传统的思想政治教育教学。一方面，思想政治教育者要时刻关注网络流行语，充分了解流行语的具体内涵，将流行语融入思想政治课堂，不断更新教学内容的传播形式，让思想政治教育更接地气、更具活力，提高学生的参与兴趣；另一方面，思想政治教育者要主动融入学生网络群体，建立自己的新媒体平台，以网络流行语为切入点，运用学生喜闻乐见的方式，如图文、视频等，使理论平易近人，以增强思想政治教育的时代感和人文性。但是，网络流行语在教学中始终起辅助作用，教育者对流行语的使用要坚持适度原则，不要为了迎合学生随意使用，而忽略了思想政治理论的教育教学。思想政治教育是一个信息输入与输出的过程，受教育者在这一过程中收获的多少，一定程度上受标准是否严格的影响。教育者要想确保大学生的思想政治教育取得实效，就要对学生严格要求，不松懈基本的理论教学，培养学生语言使用的准确性和逻辑性，提升学生的理论素养，从而更好地指导实践。

（二）引导学生深入思考流行语社会意义，配合理论教学

网络流行语来自社会现实，反映社会现实，也作用于社会现实。流行语的社会性使

其承载着深刻的社会意义。但是学生在使用流行语的过程中往往忽略了这层社会意义，这就要求思想政治教育者要充分了解流行语背后的深刻含义，引导大学生透过现象看本质，了解流行语产生的背景、依托的事件、折射的现象以及引申的意义，带领和帮助学生进行深入思考，以培养其勤于思考的习惯。大学生思想政治教育要求必须以社会现实为基础，从内容生产到学习都不能脱离实际。基于思想政治教育和网络流行语都根植于社会现实这个共同点，思想政治教育者可以将网络流行语的社会内涵作为切入点，配合思想政治理论教学，将思想政治理论和社会现实、社会实践相结合，以加深学生对思想政治理论的认识和理解。当学生对网络流行语的关注和使用不再停留于表面，而开始探求流行语包含的社会意义，并将其和思想政治教育中理论性的东西结合起来思考的时候，他们的思考能力和思想政治素养才会得以提高。

（三）杜绝不良网络流行语，加强主流思想政治教育

由于互联网具有匿名性、隐蔽性等特点，网民可以随心所欲地发表言论，缺乏一定的监管，这使得一些不良网络用语混入其中。大学生心智正处于未成熟期，世界观、价值观、人生观正在形成，容易接受新鲜事物，但缺乏一定的鉴别能力，再加上从众心理、逆反心理作怪，他们会盲目使用、传播一些不良网络语言，潜移默化地影响自身的思想观念。思想政治教育者要密切关注学生的思想心理动态，积极引导学生在网络文化中取其精华、去其糟粕，培养学生对优劣文化的鉴别能力，在涉及一些重大原则的是非问题上及时给予学生意见。习近平总书记强调，意识形态工作是党一项极端重要的工作。网络和流行语都含有多元价值观，其中一些格调低下的言论冲击着大学生对社会主义的坚定信念，思想政治教育者要加强学生的思想道德修养教育、中华优秀传统文化普及教育，以及社会主流思想舆论教育，弘扬主旋律，传播正能量，培养学生的道路自信、理论自信、制度自信、文化自信，使其坚定社会主义理想信念，践行社会主义核心价值观。此外，网络流行语始终生存在校园和网络环境中，除了在教育对象身上下功夫，还要加强对校园网络的监管，营造健康向上的校园舆论环境。

全面加强大学生思想政治教育，是培养合格的社会主义事业建设者和接班人的重要举措。面对网络流行语对大学生思想政治教育的冲击，思想政治教育工作者既要充分利用流行语的优势，以流行语为载体和切入点，创新教学方式和形式，并准确把握流行语在教育实施中的尺度；也要引导学生挖掘流行语背后的正能量和深刻意义，弘扬社会主义理想信念教育，培育和践行社会主义核心价值观，以达到教育实效，培养出新时代合格的社会主义事业建设者和接班人。

参考文献：

[1] 王清杰．网络流行语的文化生态与社会心理分析［J］．河南师范大学学报（哲学社会科学版），2011（04）．

[2] 王一涛．从方言词语的文化意蕴看语言与文化的关系——以山西方言为例［J］．社会科学家，2012（07）．

[3] 周晓凤，刘鸽．网络流行语现象的语言文化分析［J］．东北师大学报（哲学社会科学版），2014（03）．

[4] 黄碧云. 新生代网络流行语的符号学解析 [J]. 新闻与传播研究，2011 (02).
[5] 高宣扬. 流行文化社会学 [M]. 北京：中国人民大学出版社，2006.
[6] 朱英，刘春雁. 引导大学生理性对待网络流行语的对策研究 [J]. 思想理论教育，2012 (09).

新媒体时代大学生传承和弘扬传统优秀文化的网络教育分析

李文龙[①]

中国民用航空飞行学院

摘　要：中华文化历史悠久、博大精深，而随着时代的发展变迁，几千年积淀下来的优秀传统文化的传承和弘扬正面临着巨大的考验。在当今信息化高速发展时代，新媒体技术应运而生，深刻地影响着这个世界。当代大学生作为新媒体的主要使用者，其价值取向、道德观念以及行为模式都深受新媒体的影响。大学生作为时代的新生力量，肩负着将中华文化发扬光大的时代使命。在新媒体时代，如何正确地利用网络引导大学生对优秀传统文化进行传承和弘扬，是高校网络教育的一个重要课题。

关键词：新媒体　大学生　传统文化　网络教育

随着信息技术的飞速发展和网络的迅速普及，新媒体平台出现在人们的眼前，并深刻地影响和改变着社会生活的方方面面。大学生作为最主要的网络使用群体，其思想道德、行为方式等都深受其影响。中国互联网络信息中心（CNNIC）于 2018 年 1 月 31 日发布的第 41 次《中国互联网络发展状况统计报告》显示，截至 2017 年 12 月，中国网民规模达 7.72 亿；学生依然是中国网民中最大的群体，占 25.4%，互联网普及率在学生群体中已经处于高位。中华文化五千年生生不息，凭借各种媒介展现出强大的生命力和传播力。新媒体具有更广阔、更迅速的传播手段，必将成为新传播方式背景下传承和弘扬传统文化的重要媒介。

一、新媒体的形式和特点

"新媒体（New Media）"一词源于 CBS（美国哥伦比亚广播电视网）技术研究所所长 P. Goldmark 于 1967 年的一份商品开发计划。之后，美国传播政策总统特别委员会主席 E. Rostow 在向尼克松总统提交的报告书中，多处使用了"New Media"一词（1969 年）。由此，新媒体一词开始在美国流行并迅速扩展至全世界。新媒体属于一个大热概念，对于其定义却并没有确切的说法，就现在看来，主流定义如下：以数字技术为基础，以网络为载体进行信息传播的媒介。

---

① 李文龙，中国民用航空飞行学院飞行技术学院辅导员、助理研究员，研究方向为思想政治工作、高等教育管理。

近年来，网络上出现的各种媒体平台，都或多或少地涵盖于新媒体之中，它们都具有相似的本质特点。与传统媒体相比，它们具有更好的开放性和公开性。例如，数字电视新媒体取代传统印刷传播是视觉传播在当代的最大特点，形式多样的视觉因素让人们不再满足于传统单一、枯燥的传播形式，更加生动丰富的信息传播形式为人们所青睐，这是视觉传播能够被大众接受的重要原因之一，也是视觉传播能够成为大众娱乐方式的根本所在。它们具有立体性和丰富性，传统形式静态、单一的文本传播已经转变为动态、立体的多样化形式，文化表达方式有了实质性的突破。它们也更具时代性和突破性，传统的文化传播是以传播者为中心向外扩散的，大众只能单一地接受传播信息，新媒体传播则彻底改变了这种形式，形成了多点对多点的互动模式，用户个体可以通过自行创作将更多精彩的文化表达与公众分享。与时俱进的媒体传播方式往往深受时代的影响，也易于被这个时代背景下的人们接受。

随着社会发展的不断进步，人们通过不断学习来创造新事物。媒体也同人类发展一样，通过不断的创新优化形成与时俱进的新媒体，在 21 世纪，借助网络技术的不断发展，新媒体已成为人们获取信息、传播思想的一种主要方式。

二、利用新媒体有效传承优秀传统文化

中国有五千多年的历史，在这悠久的岁月长河中积淀下来的文化精髓，铸就了当代中华文明体系。优秀的传统文化值得我们去传承和发扬，中华优秀传统文化铸就了中国伟大的民族精神和强大凝聚力。从夸父逐日、精卫填海、愚公移山，到岳飞精忠报国、戚继光抗击倭寇，再到顽强抵御外辱、革命复兴，无不体现着中华民族勤劳勇敢、自强不息的民族精神，凝结着中华民族最深层的精神追求和价值取向。在时代的进步与发展中，我们形成了以爱国主义为核心的民族精神和以改革创新为核心的时代精神。博大精深的中国优秀传统文化在发展和变革的历史进程中展现出了极强的生命力、创造力、影响力，至今仍深刻影响着国人的思想精神和生产生活，并在世界上呈现着它辉煌的历史成就和显著的现代意义。习近平总书记指出，我们要坚持道路自信、理论自信、制度自信，最根本的还有一个文化自信。并特别强调，文化自信，是更基础、更广泛、更深厚的自信。在五千多年文明发展中孕育的中华优秀传统文化，在党和人民伟大斗争中孕育的革命文化和社会主义先进文化，沉淀着中华民族最深层的精神追求，代表着中华民族独特的精神标识。中华优秀传统文化在历史进程中对中国社会的发展和进步起到了重大作用，在这个中华民族伟大复兴的关键历史时期，传承中华民族优秀传统文化、建立民族文化自信、实现民族文化复兴，是实现中华民族伟大复兴中国梦内在的必然要求和时代使命。

中国最早的文化传播载体是甲骨，到后来的竹简、布帛，再后来，随着印刷术的发展，出现了纸质书籍、报刊等。但在这个信息化高度发达的新的历史时期，传统文化固有的传播方式已经不能直接或很好地为现代社会所利用，对一些优秀传统文化的认识和理解需要较高的专业素养。在这种情况下，我们就需要对其进行必要的“转化”和“包装”，采用更多有效合理的传播技巧和方式，使中华优秀传统文化更加通俗易懂地展现于人们的日常生活之中。在当今社会，网络成为主要的信息传播方式，人们更多地依赖

网络新媒体来进行信息的获取和交流，也更愿意在这些新兴的、有更强视觉效果、更强交互性的平台上交流和娱乐。

优秀传统文化的传播能够更好地实现文化价值。如何利用新媒体有效地体现和传播传统文化的价值至关重要。例如，利用短文章和短视频制作，或者利用某些热点的App植入等来传播传统文化，都是不错的尝试。当然，我们也要意识到，碎片化的传播可能会影响传统文化传承的完整性，影响人们对传统文化全面客观的理解，但这并不能否认利用新媒体进行传统文化传播的必要性。我们要敢于创新、大胆写意，借助新颖的表达思路和极富现代气息的表现形式来演绎传统文化的思想内涵，让人们耳目一新。近年来，文化综艺节目的热播对优秀传统文化的传承和弘扬起到了极大的推动作用，比如《中国诗词大会》，在民间掀起了一股学习古诗词的热潮。这类节目使中华优秀传统文化与新颖的表达思路相结合，在新媒体平台上呈现出来，使传统文化与现代社会完美契合。新时代中华传统文化的传播就应该利用新的传播方式，与时俱进，为传统文化的传承和传播提供新的思路。对此，我们可以充分借助网络综艺节目、电影、动漫、游戏、自媒体等传播途径，使中华优秀传统文化更好地融入社会生活的各个领域，扩大优秀传统文化的社会覆盖面，增强优秀传统文化对社会的影响力。习近平总书记在2014年9月纪念孔子诞辰2565周年国际学术研讨会上提到，不忘历史才能开辟未来，善于继承才能善于创新。优秀传统文化是一个国家、一个民族传承和发展的根本，如果丢掉了，就割断了精神命脉。我们要善于把弘扬优秀传统文化和发展现实文化有机统一起来，紧密结合起来，在继承中发展，在发展中继承。在传播传统文化的同时，我们也需要推陈出新、取其精华、去其糟粕，为之注入新的时代内涵，续写中华优秀传统文化新篇章。

三、高校网络教育如何引导高校大学生传承和弘扬传统优秀文化

新媒体环境会滋生新的生活方式，也会改变中国传统文化与传统人文精神的生存与传承环境，新媒体和新媒体技术的出现无疑会成为传统文化的重要传播方式。作为中国传统文化的重要传播阵地，大多数高校已开始使用微信公众号、微博等新媒体平台宣传中国的传统文化。但是现阶段，我们面临一个重要的问题，大多数高校在校学生为“95后”甚至“00后”，他们本就出生在一个科技快速发展的时代，信息化对其影响很深。以至于他们现在大多数的生活、娱乐、社交甚至信息接收都可以在以手机、电脑为载体的网络中轻易实现，纸质阅读、大部分理论课程则很难引起学生的兴趣。当下，无论是在地铁、商场等公共场所，还是一些私人场合，“低头族”随处可见。他们沉迷于网络，一部分人离开网络甚至会无所适从。但是大多数文化都留存于书籍以及前辈们的思想中，这些部分不能完全从网络中获取，而要在阅读以及日常交流中获得，以口耳相传和师生授受为主要表现形式的非物质文化遗产就是很好的例子。

新媒体作为当代大学与社会联系的重要纽带，打通了大学文化与社会主流文化连接的通道，学校成为社会文化的有机组成部分。但在新媒体环境下，信息的准入门槛不高、内容良莠不齐，加之学生对信息的判断力不足，一些功利主义、拜金主义价值观侵蚀了学生年轻的心灵和学校纯净的环境，也形成了对传统人文精神的冲击。

在文化传承面临巨大考验之际，相关机构也开始重视这个问题，纷纷采取了一些新的措施来提升高校学生的文化意识。以宣传红色精神为例，红色精神不仅是中华民族精神和优秀传统文化的凝聚和积淀，更是传统文化和革命精神的具体体现，是中华民族的精神财富和党的先进性的重要体现和保障。每逢国庆节，一些高校纷纷在校园文化墙上贴出老一辈人的画像和标语来重温红色精神，在高校公众号上推出相关文章向这些伟人致敬，例如“没有共产党就没有新中国”等，以缅怀老一辈无产阶级革命家。学生看到相关信息，不禁会想起革命先烈们为新中国成立抛头颅、洒热血，为新中国发展不懈努力的场景。在寒暑假，高校还会组织“红色之旅”，重游革命故地、聆听先烈故事，感受老一辈无产阶级革命家的艰辛，学习前人的精神，通过这些活动，高校学生对近代中国精神有了更深层次的了解，红色精神在他们心中扎根，传承文化成了他们的时代使命。再以高校学生直接领略传统文化风采为例，汉字是中国最具象征性的文化标志之一，在它的形成过程中，一方面能看到当时社会的文化现象、文化观念；另一方面，透过研究分析汉字的造字方式和内涵，我们可以窥探中国文化的特征。汉字是传统文化的“活化石”，它本身就是一种文化现象。中央电视台推出的“中国汉字听写大会”“汉字英雄”等节目，无疑将汉字观念普及推向了顶峰，人们通过观看相关节目来感受汉字的博大精深，进而体会文化传承的重要性。

当代大学生对中国优秀传统文化的传承和弘扬是学习人文知识、接受良好传统文化教育、感受良好社会风气熏陶的结果。而在如今这个新的时代，切实改进当前大学生思想政治教育工作的思路、模式、方法和载体，努力营造大学生传承与弘扬中国优秀传统文化的良好氛围，成为高校思想政治教育的新重点。高校管理者以及广大人民教师应该在教授大学生知识和技能的同时，进一步加强对大学生传承和弘扬优秀传统文化的教育工作。在这个互联网发达的时代，应利用好新媒体平台开展传统文化教育，加强中华经典文化教育资源建设，比如创建高校自媒体公众号、开设网上慕课课程、创建网上传统文化交流论坛等，更好地提升大学生对中国优秀传统文化的兴趣，引发学生的自主讨论，运用新媒体搭建大学生思想与传统文化之间的桥梁，使用先进的数字技术承载古老的东方气韵，用开放的思想理念正确引导和大力弘扬优秀传统文化，让学生认识到中国传统文化的深厚底蕴，从而自觉地认知和继承传统文化。

习近平总书记在讲话中明确指出，“青年兴则国家兴，青年强则国家强。青年一代有理想、有本领、有担当，国家就有前途，民族就有希望”。青年是社会上最富活力、最具创造力的群体。在这个新的历史时期，广大中国青年肩负着实现中华民族伟大复兴中国梦的时代使命。作为青年大学生，更应该自觉树立正确的人生观和价值观，利用身边的网络资源了解中华优秀传统文化，接触国外优秀文化，取其精华、去其糟粕，使其融入中国文明体系，从而推陈出新，丰富中华文化内涵，进一步提高自身传承和弘扬传统文化的自觉性，切实增强中华文化自信和国家软实力，在新时代的背景下，努力做好中华优秀传统文化的忠诚传承者和弘扬者。

参考文献：

[1] 中国互联网络信息中心. 第41次《中国互联网络发展状况统计报告》[EB/OL].（2018－01－

31）. 中华人民共和国国家互联网信息办公室.
[2] 匡文波. 网络传播学概论 [M]. 北京：高等教育出版社，2009.
[3] 习近平谈文化自信 [N]. 人民日报海外版，2016-7-13.

利用网络流行语开展大学生思想政治教育的路径探索与思考[①]

陈建军[②]

西南石油大学

摘　要：网络流行语是大学生最常用的语言方式，新形势下，高校思想教育工作应有意识地开展网络流行语与思想教育工作相互作用的相关研究，有效发挥网络流行语的积极作用，利用以网络流行语为载体的网络空间开展思想教育工作，打造社会主义核心价值观传播的新途径。

关键词：网络流行语　思想政治教育　路径

随着互联网技术的迅速发展，其传播的即时性、便捷性对大学生的学习、生活等方面产生了重大影响。基于互联网发展而产生的、以新交互媒介为基础构建的网络文化成为校园文化建设的重要组成部分。因此，不断加强校园网络文化建设成为高校日益重视的重要课题，网络流行语是大学生最常用的语言方式，新形势下，高校思想教育工作者应有意识地开展网络流行语与思想教育工作相互作用的相关研究，有效发挥网络流行语的积极作用，利用以网络流行语为载体的网络空间开展思想教育工作，打造社会主义核心价值观传播的新途径。

一、在网络空间中开展大学生思想政治教育是高校当前面临的重大课题

当前，中国正处在实现中华民族伟大复兴中国梦的历史新起点上，同时也处于全面深化改革实现“两个一百年”攻坚克难的关键阶段，这也是风险、挑战、困难较为集中的阶段。中华民族的伟大复兴需要强大的精神力量，如何在大学生中加强社会主义核心价值观的网络传播，利用网络宣传、网络文化、网络服务开展思想政治教育，汇聚正能量，用先进社会主义文化占领网络阵地，用正确的网络舆论引导社会思潮、凝聚共识，成为当前思想政治教育面临的重要课题。

---

① 基金项目：本论文为四川省教育厅人文社科重点研究基地四川网络文化研究中心资助科研项目“校园网络流行语传播社会热点问题的方式途径与大学生社会责任感的培育机制研究”（项目编号：WLWH17－24）研究成果。

② 陈建军，西南石油大学计算机科学学院党委组织员、讲师，主要研究方向为思想政治教育、党建。

（一）牢牢把握网络空间中的话语权

习近平总书记在全国宣传思想工作会议上特别强调，要把网络舆论工作作为宣传思想工作的重中之重。大学生形成正确的人生观、价值观，对我国的改革发展事业甚至国家稳定都具有重要意义。

随着网络技术的迅速发展，特别是网络新媒体等技术的日益普及，如何进一步适应网络时代大学生的思想政治教育需求，提升校园网络空间意识形态建设的能力和水平，确保党和国家牢牢把握校园网络空间的主导权和话语权，是当前面临的重要任务。

在当前自媒体时代，高校校园文化话语权建设应该由大学生与教育管理者共建共享，高校教育管理者要在社会主义核心价值视域下把握高校校园文化话语权，同时促进大学生对校园文化话语权的认识与发展，增进大学生的文化话语权认知和自我认同度。

（二）思想政治教育者必须克服面对网络的“本领恐慌”问题

网络空间下，信息传播的无障碍、交互的便捷性，使得大学生人人都有参与的可能，人人都可能成为信息传播的主体。一方面，高校主流价值传播容易受到削弱，校园文化引导途径面临挑战；另一方面，多元化的思潮容易对大学生的人生观、价值观形成冲击。

互联网的发展使人类社会开始呈现“信息化生存”的趋势，网络也深刻改变着思想政治工作的环境、对象、范围、方式，思想政治工作能否在网络空间中突破传统界限、跟上时代，解决好思想政治教育面对网络的“本领恐慌”问题，成为当前思想政治教育的难点。

（三）网络成为思想政治工作者走进大学生内心世界的“群众路线”阵地

“衙斋卧听萧萧竹，疑是民间疾苦声。些小吾曹州县吏，一枝一叶总关情。”（郑燮《墨竹图题诗》）网络是大学生表达思想的重要渠道，网络流行语在大学生中的传播与流行，反映了大学生的价值观念和诉求表达，因此，思想政治工作者要善于利用网络，关注大学生的思想动态变化。了解社会思想对大学生价值观的影响和体现，把握大学生的所思所想，为大学生答疑解惑，积极进行正能量引导。

二、网络流行语在大学生群体中的传播趋势

网络流行语以其个性化的内容和新颖的表达方式得到了大学生群体的青睐，作为大学生情感表达的有效载体，它不仅丰富了大学生的语言符号和表达模式，而且成为反映和影响大学生价值观的重要渠道。

（一）网络流行语是社会文化与渗透在大学生群体中的直接映射

大学生群体正处于成为社会化人的成长和过渡阶段，很容易受到社会文化环境的影响，网络流行语成为大学生表达自我、联结社会的窗口，符号化的语言形式影响着大学生价值观、人生观的形成。

当代大学生具有叛逆化的思想特征，喜欢挑战传统思维，不喜欢受到传统宣传模式的拘束，愿意通过个性化甚至碎片化的方式表达自身诉求。网络流行语作为具有强烈符

号意蕴的载体，在传播过程中往往侧重于映射具有强烈嘲讽意味和批判思维的社会事件，形成最具扩大化效果的讽刺意识，以迎合大学生的思维模式。

（二）网络流行语是大学生参与国家政治生活的反映

大学生群体所使用的网络流行语更多地集中于社会热点事件，反映社会时代的脉搏，折射当前热点问题，不同于标语口号或者一般的新闻事件标题，网络流行语具有形式和内容上的双重含义，在传播过程中逐渐凝聚成现代汉语词汇，蕴含丰富的潜台词，更具号召力，传播速度更快，感染性更强。

大学生群体使用的高频网络流行语都是承载社会热点事件的类成语，客观上反映了大学生对于国家大事、社会时事的关心，拓宽了大学生参与国家、社会治理的渠道，是对大学生主动参与国家政治生活的一种反映。社会热点的网络流行语反映了社会热点事件背后的荒唐和无奈，甚至有很多大学生仿照构词创造了新的网络类成语。

（三）网络流行语是大学生个性化交流表达方式的载体

大学生更乐于并接受新事物，更喜欢个性鲜明的表达方式，网络流行语是大学生在交流过程中调侃、批判、彰显个性的有效载体，这种心理状态通过网络流行语得到了进一步的释放。

影视剧中一句“元芳，你怎么看”在大学生群体中掀起一股热潮，“不要迷恋哥，哥只是个传说”等造句，吸引了大量大学生广泛使用并对其不断进行扩充，从最初的“火星文”发展到后来为人所广泛接受，网络流行语成为大学生个性化交流表达的重要载体。

三、重视网络流行语在思想政治教育中的引导作用

校园网络文化对高校营造和谐的校园文化环境产生了明显的冲击，成为校园舆情的“发酵池”，高校网络舆情事前可能没有任何征兆，但可能会在短时间内产生强大的网络舆论，从学校层面扩散到社会层面，甚至有可能发展为群体性事件的诱因。面对校园舆情发展迅速、舆情复杂、“发酵”隐藏、后续扩散不明确及难以控制等特点，越来越多高校开始重视对校园网络舆情的预警与应对。

面对校园网络文化对和谐校园文化建设的一系列影响，习近平总书记早在2013年全国宣传思想工作会议上的重要讲话中就指出：“努力以思想认识新飞跃打开工作新局面，积极探索有利于破解工作难题的新举措新办法，把创新的重心放在基层一线。”只有这样，才能化被动为主动，积极推动传统媒体和新兴媒体融合发展，打造校园文化宣传的新概念、新范畴、新表述。

当前，网络已成为高校宣传校园文化和开展大学生思想政治教育的重要平台，网络舆论引导成为高校宣传思想工作的重要组成部分，把握好网上舆论引导的时、度、效，加强党的新闻舆论工作理念、内容、形态等创新，才能增强校园舆论的针对性和实效性。

校园网络流行语传播速度快、内容新、形态多样、参与性强，承载着社会和校园网络文化的信息和事件，反映了国内外热点新闻、校园内外突发事件以及与师生利益密切

相关的事件，推动校园文化氛围的形成，充分适应了校园文化分众化、差异化的传播趋势，是争夺校园网络舆论主导权的前沿阵地。

（一）网络流行语是校园网络舆情导引的“发酵池”

网络舆情导引是指在网络空间中，围绕网络信息的各种传播渠道，以争夺舆论主导权为目的的网络空间战略博弈。网络空间的出现使得网络信息具有实时性、虚假性、发酵性等新特性，各类网络信息交互平台突破了信息传递链条的封闭性，微信、论坛、微博、BBS等新媒体交互平台使得人人都有参与的可能。针对网络的这些特性，敌对国家组建了“数字水军”等，伪装用户身份，通过网络平台发表不实言论和观点，试图制造舆论、主导舆情。在这个过程中，更适应传播和贴近学生个性的网络流行语成为网络舆情导引的“发酵池”。

（二）网络流行语是大学生价值观的“观察点”

作为当代知识青年，大学生在社会发展过程中扮演着越来越重要的角色。青年的价值取向决定了未来整个社会的价值取向，而青年又处在价值观形成和确立的关键时期，抓好这一时期的价值观养成十分重要。青年价值观的正确与否，直接决定着他们进入社会后能否对社会产生积极引导，从更长远的角度看，也决定着我国社会主义事业能否后继有人，以及中华民族伟大复兴的宏伟目标能否顺利实现。

校园网络流行语包含了大学生的人生态度和价值观，大学生在成长过程中难免遇到各种困惑，对社会事件的看法难免流于偏激，更容易被人引导利用，因此，大学生更易对网络流行语这一个性化语言进行解构或复写，以此来表达自己的观点，宣泄积累的情绪。这就需要思想政治工作者关注大学生的思想情况，以之作为大学生价值观的重要观察点。

（三）网络流行语是校园网络文化的“晴雨表”

习近平总书记在主持召开网络安全和信息化工作座谈会并发表重要讲话时指出，“依法加强网络空间治理，加强网络内容建设，做强网上正面宣传，培育积极健康、向上向善的网络文化，用社会主义核心价值观和人类优秀文明成果滋养人心、滋养社会，做到正能量充沛、主旋律高昂，为广大网民特别是青少年营造一个风清气正的网络空间”。

大学生的常用网络流行语反映了当代大学生的社会心理状态，主要包括以下几个方面：一是积极向上的心态，如“获得感”“正能量”等，这些反映社会风貌的词语大体是积极向上的；二是对社会敏感事件的积极参与，中国公众通过互联网行使监督权的意识日渐加强，对于熟悉网络的大学生而言，使用网络流行语成为大学生参与国家政治生活的一种方式；三是在自我调侃和调侃他人中隐藏的“黑色幽默”价值观，如“蛙系青年”“佛系”“姨母笑”；四是不满情绪、压力等的宣泄和释放，网络流行语作为个性化语言，成为大学生释放心理压力、宣泄情绪的一种方式，如“教科书式耍赖”。

思想政治工作者要学会通过网络走群众路线，经常上网看看，了解大学生的所思所愿所想，收集好想法好建议，积极回应大学生关切的问题，为其答疑解惑。利用网络流行语引领校园网络文化宣传，使之成为大学生思想政治教育的切入点和有效网络载体。

四、利用网络流行语开展大学生思想政治教育的探索

习近平总书记在主持召开中央网络安全和信息化领导小组第一次会议时指出，做好网上舆论工作是一项长期任务，要创新改进网上宣传，运用网络传播规律，弘扬主旋律，激发正能量，大力培育和践行社会主义核心价值观，把握好网上舆论引导的时、度、效，使网络空间清朗起来。习总书记的讲话指明了利用网络流行语开展大学生思想政治教育的路径和方式。

（一）利用网络流行语增强校园文化宣传的话语权

提高大学生思想政治教育的亲和力，要求思想政治工作者必须努力提高在社会文化宣传中的话语权。学校要加强校园文化传播能力建设，充分利用新媒体和传统媒体的融合发展，精心构建校园文化话语体系，发挥好新兴媒体作用，增强校园文化语言的创造力、感召力、公信力，讲好中国故事，传播好中国声音，阐释好中国特色。

大学生不仅在课堂上接受思想政治理论课主渠道的教育，还受到校园文化和社会大环境等方面的影响，从而形成个人的价值观、人生观。网络空间成为大学生思想教育的重要阵地，网络思想政治教育工作是大学生思想教育工作的重中之重，充分发挥网络流行语中的正能量魅力，可以使大学生更容易接受思想政治教育的内容与模式。

（二）利用网络流行语加大正面宣传力度

习近平总书记在中共中央政治局就提高国家文化软实力研究进行第十二次集体学习时指出，对中国人民和中华民族的优秀文化和光荣历史，要加大正面宣传力度，通过学校教育、理论研究、历史研究、影视作品、文学作品等多种方式，加强爱国主义、集体主义、社会主义教育，引导我国人民树立和坚持正确的历史观、民族观、国家观、文化观，增强做中国人的骨气和底气。

当前，校园网络文化建设成为高校日益重视的重要课题，我们应该主动思考如何利用网络流行语承载和弘扬中华民族的优秀文化和光荣历史，讲好当代中国故事，从而增强传统文化、社会主义核心价值观在大学生群体中的影响力。

（三）把握网络流行语积极回应学生关切

网络流行语折射出校园生活的某些热点、焦点、难点问题，思想政治教育工作者要及时捕捉这些信息，使思想政治教育有的放矢。

“hold住”一词十分契合当下大学生的生活和情绪状态，虽然生活中难免会有疲倦、麻木的负面情绪，但我们仍然积极向上。这种词语充分反映了大学生敢于担当、积极向上的精神，映射出当下大学生的精神状态。

网络流行语是学生适应社会、辩证思考人生的方式，只要思想政治教育工作者认真加以引导和利用，积极回应学生关切的问题，就能够汇聚强大的正能量。

（四）做好网络流行语舆情监测开展网上舆论斗争

思想政治教育工作者不仅要真正成为运用现代传媒新手段、新方法的行家里手，同时也要严密防范网上的攻击渗透行为，防止网络流行语被别有用心的人加以利用，成为发表不利于政府言论和观点的工具，变成制造舆论、主导舆情的“发酵池”。

网络思想政治教育要求我们充分运用新技术、新应用创新媒体传播方式，占领信息传播制高点，组织力量对错误思想观点进行批驳，净化网络空间。

参考文献：

[1] 屈寒梅，陈建军. 校园网络流行语传播社会热点问题的途径［J］. 商情，2017（33）.
[2] 周俊，王敏. 网络流行语传播的微观影响机制研究——基于 12 例公共事件的清晰集定性比较分析［J］. 国际新闻界，2016（04）.
[3] 张蓓，韩旭. 热点新闻中网络流行语的产生与传播［J］. 新闻战线，2017（4x）.

浅谈多元文化背景下高校思想政治教育工作的发展与思考

孙殊葶

成都工业学院

摘　要：从“新时期”走向“新时代”，中国特色社会主义事业实现了历史性跨越。在社会文化多元化背景下，高校的思想政治教育工作应更加贴近实际、贴近广大青年学生的学习和生活，要因时而变、因地而变、因人而变，充分运用多元文化所带来的有利因素，切实提升思想政治教育工作的针对性，增强时效性，确保有效性，以高效能、高质量的思想政治教育工作，来推动当代大学生成为践行社会主义核心价值体系和实现中国梦的主力军。

关键词：多元文化　高校思政教育　发展　思考

一、多元文化背景解析

文化多元化，是指在人类社会越来越复杂、信息流通越来越发达的背景下，新的文化层出不穷，各种各样的文化均面临着不同的机遇和挑战。当今社会的全球化和国际化趋势日益凸显，文化之间的交流与碰撞更加频繁与激烈，日新月异的文化造就了多元化的社会，推动了整个人类社会的发展。当前，我国的社会主义文化博采众长，在传承优秀传统文化的基础上汲取来自不同地域、不同国家的文化因素，多种文化与思潮的反复冲击与契合让我国社会日渐处于多元文化背景之下。

二、高校思想政治教育工作的现状

高校大学生是当今社会主义的建设者和接班人，也是实现中国梦与中华民族伟大复兴的践行者，在当前多元文化的背景下，如何帮助大学生树立正确、积极的世界观、人生观与价值观，去创新与突破自我，成为优秀的引领中国社会思潮的青年团体与主力军，是一个值得高校思想工作者关注和思考的问题。高校辅导员作为大学生主要的思想引领者、组织者与管理者，更应该充分予以重视。

众所周知，高校学生的党建工作是思想政治教育工作的重中之重。在社会越来越进步、思想越来越多元的态势下，学生思想的进步与革新就更加需要发挥高校党建工作的优势与优良传统。新媒体时代的号召与演变使得社会思想更加丰富，当然也日益信息化和碎片化，这就加速了社会文化的多元化，为高校的思想政治教育工作提供了重要载体与发展路径，也充沛和完善了其内容与目的。但多元文化背景尚仅有雏形，其中的不稳定性与不确定性等因素给高校思想政治工作的开展带来了无法预期的挑战与磨难。

目前，大部分高校的思想政治教育工作主要还是通过课堂讲解、讲座汇报等“老师讲学生听”的传统方式来进行，普遍呈现出传统性、死板化、应试目的严重等特点，且思想政治教育以理论知识为主，与大学生的实际生活、学习等脱节严重，无法解决学生所面对的实际问题。空泛的纯理论让学生失去了兴趣，大部分学生只是单纯地为了学分而学习，逃课、睡觉、玩手机等便成了高校思想政治教育课堂上常有的事，当然，学生的接受程度也就大打折扣，思想政治教育工作所起到的作用和成效亦不显著。

随着党的十九大和全国高校思想政治工作会议的召开，发展高等教育事业尤其是高校大学生的思想政治教育工作再次被提上日程，引发了重要关注。习近平总书记强调，要实现高等教育内涵式发展，培养德智体美劳全面发展的社会主义建设者和接班人。高校培养学生的根本目标就是要立德树人，提升大学生的思想政治素养与文化自觉则是发展高校教育事业的关键与核心。纵观当代大学生，其平均年龄在19～22岁，这刚好是一个三观未完全形成的思想摇摆期，外来的各种新生事物以及跨文化的影响无时无刻不在刺激着他们，导致其原有的主流思想意识状态始终未能成型。同时，目前高校大学生大部分都是“90后”，“00后”也开始入学，在网络时代的环境中熏陶和成长起来的他们普遍呈现一种共性，那就是特立独行，自我意识强烈，热衷于了解和追求新鲜事物。他们的思想意识大多是健康、积极的，能够通过多媒体网络手段来捕捉与反馈社会信息。诚然，多元化的社会背景给予了他们更多选择，但同时也带来了非主流的价值体系，使他们的思想意识形态不可避免地受到了一定的影响。

近几年，中国加快了迈入世界舞台的步伐，世界上有越来越多的国家都想要认识、了解中国并加快了与中国的接触与交往，外国人掀起的“汉语热”便是最好的证明。在中外加速相互了解的过程中，大量具有多样化、差异性的文化与思想也随之涌入，这对于正处于“三观”发展期的高校大学生来说具有较大的冲击与影响力。中国目前已进入经济繁荣稳定的时期，中国共产党提出的社会主义核心价值体系具有强大的前瞻性与包容性，这也为多元文化的滋生与发展提供了宽松有力的思想保障。同时，高校的改革举措变化颇大，对招生、专业学科等方面的整顿与调配将高校的师生群体置于一个非比寻常的多元文化背景之下。学生们有着不同的地域背景、成长环境、风俗习惯以及思维模式等，一定程度上加大了高校思想政治教育工作开展与深入的难度。

三、关于多元文化背景下高校思想政治教育工作的思考

全球化的影响使中国的经济、政治、文化水平跃入世界前列，中国的国际地位日益提升，其对层出不穷的新生事物、多元文化与思想的兼收并蓄，也或多或少地影响着青年学生的成长与成才。笔者以此为背景，同时结合自己的工作经历与经验，以学校实际情况为基础，对高校思想政治工作的发展与创新提出了几点思考与建议：

第一，高校的思想政治教育工作应顺应信息网络时代的发展潮流。互联网的兴起加速了社会的飞速发展，它的全球化、兼容性、分布广泛、信息海量化等特征时刻影响着大学生的思想意识。通过了解，当前大学生易于接触新事物、发现新事物、探寻新事

物，针对这一特点，高校应借助互联网并利用信息技术，有效拓宽思想政治教育工作的覆盖面与深入途径，同时有针对性地运用互联网开展网络新媒体方面的宣传，如QQ群、微信公众号、微博、易班等，使网络变成联系、了解学生思想状态的有利渠道，成为开拓高校思想政治教育工作科学、合理的举措。

善用网络平台服务学生，以学校发展实际为前提，鼓励学生进行自我管理与自我发展。高校应紧紧围绕大学生在不同时期、不同阶段所关心和留意的热点问题，做好相应的思想政治工作，对学生进行教育与引导。同时，要确立思想政治教育工作“服务需求”的新理念，利用学校的网页、官微、微信公众号等网络平台适时推送时事政治与热点话题，包括“两学一做”、十九大精神、习近平系列重要讲话精神、优秀思想政治教育工作实例、学生普遍关注的社会热点话题等，加大学生对时事政治的把握力度，推动网络成为与学生互动互通、开拓思想政治教育工作的重要平台。

充分挖掘掌上“微平台”，以大学生的自主性和灵活性为依托。通过手机、平板电脑等，可以随时随地操控的高科技电子设备来开展思想政治教育工作。多样化且富有时代特色的“微”方式能最大限度地吸引广大青年学生的注意力，引导他们利用移动平台开展线上学习活动，扩大思想政治教育工作的适宜度与覆盖面。比如平常定期或者不定期地组织学生集体学习或温习党的路线、方针和政策，以当下的热点话题作为讨论主题开展演讲或辩论赛等，做到线上线下齐驱并进、共同进步。同时，制定科学合理的思想政治教育工作成果的学习方案与评比制度，通过“微平台”让学院与学院之间、班级与班级之间、老师与老师之间、学生与学生之间形成相互竞争的场面，在工作业绩、教学成效、学习进度等方面进行比拼，由此推动整个学校思想政治教育工作的发展，使其与时俱进，顺应时代变化。

第二，贴近实际、贴近生活、贴近学生，齐抓共管落实处。高校的思想政治教育工作绝不能脱离广大学生的普遍意愿与真实想法，所以务必要根据学生及其生活实际来设置思想政治教育的学习内容与形式，同时，紧密结合高校发展和改革的实际情况，围绕思想政治教育这个核心，在学生群体中建立相应的学习型组织，才能保证高校思想政治工作充分入耳、入脑、入心。

普遍教育与针对教育要适度结合。高校可以适时邀请知名专家、学者讲授思想政治的理论知识、分析时事热点话题等，以思想政治课堂为载体，打造综合性的思想政治“大讲堂”，既包含有关习近平总书记新时代中国特色社会主义思想，治国理政的新理念、新思想、新战略及社会主义核心价值观等理论知识，也包含当下的经济发展走向，就业创业、社会文化、时事热点、医疗健身等实际性课程，实现高等教育下大学生综合素质全面发展和提升的需求。同时，辅导员、思政专任教师、党支部书记、学生党员干部等应充分发挥先锋模范和带头服务作用，通过学习沙龙、专题讲座、演讲汇报、研讨会等形式展开党建带团建的活动，推动学生在无形之中成为思想政治工作的引领与示范力量。

理论与实践要相统一。高校可以通过开展评选党员标兵及优秀工作者、设立党员责任岗与党员导生、创建党员服务先锋队等创新性活动来引导教师在思想政治教育工作中的思维模式与先进意识，传播正能量，做好学生学习和实践活动的指导者与引领者，充分调动高校老师学做合一、比学赶超的良好氛围，为开展学生的思想政治教育工作打下良好的环境基础。

坚持第一课堂和第二课堂活动相结合。第一课堂应是大学生的主要战场，大学生也应把学习放在首要位置。高校在坚持立德树人这个根本目标的同时，需通过第二课堂活动来辅助学生的学习，丰富其大学生活，提高其捕捉当下热点事物的敏感度和分析力。近几年，汉语热的热潮给中国注入了更多的文化元素，同时也吸引了更多外国人来中国学习汉语，了解汉文化，带来了思想与文化上的碰撞。高校应充分利用好这种多元文化机遇，在开展第二课堂活动时帮助学生结合专业知识以及多元文化背景，通过文化了解政治形态和当下生活，形成正确的思想观念和客观的思维模式。

第三，增强对多元文化背景形成与发展的研究与探索。校园文化建设是中国高校思想政治教育工作的重头戏，其发展离不开思想政治工作与多元文化之间相辅相成的关系。分析多元文化背景下高校思想政治教育工作的前景，高校需加强学校管理，将思政教育工作与学生活动、学校文化等充分结合，以情、法、理为核心，使其充分渗透到学校管理和校园文化建设的具体实践中去，从而实现“日学而不察，日用而不觉”的良好效果。

第四，在高校思想政治教育工作中适当引入中国优秀传统文化，丰富学生的精神内涵与人文情怀。目前，大学生接触到的意识形态更多是从网络平台上获取的，其快餐文化的特点在网络平台上体现得非常明显，即只作片段化、碎片化的快速呈现，而非有程度、有角度的深层挖掘。中国传统文化的缺失使得他们失去了思想的魂与根，缺乏相应的认知与知识储备，所以，高校开展思想政治教育工作时应考虑纳入中国传统文化的相关内容，提升学生的思想文化素养，促使其树立正确的思想导向。

第五，加强高校教师的政治理论素养与工作模式的创新。党的十九大工作报告提出要全面发展素质教育，实现全员、全方位、全过程的“三全育人”思想理念，传统的应试教育对大学生的学习与发展已形成阻碍，教师的思想政治教育工作也亟待提高与更新。高校应多组织教师参加相关培训与研讨会，及时传达并解读国家的时事政策与发展方针，培养“四有教师”，有力提高教师的政治觉悟与思想站位。同时，教师自己也要学会从中捕捉有效信息并将其转化为思政课堂教学素材的技能，多关注社会热点问题，多了解组织行为学、心理学等相关专业知识，改变枯燥、乏味的课堂教学模式，因材施教，将学生的被动接受变为主动学习，实现课堂教学的师生互动、教学相长，更好地夯实思想政治教育工作的基础。

第六，与学生多谈心、多交流，了解学生的思想状况，减小因多元文化与跨文化交际所带来的负面影响。高校辅导员应掌握每一位学生的基本信息，了解学生的心理、学习与生活状态，通过室内班会、户外集体活动、团组织生活等形式增进师生之间、生生之间的了解、联络与情感交流。同时，教师要以身作则，始终跟上我党思想路线的步伐，以马列主义、毛泽东思想、邓小平理论、“三个代表”重要思想、习近平新时代中国特色社会主义思想等来引领学生的思想发展，保证其拥有正确、向上的价值观，减小因社会文化多元化和跨文化交际所带来的负面影响与思想冲击。

“士不可以不弘毅，任重而道远。”多元文化的社会背景使当代青年大学生的思想状态与精神文化需求呈现出差异性、多变性、独立性与包容性的特点，这也使高校思想政治教育工作的发展面临着前所未有的机遇与挑战。多元文化所带来的思想与思想之间的碰撞极易产生多样的思维方式，尤其对富有朝气、思想灵活的青年大学生来说，新颖的思维方式往往能引导他们去积极探索新鲜、向上的事物。因此，高校应在遵循学校实际情况的基础上，不断摸索和探讨新时代思想政治教育工作的新思路与新方法，以科学化、全方位的方法与思路来积极引导大学生树立正确的价值取向，有力保证党的理论路线和方针政策的落实与开展，同时，要推动高校思想政治教育工作的开展，以及学生学习、生活管理等各项工作的顺利进行，由此使立德树人的根本任务得到落实，为实现中华民族伟大复兴、建设人才强国提供了强有力的人才保障与思想力量。

参考文献：

[1] 付用兰. 高校思想政治教育的跨文化沟通 [J]. 文献，2007 (04).
[2] 罗恒. 关于中华优秀传统文化融入大学生思想政治教育的思考 [J]. 文献，2016 (12).
[3] 尹田生. 网络文化对大学生思想道德的影响及对策 [J]. 人才资源开发，2016 (18).

中国社会主要矛盾变化背景下人民的美好文化生活需要与构建精神家园理论研究[①]

邓希雯[②]

四川师范大学

摘　要：本文从马克思主义理论的角度阐释了中西方精神家园理论的理论意义和现实意义。从精神家园理论视角出发，讨论了中国社会主要矛盾变化背景下，中国社会主要矛盾变化理论系统中“人民日益增长的美好生活需要”这一理论范畴的特征、价值论意义等有关问题。

关键词：主要矛盾　美好需求　精神家园

一、中国社会主要矛盾变化理论系统中“人民日益增长的美好生活需要”的概述

党的十九大报告指出：“中国特色社会主义进入新时代，我国社会主要矛盾已经转化为人民日益增长的美好生活需要和不平衡不充分的发展之间的矛盾。”我国社会主要矛盾的变化反映了由较低层级供需矛盾向中高层级供需矛盾的转变。人民的物质文化生活向美好生活的转化体现的是人民需要从“窄”到“宽”的转变。落后的社会生产向不平衡不充分的发展的转变，体现的是社会发展从“低”到“高”的转变。矛盾双方的这种同时变化，反映了社会状态由“量”到“质”的转变。

新时代，对我国社会主要矛盾变化做出的新判断有着特定的历史背景。社会主要矛盾的变化是改革开放以来长期积累的结果。有学者认为，社会主要矛盾的变化是建立在党的十八大以来快速发展的基础上，是建立在我国改革开放 40 年的成果基础上，是建立在新中国成立将近 70 年的积淀上的。还有的学者认为，社会主要矛盾的变化是对新中国成立以来以及改革开放 40 年来伟大成就的深刻总结，是对当代中国现实的高度概括，是中国特色社会主义未来发展的现实依据，是党的创新理论成果的生成基础。另一方面，社会主要矛盾变化也是在原有矛盾根本性解决的基础上，面对新时代、新问题、新环境做出的科学判断。有学者认为，从改革开放以来社会整体的发展现状来看，我国

---

① 基金项目：本文系四川师范大学 2018 年度校级项目，党的十九大精神研究专项课题成果（2018SJDZX18）。

② 邓希雯，四川师范大学党委宣传部职员、助理研究员。

经济在经历快速发展后依然保持中高速增长，综合国力与人民生活水平均发生了历史性的巨大变化，经济总量在世界主要国家中名列前茅。

马克思主义矛盾理论是阐述中国社会主要矛盾变化的理论基础。中国共产党在革命、建设与改革的各个历史时期来观察分析中国社会，运用马克思主义矛盾理论准确把握不同时期、不同阶段的社会主要矛盾，并依此确定主要工作任务，这是我们党在长期奋斗中形成的重要经验。新时代社会主要矛盾的变化是对五年来中国发展历史性成就和变革的深刻总结，是对改革开放40年来发展成果的真实反映。

目前学术界关于"人民日益增长的美好生活需要"的内涵存在两种理解，一种是将"人民日益增长的美好生活需要"视为更高层级的物质文化需要。比如，有学者认为，美好生活需要意味着人民对物质文化生活提出了更高要求，包括质量更高、更安全、更多样化、更方便的物质文化需要。还有学者指出，人民对美好生活的需要是对物质文化需要的升级版，人民需要的范围更广了、层次更高了。另一种则认为，"人民日益增长的美好生活需要"是一种比"物质文化需要"更全面的需要。经过30多年的改革发展，人民不仅对物质文化生活提出了更高要求，而且在物质文化需要得到基本满足之后，在民主、法治、公平、正义、安全、环境等方面的要求也日益增长。人民的需要结构、需求层次已经整体跨越了基本的物质文化层次，从横向来看，人民的需求领域日益扩大、串联，不再局限于物质文化方面；从纵向上看，人民的需要层次不断提升，从衣食住行的基本刚性需要走向了更高的生活层次。因此，"人民的美好生活"不仅包括物质的富足，而且包含政治权利的扩展、文化生活的丰富、社会关系的和谐有序、生态环境的美丽清新等多方面的内容。

二、人民日益增长的美好生活需要中的美好文化需要

人是自然存在物、社会存在物、精神存在物的统一体。人民日益增长的美好生活需要包含物质的富足、政治权利的扩展、文化生活的丰富、社会关系的和谐有序、生态环境的美丽清新等多方面的内容，本文主要讨论的是文化生活的要素，即人民日益增长的美好生活需要中的美好文化需要。从结构上来说，人的需要包含多方面、多维度、多层次，其中，物质层次是最基础、最基本的，精神层次的需要是更高级、更困难的。当人们的物质需要得到有效满足时，精神文化需要就上升为主导型需要，成为人民群众日益增长的美好生活需要中不可或缺的部分，成为"美好"这个定性范畴的重要组成部分。

党的十八大以来，广大人民的物质生活需要的有效满足度逐渐提高，人民在精神生活层面有了更多更高的期待。人民更加追求人生的满足感、幸福感、成就感、安全感，包括尊严、权利、当家做主等更高级别的精神层次需求，这些需求更加明确了人民日益增长的对美好生活的需求的现实意蕴，更进一步地提升为人民对民主、法治、公平、正义、生态、安全等各个方面的需求和期待。因此，新时代新形势下，精神文化层面的需求在我国人民日益增长的美好生活需要的各个层面中产生了比以往任何时候都更强大的驱动力。从当今社会主要矛盾变化的角度来看，新时代人民的美好精神文化需要主要有以下两个特征：

人民的美好精神文化需要更加追求品质化。现阶段，我国广大人民群众的科学素

质、人文素养普遍提高，人们的审美能力、审美价值取向、审美心胸构成更加往高品质发展，对大众文化的鉴赏更加追求品质而不是数量，更加注重性情陶冶、精神升华，更加注重人生事业、生命情操。

人民的美好精神文化需要更加追求多维化。人民的精神文化需求不能脱离物质需求而存在，繁荣的物质文化在一定程度上造就了精神文化需求的繁荣。人的意识构建与物质世界构建相比具有一定的滞后性，因此，当前人民对美好精神文化繁荣的需求更加迫切。美好精神文化的繁荣主要体现在精神文化的多维化。精神文化的建设也从过去扁平的、独立的系统更加趋于整体性、多维性，在现实生活中体现为一元主导、多元并存的文化现象。

三、人民的美好文化需要的根本价值取向：精神家园构建

《辞海》从两方面对“家园”进行了解释：第一个解释是自家田园、私人园林；第二个解释特指家乡，即家庭生活和居住的地方。此外，“家园”还有家业、家庭的意思，但是这个义项并不常见。当前，人们认为精神家园是一种意义世界和理想境界，是与物质家园相对应的、在文化认同基础上形成的精神文化和价值系统。从不同层面来看，人们对精神家园内涵的理解也不尽相同。

在范畴层面，精神家园是与信仰密切相关的一种理想境界，是一种精神心理模式或时代精神，换句话说，精神家园是属于个人或特定时代某一群体所共有的精神信仰与价值理想的意义世界。精神家园是人的精神内核，被视为一种时代精神，也可以用来指具有一定群体意识的时代精神。在功能层面，精神家园是人的精神支柱，是人的感情寄托和归宿。考察精神家园的构成要素，我们不难发现，“精神家园”由不同层次的精神要素彼此联结，精神家园系统既包括情绪、风俗习惯、传统等低层次的要素，又包括政治、法律、道德、宗教、艺术、哲学等属于上层建筑的高层次的精神意识。

人们为了实现自身的发展，不断地树立理想信念等价值观念，希望通过努力接近并实现理想，不断体现自身价值。但是，追寻的理想和信念因人、因时而异，甚至有高尚与荒谬之分。人的精神世界是丰富和复杂的，对此，哲学史上有许多哲人发表了自己的见解，特别是形而上学本体论，它对人类最高的善这一理念的阐释已经达到了一定的高度，但仍然未能走远。相较于他们的理论，马克思更倾向于从现实出发，去理解人、人性和人的发展，在深刻揭露并剖析资本主义劳动异化现实的基础上，最终确立了人全面发展的价值理念。

自由是对于个人而言，指人为自身争取的生存空间和实现个人意志的空间，这个空间既包括社会、政治、经济、文化等外部条件，也包括人的体质、欲望、世界观价值观等内在因素。相对于奴役或束缚来说，自由是关于人的全部不被任何其他人占有、控制的概念。在现阶段的社会矛盾理论视域下，自由在物质世界和精神世界各有不同的指称，在物质世界以占有物质资源获得相对自由，精神世界以挣脱物质世界束缚获得解放而存在。从人生境界来看，自由是人在获得基本生存保障的前提下，渴求实现人生价值，提高生活质量，进而提高生命质量的行为取向和行为方式。随着中国社会主要矛盾的变化，人们更多地获得了物质自由，而在更高层面上注重精神自由。

人的全面发展是指人劳动能力的全面发展，既包括智力、体力充分、统一的发展，也包括人的精神世界等方面的发展。人的全面发展是均衡、科学的发展，除自身的发展以外，还包括人与人、人与社会、人与自然等关系的和谐发展。中国在市场经济高度繁荣的社会中正在逐步实现物质世界的繁荣，人们的需求正由物质上的刚性需求转变为物质的富足、文化生活的丰富，社会关系的和谐有序、生态环境的美丽清新等，即人们对美好生活的向往也发生了一定的变化。

参考文献：

[1] 马斯洛. 自我实现的人 [M]. 许金声，刘锋，译. 北京：生活·读书·新知三联书店，1987.

[2] 陈杰. 论精神家园的建构 [J]. 湖湘论坛，2007 (03).

[3] 詹七一，张立新. 重构、守护与拓展精神家园 [J]. 云南师范大学学报（教育科学版），2001 (06).

网络文化研究论丛（第三辑）

大学生网络行为

大学生网络行为及思想状况与共青团思想引领工作创新①

——基于西南交通大学的调查分析

廖 军 朱 炜 郑 源 刘禹衫

西南交通大学

摘 要：随着移动互联网络技术及其产品的更新与发展，网络新媒体平台深刻影响着广大青年学生。为全面了解青年学生的网络行为及思想状况，充分利用新媒体、新技术让团学工作活起来，更好地服务和引领青年学生成长成才，西南交通大学校团委青年工作研究中心围绕“网络育人”这一主题，就青年学生网络行为、学习生活及思想状况、网络文化建设等方面的内容进行了专题调查研究，并针对调研发现提出了共青团开展思想引领工作的建议和措施。

主题词：青年大学生 网络思政 思想引领 西南交通大学

中国互联网络信息中心（CNNIC）在京发布第40次《中国互联网络发展状况统计报告》显示，截至2017年6月，中国网民规模达7.51亿，相当于欧洲人口总量，互联网普及率达到54.3%。随着智能手机性能的提升及移动互联网的发展，手机也成为大学生上网的首选终端设备。手机的便携性一定程度上增加了大学生上网的时间，相应地，也提高了大学生在课堂上网的可能性。

面对这种现实，高校教育工作者如何跟随时代的潮流，借助新媒体的影响力，提升大学生的思想政治教育工作质量，成为摆在眼前的新问题。为了全面、深入地了解西南交通大学青年学生网络行为及思想状况，进一步调研学校网络文化平台建设情况，探讨网络思想政治教育工作面临的机遇和挑战，从而更好地服务和引领青年学生成长成才，西南交通大学校团委指导青年工作研究中心、青年传媒全媒体中心、学生会、研究生会等学生组织开展了“西南交通大学青年学生网络行为及思想调研”。调研团队围绕“网络育人”这一核心主题，针对青年学生的网络行为、学习生活及思想状况、学校网络文化建设等方面的内容，采用科学的问卷调查和数据统计分析方法完成了本次调研。

一、研究意义与背景

互联网作为当代人类社会最重要的信息基础设施之一，对社会生活产生了广泛而深

① 基金项目：西南交通大学2018年度“中央高校基本科研业务费专项资金资助”（项目号：2682018WMKS005）。

远的影响。网络生活日益成为一种全新的生活方式，网络行为成为人类行为的重要组成部分。大学生是接受互联网最快，受其影响最深的青年群体。习近平总书记在党的十九大报告中阐述了青年的重要地位："青年兴则国家兴，青年强则国家强。青年一代有理想、有本领、有担当，国家就有前途，民族就有希望。""全党要关心和爱护青年，为他们实现人生出彩搭建舞台。"

在新的历史时期，高校如何准确把握育人方向、有效提升育人质量，积极探索网络时代的校园文化建设和思想政治教育模式，成为高校思想政治教育的重大课题之一。参与做好高校思想政治工作，是高校共青团的核心任务。在 2016 年 12 月召开的全国高校思想政治工作会议上，习近平总书记强调指出，高校思想政治工作关系高校培养什么样的人、如何培养人以及为谁培养人这个根本问题。做好高校思想政治工作，要因事而化、因时而进、因势而新，要运用新媒体新技术使工作活起来，推动思想政治工作传统优势同信息技术高度融合，增强时代感和吸引力。因此，对大学生网络行为及思想状况的研究，不仅有助于理解青年学生群体的学习、生活和交友，还能够帮助探索新时代服务学生、思想引领的有效方式，意义深远。

二、学生网络行为数据分析

调查以西南交通大学在校学生（包括本科生与研究生）为对象，采取网络问卷调查的方式，共回收有效问卷 2209 份，问卷样本基本符合西南交通大学学生的总体情况，具有较高的代表性和参考价值。

（一）上网方式及时间段

在对上网方式的调查数据统计分析中得知（见表 1），大学生使用最多的上网渠道是移动端（手机、平板等），使用人数所占比例达到 86.76%，而使用 PC 端（电脑）的比例只有 13.24%。

PC 端（电脑）设备作为一种网络终端设备，虽然具有屏幕大、操作方便等优点，而移动端（手机、平板等）设备携带则更为便捷，且信息量大，具有实时性。

表 1　学生上网方式统计

选项	小计	比例
PC 端（电脑）	292	13.24%
移动端（手机、平板等）	1917	86.76%

从上网时间段而言，大学生上网的时间主要集中在晚上（18～23 点），所占比例达到了 77.19%，其中有近 12%的大学生上网时间集中在深夜至凌晨（见图 1）。

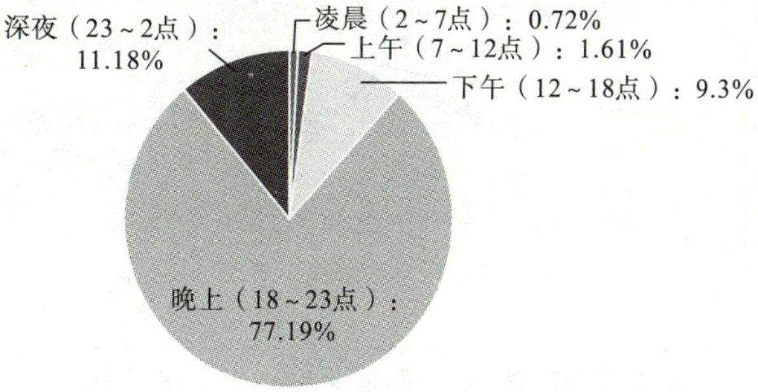

图 1　学生上网时段

（二）网络依赖度

通过对网络依赖度进行调查我们发现，绝大部分大学生都存在不同程度的手机依赖，且并不存在性别差异。在对上网时间的调查中（见图 2），将近一半的学生每天的上网时间在 3～5 小时，有超过 30%的学生每天上网时间在 5 小时以上，可见，网络在学生的日常生活扮演着重要角色。

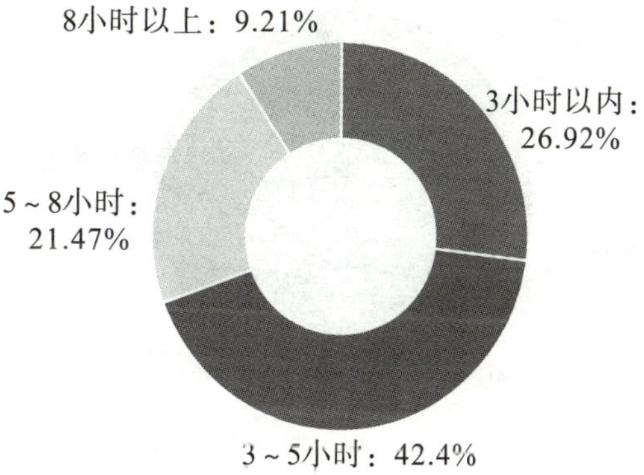

图 2　学生每天上网时长

除此之外，学生们自己对手机依赖症的问题也是有一定感知的。在“是否有手机依赖症”一题中，过半数大学生会客观评价自己“经常看手机”甚至“对手机有强烈的依赖”，并且在课堂、会议及活动中，42%的大学生认为自己在这些场景中使用手机的频率较高，仅有 1%的大学生选择从来没有，由此可见，手机确实深深地影响着大学生的生活与学习。（见图 3 和图 4）。

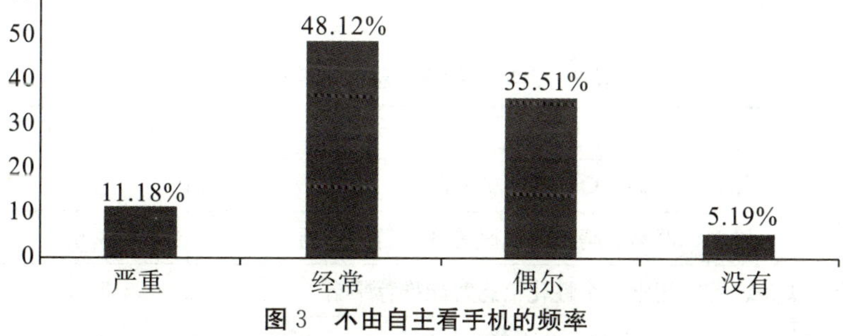

图 3　不由自主看手机的频率

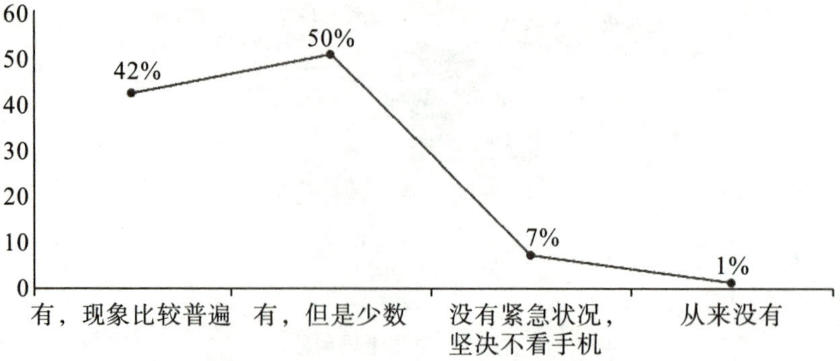

图 4　课堂或会议、活动手机使用情况

（三）网络阅读方式

根据针对阅读方式的调查结果（见图 5），使用手机或电子阅读器的学生占到 62%，同时，有约1/3的大学生选择了纸质阅读。

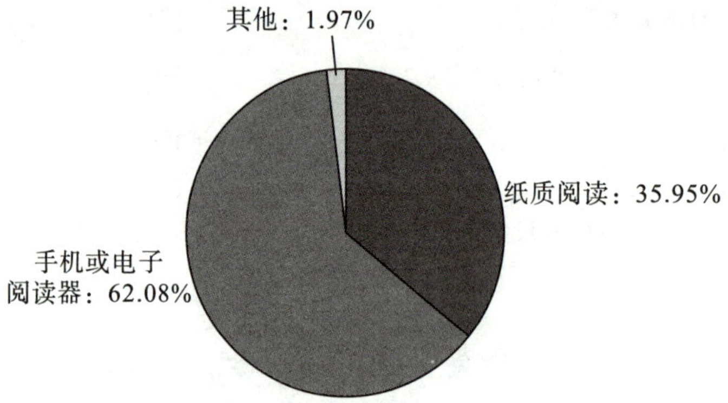

图 5　大学生阅读方式的选择

在碎片化、移动化阅读渐渐成为大众阅读习惯的同时，仍有三分之一的同学选择纸质阅读，这一结果从侧面反映出西南交通大学推广“经典悦读”已初显成效。学生选择纸质阅读，也有利于提升图书馆的利用率和大量馆藏的阅读价值。

（四）获取信息渠道、目的及关注点

“获取信息的主要渠道”的调查数据（见表 2）显示：微信、微博、QQ 等社交平台综合得分最高，为 6.57 分。当代大学生日常接触的媒体类型丰富多样，多数网站都很受欢迎。

表 2　大学生获取信息的主要渠道

选项	平均综合得分	排名
微信、微博、QQ 等社交平台	6.57	1
新华网、人民网、网易、腾讯、凤凰等各大门户网站	3.63	2
今日头条、百度搜索等个性化信息智能推荐平台	3.62	3
报纸、电视、广播、杂志等传统媒体	2.35	4

续表2

选项	平均综合得分	排名
游戏、电视、电影、视频、音乐、购物等休闲娱乐平台	2.17	5
贴吧、天涯、猫扑等 BBS 论坛	1.42	6
其他	0.38	7

新媒体使用的调查数据显示（见表 3），微信和 QQ（空间）是大学生使用最多、最受欢迎的新媒体类型。在科技高速发展的当下，大学生对待新媒体和传统媒体的态度值得关注。报纸、电视、广播、杂志等传统媒体依然是大学生获取信息的主要渠道。

表 3　大学生新媒体平台的使用频率

选项	平均综合得分	排名
微信	9.12	1
QQ（空间）	8.34	2
微博	5.93	3
知乎	3.55	4
网易云音乐	2.7	5
哔哩哔哩（B 站）	2.49	6
贴吧	1.82	7
今日头条	1.16	8
其他	0.36	9
豆瓣	0.35	10
陌陌	0.04	11

大学生使用网络的目的日益多样化，集学习、娱乐、生活等于一体，总体呈现上网目的娱乐化倾向（见图 6）。大学生使用新媒体的目的是休闲娱乐、获取资讯以及社交互动，分别占比为 85.87%、75.31%、72.36%。大学生正处于人生发展的转型期，世界观、人生观和价值观有待完善。面对包罗万象、功能强大的网络虚拟世界，大学生的思想尚未成熟，自我控制能力不强，因此，更需要团学和思政工作者帮助其把控思想方向。

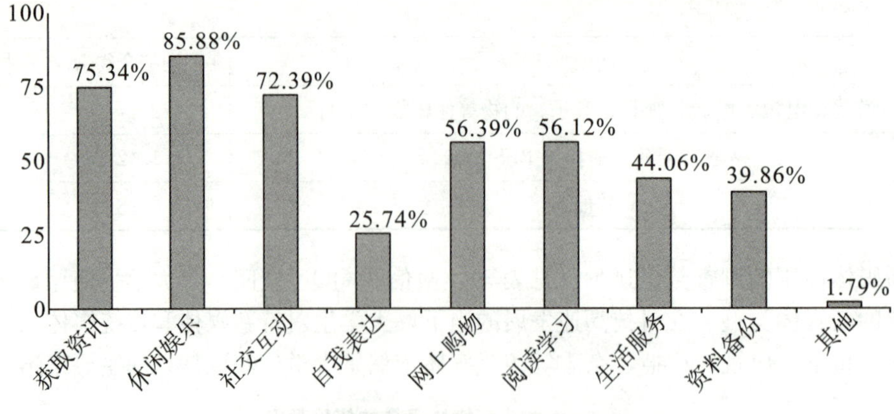

图 6　大学生使用网络及新媒体平台的主要目的

大学生在网络上最为关注的内容的调查结果统计显示（见图 7），当代大学生在网络上最关注的内容按得分顺序排名分别为：娱乐（6.97），社会（6.77），时政（5.92）。

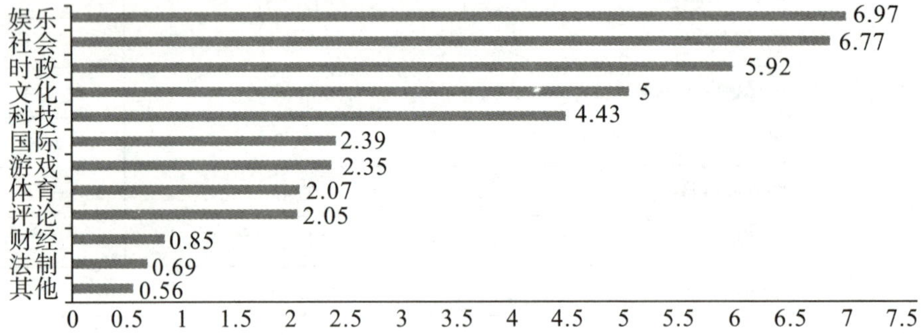

图 7　大学生网络上最关注的内容

（五）校园媒体的影响力

除了接触社会公众媒体之外，大学生在日常的学习和生活中还频繁接触校园媒体，如侧重点各不相同的校园公众号、校园网站、学生论坛、校报校刊、校园广播等（见图 8 和图 9）。这些校园媒体的传播内容与大学生生活更加贴近，对于在学生中传扬学校历史、传播校园文化、引领思想观念发挥着最直接、最重要的作用。

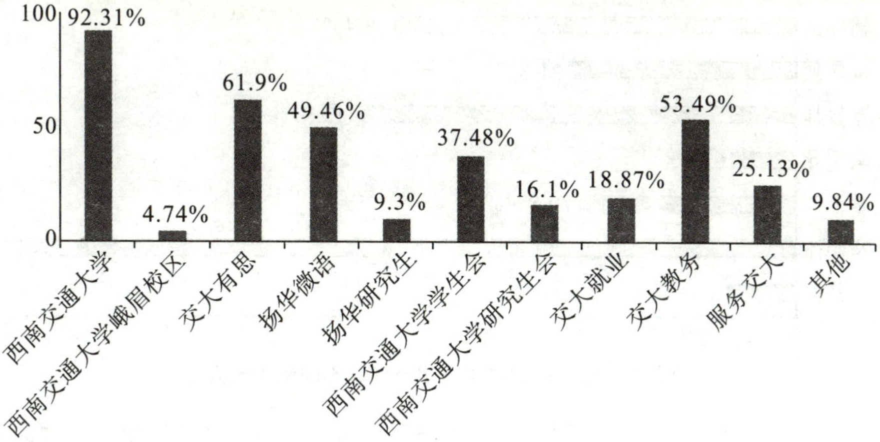

图 8　关注的学校微博、微信等公共账号

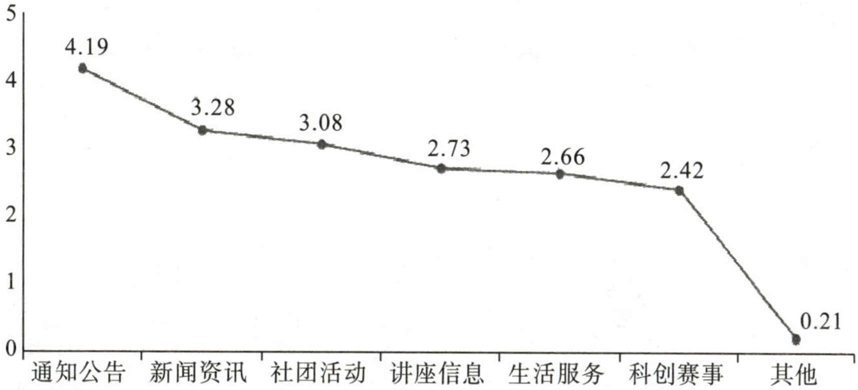

图 9　最关注或喜欢的校园信息

三、学习生活及思想动态数据分析

（一）学习生活

在学校的学习生活中，同学同辈群体、专业教师、辅导员对学生思想及成长影响较大（见图 10）。作为与学生接触最多的群体，其通过长时间的接触，对学生的思想产生了潜移默化的影响。其中 74%的同学认为，同学同辈对他们的影响最大，因此在学生工作中应充分考虑这一群体的传播效果，注重这一群体的巨大影响力。

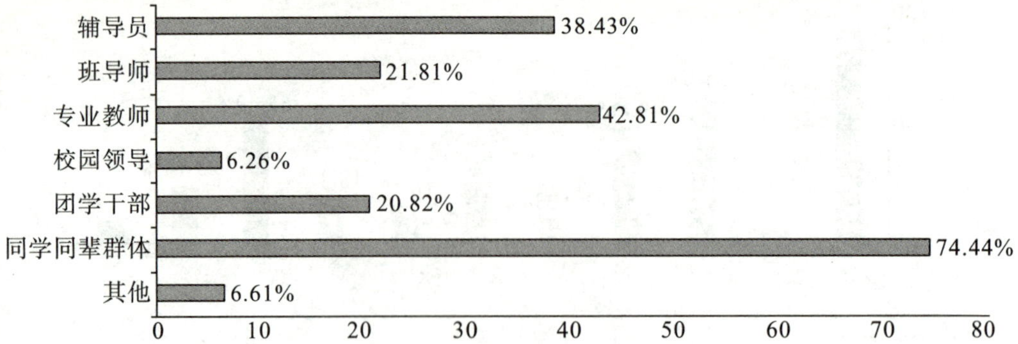

图 10　校园中对学生思想及成长影响最大的人

针对学生最喜欢的第二、三课堂的调查结果显示（见图 11），学生在选课时比较看重精神层面的需求，如艺术体验审美修养、文化沟通交往能力、心理素质身体素质等。在大学，专业课程的学习使得学生很难有机会满足自己的精神需求，因此在第一课堂外，59%的学生喜欢艺术体验、审美修养等方面的课程，希望通过第二、三课堂提升自身的艺术鉴赏水平。

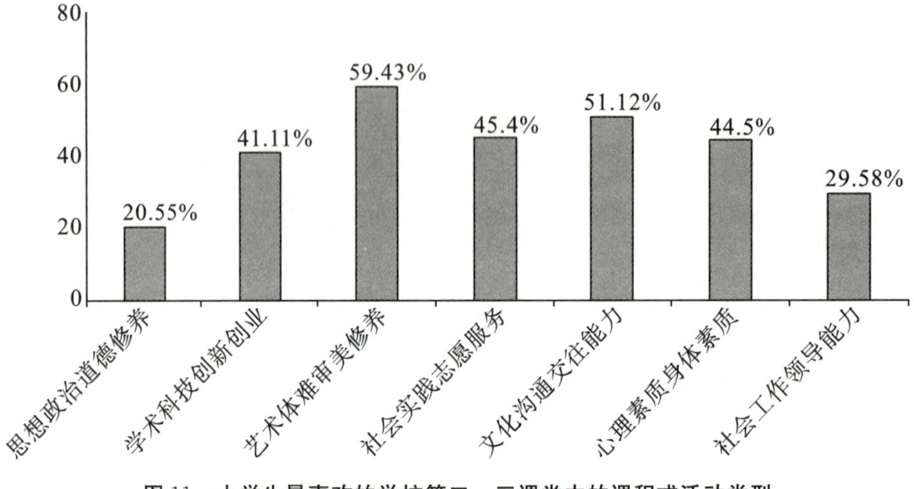

图 11　大学生最喜欢的学校第二、三课堂中的课程或活动类型

（二）消费情况

调查数据显示（见图 12 和 13），生活饮食，学习、生活用品及服饰或化妆品成为学生主要的消费内容。92%学生的生活费主要来源于父母和家庭，37.84%的日常花费来自奖助学金，29.25%的日常花费来自兼职或者勤工助学。同时值得关注的是，2.77%的学生的日常花费是通过网络或者分期付款，网络的发展使得提前消费更加便捷，但也存在网贷的风险，对此，需要防范这些潜在的风险，防止校园贷款事件的发生。

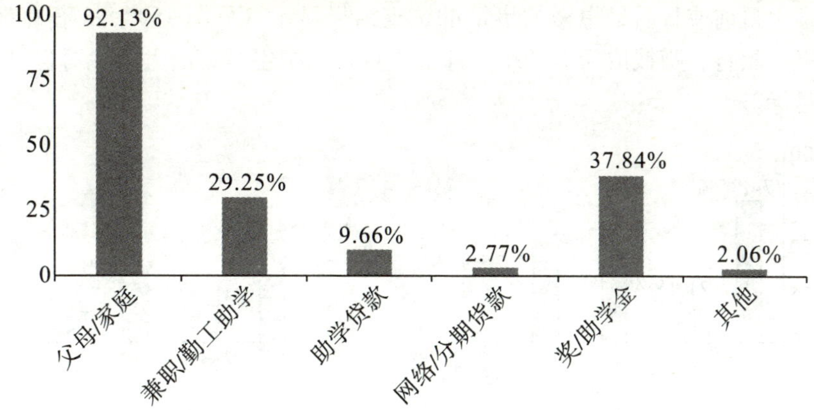

图 12　大学生日常花费来源

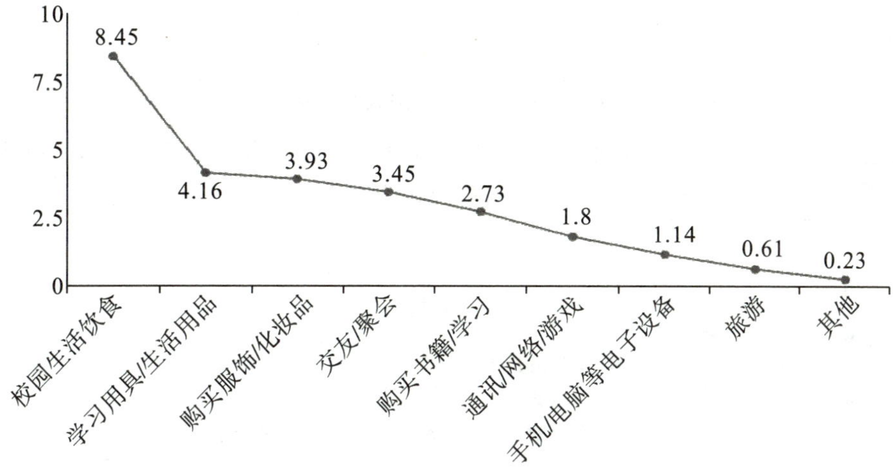

图 13　大学生日常主要支出

（三）自我认识

从调查数据中得知（见图 14），在大学生崇拜的偶像类型中，排名前三的分别为商界精英、科学家、领袖伟人。伴随着新媒体的发展，各种自媒体大 V、个性草根受到大众的追捧，但实际调查显示，这类人群还未成为大学生崇拜的主流。

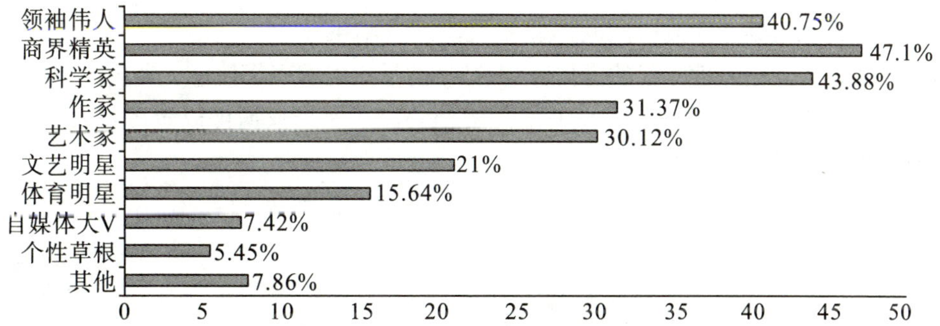

图 14　大学生崇拜的偶像类型

关于学生目前或日后最想做的事情的调查结果显示（见图 15），从事喜欢的工作、恋爱、读书、旅行、赚钱成为大学生关注的重点，从中也可看出大学生对自己未来的大致规划和目标。

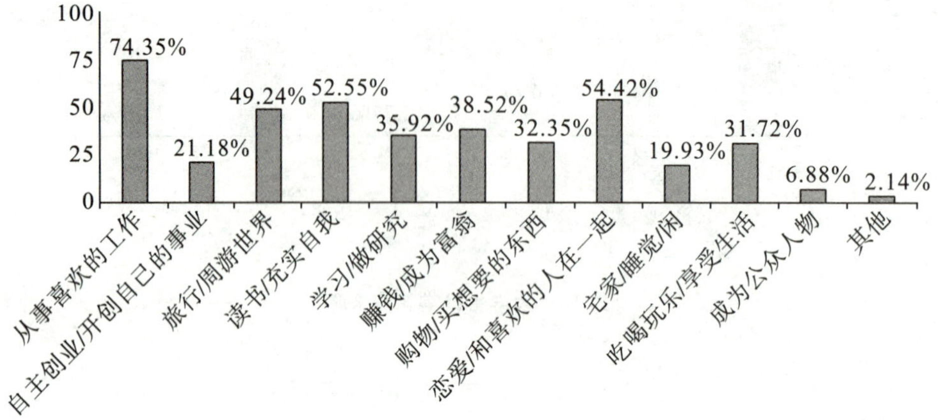

图 15　目前/日后最想做的事情

而在学生对自己的认识方面（见图 16），独立、随性成为其最常用来定义自我的标签，由此可见，大学生渴望追求个性，希望成长为有担当的人。

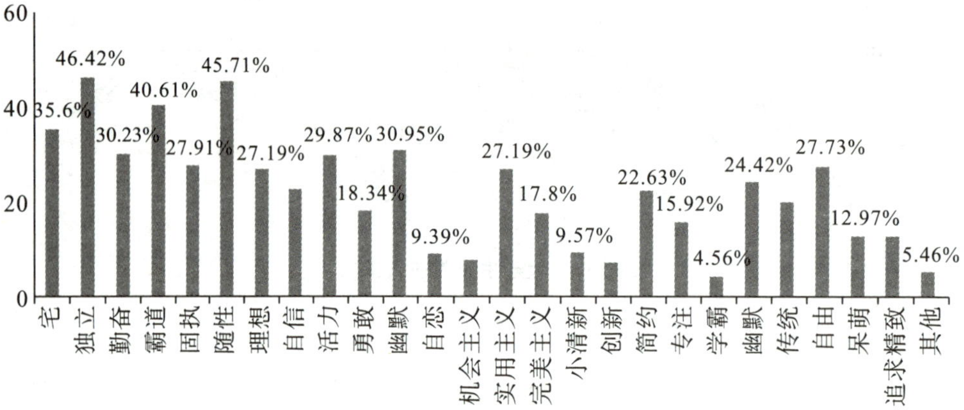

图 16　大学生眼中的自己

（四）入党、入团动机

学生申请加入共青团或中国共产党动机的调查结果显示（见图 17），50.72%的学生认为入团、入党是一件光荣的事情，48.75%的学生追求理想信念，期望为人民服务，还有 44%的学生对党的执政和理念有坚定的信心。从调查数据可以看出，大部分学生都怀有正确的入党、入团动机。

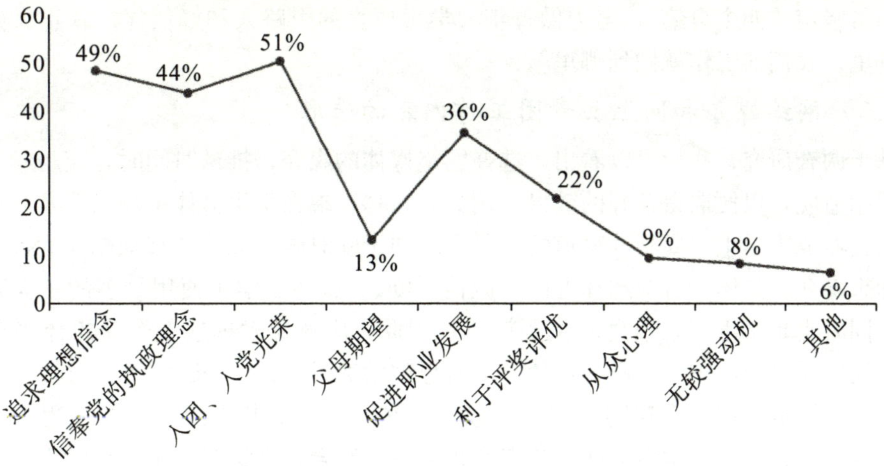

图 17　申请加入共青团或中国共产党的原因

四、高校共青团思想引领工作创新对策

探讨网络思想政治教育的具体措施是整个网络思想教育研究的落脚点。思想政治教育要充分利用网络传播速度快、信息容量大、覆盖面广及交互性强等优势，主动出击，开辟、占领网上思想政治教育的新阵地。

（一）调查网络对大学生的影响是开展网络思政工作的重要前提

从调查结果分析可以看出，网络是一把双刃剑，适度地使用网络会对学生的学习效率和信息获取产生有利影响，但是过度依赖网络将对学生的学习、生活造成不利影响。如今，随着网络的普及，消息的传播变得更加迅速和便捷。大学生正处于人生观、价值观、世界观的形成阶段，网络的无边界使其能够随时随地接触到世界各地的信息，给传统的校园媒体带来了新的机遇和挑战。因此，在学校共青团工作中，应充分发挥新媒体的作用，通过网络社交建立更高质量的师生关系、全方位地掌握学生信息和思想动态，及时发现网络中的非法、有害、虚假信息，对大学生进行积极干预和正确引导，利用网络传递正能量，让同学们通过手机媒体潜移默化地培养积极的心态与人生态度，是开展网络思想政治教育的重要前提和必然选择。

（二）树立互联网思维，锤炼有温度的话语体系，让青年工作更加鲜活饱满

当下，“95 后”大学生已成为大学校园的主力，而“95 后”大学生大都活跃于微信、微博、QQ 空间、贴吧、B 站等网络平台，应积极探索如何利用这些新的网络阵地，以实现工作的有效覆盖。为适应新形势下青年学生需求和共青团工作的要求，应不断强化互联网思维和阵地意识，在打造“青年传媒”学生全媒体中心的基础上，积极探索校园全媒体的融合转型。要充分利用微博、微信、QQ 空间、知乎、B 站、云音乐、抖音等网络社交平台，探索运用大学生喜闻乐见的话语体系和网络文化产品，加强网络文化内容供给，开发并推出一批具有思想内涵、受众广泛的网络文化产品。应增强时代感和吸引力，传播社会正能量、青年好声音，积极营造风清气正的清朗网络空间，引领

广大团员坚定“四个自信”，努力做青年大学生成长的引路人和好伙伴，真正做到“青年在哪里，我们的工作就做到哪里”。

（三）网络媒介和网上共青团工作内容的选取

基于调查研究，我们可以看出，选择网络媒体的媒介、推送时间时，应与学生的网络习惯相适应，以便取得较好的效果。例如，在移动端在学生群体中得以普及、手机及电子阅读器成为学生主要阅读渠道的背景下，便于随时随地阅读的移动端成为推送消息的最理想媒介。具体平台的选择方面，微信、QQ、微博是学生使用最多的三大新媒体平台，同时也是学生获取信息的主要渠道，因此，应充分发挥这三个新媒体平台的作用，不仅要通过新媒体平台进行推送，同时也鼓励通过微信、QQ 群组进行转发。发挥同辈同学的影响作用，实现网络的扩散效应。在开展网上共青团工作的过程中，一方面，应当将推送内容与学生关注的热点和兴趣点相结合。推送时尽量选择学生喜爱的内容和能够接受的形式，避免过度官方使学生产生距离感，难以达到较好的引导效果。在学习信息方面，根据调查结果，学生在网络上比较关注娱乐、社会、时政内容，关注的微博及微信公众号也以读书及文化知识学习类居多，因此，可以定期推送以学习技巧和书籍推荐为主题的专栏，以满足学生的相应需求。在校园信息方面，学生更关注或更喜欢通知公告、新闻咨询和社团活动这三类校园信息，对此，可以有侧重地进行这方面校园信息的推送，同时也要注意信息的时效性，及时进行信息传递。另一方面，不能单方面地迎合学生的需求，需要对学生的网络行为进行引导。首先，调查显示，大部分学生存在深夜上网和过度使用手机影响学习、生活等问题。因此，在团学工作中应注意引导学生克服依赖，不仅可以通过推送相关文章在理论上进行引导，还要加强与学生的互动，引领学生共同克服过度依赖的状况。同时，要多开展对学生有实际意义、能够被学生广泛接受的活动，增加现实交流的频率，使学生主动参加校园文化活动和社会实践活动，减少无意义的网络消遣时间。其次，对于网络阅读带来的阅读低俗化、碎片化现象，应该利用新媒体引导学生养成正确的阅读习惯，开阔学生视野，拓展其知识面，利用新的教育载体探索多样化的有效教育模式、教育内容、教育方法和教育手段。最后，校园媒体应该时刻关注网络中出现的舆情问题，把握学生的思想动态，在学生形成偏激思想前，及时对热点问题的走向进行引导，引导学生用正确的态度看待网络热点。

参考文献：

[1] 习近平在全国高校思想政治工作会议上强调：把思想政治工作贯穿教育教学全过程　开创我国高等教育事业发展新局面［N］．人民日报，2016－12－09．

[2] 中国互联网络信息中心．第 40 次《中国互联网络发展状况统计报告》［EB/OL］．（2017－08－04）．中华人民共和国国家互联网信息办公室．

当代青年大学生在社会化过程中受到的网络影响

龙波宇[①]

成都大学

摘　要：个体社会化是一个持续终身的过程，青年时期作为个体社会化的重要阶段在价值观形成、人格塑造、社会技能获得和交往方式确立等各个方面都起着举足轻重的作用。抓住这个重要阶段，促进青年大学生在网络时代健康成长是新时期的新要求。本文将从网络与青年大学生社会化之间的内在关系，网络对当代青年大学生社会化产生的影响进行分析和讨论。

关键词：网络　当代青年大学生　社会化　影响

社会化是个体与社会相互作用，从“自然人”转变为“社会人”的过程，这个过程持续终生。青年时期作为个体社会化的重要阶段，在价值观形成、人格塑造、社会技能获得和交往方式确立等各个方面都起着举足轻重的作用。而大学生作为青年的主要和重要群体，积极地适应社会，并反作用于社会，努力生成新的文化。在他们进入社会前最后的“锻造”阶段，家庭和学校是传统的主要社会化场所。随着网络时代的来临，虚拟空间逐渐成为青年大学生社会化过程中不可忽视的重要场域。那么，网络与青年大学生社会化之间有怎样的内在关系？网络对当代青年大学生社会化又有什么影响？本文将对这两个问题进行分析和讨论，以期能帮助网络时代青年大学生更有效地完成社会化。

一、网络与当代青年大学生社会化的内在关系

网络作为有别于传统媒介的新型社会文化传播介质，以“嵌入式”的状态融入了当代青年大学生的生活。在科技发达、信息爆炸的新的社会历史条件下，网络与青年大学生的社会化具有内在的不可分割的联系。

首先，网络的诞生符合社会发展规律，网络的存在具有客观合理性。当今社会，经济全球化和资本的全球流通成为世界发展的重要话题，世界经济的发展对交往形式提出了新的要求。网络作为科技进步的产物打破了时空的界限，构建起一个适应生产力发展的新的交往空间。另外，网络在回应社会发展需求的同时，还以其强大的力量促进和推动着世界的发展与社会的进步。可见，网络的诞生符合社会发展的要求，是现实社会发展的结果，它的存在具有客观合理性。

---

① 龙波宇，成都大学外国语学院学工办副主任、讲师。

其次，青年大学生社会化具有历史性。在不同的历史阶段，个体社会化的环境不同，客观条件不同，社会化的内容也会有一定的差异，因此，个体的社会化是具有历史性和阶段性的，青年大学生的社会化也是如此。不同历史时期的青年大学生只有遵循当时社会历史的客观条件，习得相应的行为规范和社会文化，符合社会发展客观规律，才能更好地融入社会，实现自身价值。完全跳脱当时的历史文化环境，“独自”生存是无法实现社会化、成为“社会人”的。

青年大学生作为互联网的主要用户之一，其社会化过程受到网络媒体平台传播方式、传播内容的极大影响。可以说网络的建构和发展与当代青年大学生社会化过程是有着紧密关系的。

一方面，当代青年大学生社会化过程中必然会受到网络的影响，网络为当代青年大学生社会化提供了重要场域。首先，社会化是带有强制性的，不论个体愿意不愿意，都会被所处的特定文化环境打上烙印。在网络如此发达的信息化时代，青年大学生社会化过程中不可避免地会与网络接触，受到网络的影响。其次，个体具有主观能动性，会在社会化过程中有选择性地吸收信息，习得社会文化思维和行为方式。在当代青年大学生主动适应社会的过程中，网络以其包罗万象、个性化、趣味性、低门槛准入等特点深深地吸引着大学生，当大学生选择社会实践对象时会主动贴近网络。同时，在网络全覆盖的时代，也让青年大学生在社会化的过程中不得不将其纳入实践对象的范围，因为只有这样，才能使自身更好地融入现代社会，有效地完成社会化。最后，网络为当代青年大学生社会化提供了重要场域。网络社会既是现实社会在虚拟空间中的投射与反映，是现实社会包括信息资讯、思想观念、公民个人权利与义务等从线下到线上的延展；又不仅仅是对现实社会简单的复制粘贴，网络的虚拟化、数字化等特征又让信息传递、交往方式、社会关系、语言等生成了新的意义，为青年大学生社会化提供了一个基于现实社会，又有别于现实社会的重要场域。

另一方面，网络的建构与发展离不开当代青年大学生的社会化。网络作为信息技术革命的产物，从最初的起步到逐渐走向中心地位，除了依靠网络技术的不断进步，其空间的建构与发展还需要依赖于一定群体的实践。《第 41 次中国互联网络发展状况统计报告》显示，截至 2017 年 12 月，20～29 岁年龄段的网民占比最高，达 30%。而职业结构统计显示，网民中学生群体规模最大，占比为 25.4%。这说明，青年大学生群体是网民的重要组成部分。而根据社会化的实践性，青年大学生在进行网络实践活动时不断地认识作为客体的网络空间，同时在认识的过程中改造网络空间。也就是说，网络是青年大学生社会化的实践对象，大学生们在从网络中接收海量信息的同时，也产生新的信息，生成新的文化。如果缺失了这个群体，缺失了青年大学生对网络的实践活动，网络的建构与发展将会因为失掉一支重要的生力军而发展缓慢甚至止步不前。

网络与当代青年大学生的社会化是相互作用、联系紧密的。网络为青年大学生社会化提供了重要场域，网络空间的和谐有序发展对青年大学生社会化起着正向的良性推动作用；反之，会阻碍青年大学生的健康发展，造成反向发展的严重后果。而青年大学生遵循社会发展规律，尤其是遵循网络发展的客观规律、有效的社会化，是促进网络良好发展的重要推动力量；反之则会扰乱网络空间秩序，阻碍网络健康发展。

二、网络对当代青年大学生社会化的影响

俞国良在《社会心理学》一书中，将“社会化”一词定义为“个体在特定的社会文化环境中，学习和掌握知识、技能、语言、规范、价值观等社会文化行为方式和人格特征，适应社会并积极作用于社会、创造新文化的过程”。那么，在网络时代青年大学生作为网络文化受众，学习和掌握社会文化行为方式，形成人格特征时，主要受哪些群体的影响？又受到了什么影响？而当青年大学生作为网络文化生产者时，又由此形成了怎样的社会角色呢？下面将就以上问题进行分析探讨。

（一）年轻化与商业化所带来的“同辈模仿”与泛娱乐化

相比传统的大众传播媒体，如纸媒、电视、广播等，网络给予了大众更加平等和“低成本”的意见表达机会。但同时，在这个似乎“谁都可以通过网络表达自己观点看法”的时代，网络的“技术性”却成为大龄群体在网络中自由获取信息和生产信息的障碍。根据调查，10 至 39 岁网民仍是 2017 年网民群体的主力军，占其中的 73.1%。青少年通过掌握网络技术，成为网络社会的中坚力量，组成了最庞大的网络活动群体。

除此之外，活跃于网络空间，制造舆论话题，并在很大程度上引领网络流行趋势的另一个群体便是以牟利为目的的商业公司和团队。他们会通过包装网络明星、撰写休闲娱乐公众号或是制作各类 App 小程序等吸引网民眼球，以获得资金收入。这类群体具有明显的商业性质，为了适应众多年轻网民的需要，其公司或团队的成员、软件开发者等均以年轻人为主，所以该群体同样具有年轻化的特质。

不同年龄阶段个体的社会化有着各自的特点，其中，青少年的社会化，同辈群体的作用最大。在现实社会里，同辈的一言一行、一举一动，同辈的价值观念、处世态度，以及同辈之间的交往关系的影响是最大的。而在网络空间中，年轻化更是加强了同辈间相互学习、相互影响的作用力。他们会将网络作为辩论场，你一言我一语地进行争辩，也会因对方网络技术高超，会说段子，或能够熟练运用网络用语和表情包等，就将其奉为榜样。在网络空间社会化的过程中，青年大学生先是对同辈的某方面有所认同，将其视为榜样并进行模仿，从而将“他我”变为“自我”。在这个“认同”“模仿”“成为”的“三部曲”过程中，青年大学生相互学习的热情和创新的激情被激发出来。各种小视频的录制、小程序的开发无一不体现着大学生的创造性思维，同时，也推动着网络向前快速发展。但由于青年大学生还处于价值观、是非观形成的重要阶段，同辈间“榜样模仿”影响的好与坏有时仅一线之隔，比如，当“榜样”利用高超的网络技术成为“黑客”篡改信息成功时，一些盲目的跟风者便成群地模仿。某高校学生潜入学校教务处网站为其他学生改写考试成绩，以此赚钱牟利便是一个例子。

同时，部分以盈利为目的的网络公司和团队为了吸引大学生消费，主动迎合大学生的喜好兴趣。这一方面为大学生繁重学习之余的放松消遣提供了便利，另一方面，过度的商业化必然带来泛娱乐化现象。当下社会，各种娱乐信息在吸引青年大学生眼球的同时，也过多地消耗了他们的注意力和精力。并且在娱乐信息内容上，很大一部分为娱乐文化垃圾，这使得青年大学生在网络中吸食了过多的精神鸦片，严重误导了大学生的价值观。比如，一些商业团队大肆炒作明星八卦，用“周一见”“求锤得锤”等赚足了眼

球。这种无视个人隐私的行为无形中会导致长时间活动于网络空间的青年大学生产生畸形的窥视欲。

年轻化与商业化是当前网络空间的两大特征，其所对应的两个群体也是网络时代影响青年大学生社会化的主要群体。只有抓住网络空间特征，根据青年大学生的现实需求、发展诉求与成长规律，营造风清气正的网络空间，才能在当代青年大学生社会化过程中利用好网络这个加速器，积极促进青年大学生健康发展。

（二）青年大学生的角色重构与角色迷失

青年大学生的社会化具有一定的历史性，会随着所处时代背景、社会环境和生产力的变化而变化。同样，在不同历史时期，青年大学生的社会角色和由此产生的角色意义也会有所不同。改革开放前，传统家庭的长幼尊卑让处于从属地位的青年群体主要以“文化复制者”的身份接收和传承文化。改革开放后，各类文化大量涌入，作为接收者的青年主张表达自我、张扬个性。随着物质和精神生活的逐渐丰富，21 世纪以来的青年文化具有多元包容的特征。此外，在满足个体对物质要求的基础上，人们对身份认同和自我价值更加关注。对于青年大学生而言，网络的普及无疑为他们重塑社会角色、体现自我价值提供了场所。由于对技术的掌握，他们有了更为快捷的知识信息获取渠道，也有了自我表达、自我表现的场地。如果说在现实社会中，青年大学生在舆论引领、意见表达上的声音相对较小，那么在网络中，他们则掌握了十分重要的话语权。话语权的掌握表明他们在网络社会结构中角色地位的提升，他们中的一些人甚至逐渐打败社会精英，成为网络空间各个领域的“掌门人”。不仅如此，青年大学生的舆论导向、技术创新等都不仅仅限于网络空间，他们对文化的创造与发展更是从线上辐射至线下，实现了对长辈的反向社会化，即“年青一代将知识、文化传递给前辈”。这种话语权威、知识权威的年轻化解构了传统的“权威”“专家”等概念，让现实社会里处于从属地位的青年大学生在网络中渐渐上升于“文化链”的上游。另外，他们通过装备数量、勋章级别等抽象化的符号来划分网络不同社区的角色等级，形成了社会角色等级的网络重构。

网络实践使青年大学生群体承担了颇为重要的网络角色，然而，网络空间与现实社会始终存在一定的差距，若长时间沉迷于“高段位”的网络身份，回到现实社会后仍不能理性区分虚拟与现实，则会造成角色迷失，轻则会有失落感，重则会引发心理疾病。因此，引导青年大学生树立正确的角色意识，明白个体在不同阶段不同场合所应承担的角色，并做出符合该角色的行为，是帮助当代青年大学生在网络时代更好实现社会化不可忽视的重要步骤。

三、结语

社会化是个体与个体，个体与社会相互作用的结果。在网络已全方位融入人们生活的时代，青年大学生的社会化与网络相互作用、相互影响。在这个过程中，青年大学生一方面书写新时代新的青年文化，在网络中获得身份认同，收获对自身价值意义体现的同时，正在生成的新文化也在逐渐对主流文化进行渗透和价值扩张。另一方面，在青年大学生社会化的过程中，强调文化主导与文化多元相结合的原则，帮助他们认识个人发展与社会发展的辩证关系，用贴合青年大学生的网络话语体系进行引导，守护他们在网络时代的浪潮中始终朝着正确的方向前行。

参考文献：

[1] 俞国良. 社会心理学 [M]. 北京：北京师范大学出版社，2015.

[2] 蒋广学，周航. 网络社会的本质内涵及其视域下的青年社会化 [J]. 中国青年研究，2013 (02).

[3] 陈荣武. 当代青年文化的历史衍变与现代性建构 [J]. 思想理论教育，2014 (01).

[4] 欧阳谦. 当代文化理论与社会转型问题 [J]. 社会科学战线，2017 (01).

网络热点下的新闻舆论对大学生思想的影响及应对策略研究①

任凯利　刘禹杉　黄　静

西南交通大学

摘　要："互联网+"时代的网络平台多样化，覆盖面广，网络热点下形成的新闻舆论相比传统舆论的形成和反应更为迅速，内容更为多元和复杂。但是大学生的人生观、价值观、世界观并未完全形成，在此阶段，过量的网络舆论对大学生的影响具有很大的不确定性。本研究以为大学生思想政治教育工作服务为出发点，以大学生群体为研究对象，研究网络热点下的新闻舆论对大学生思想的影响，阐述其在大学生群体中的传播规律，并提出相应的应对策略，寻求思想政治教育工作方法的突破，以提高大学生网络思想政治教育工作的质量，增强实际效果。

关键词：网络热点　新闻舆论　网络思想政治教育

随着科学技术的进步和发展，移动互联网时代已经到来，互联网进入民众日常生活的方方面面，我国网民数量不断增加，互联网成为人们获取信息的主要来源。2017 年 8 月中国互联网络信息中心（CNNIC）在北京发布的第 40 次《中国互联网络发展状况统计报告》显示，截至 2017 年 6 月，中国网民规模达 7.51 亿，互联网普及率达到 54.3%，超过全球平均水平 4.6 个百分点，手机网民规模达 7.24 亿，网民使用手机上网的比例为 96.3%。在此前提下的网络舆论比传统舆论的形成和反应更加快捷，内容更具多元性。由于缺乏人生阅历，当代大学生的价值观还没有完全成熟，未能构建起完整的思想体系，所以很容易被网络舆论所影响，甚至因此产生一些不理性的过激行为。如何解读热点新闻和舆论，直接影响着大学生能否树立正确的理想信念。

一、网络新闻舆论对大学生产生的影响

本研究主要调研网络舆论对大学生的影响及应对策略。调研采取访谈调查、问卷设计、数据采集、数据分析的方法。我们编制了《网络舆论对大学生的影响及应对策略研究调查问卷》，并通过网络发放问卷，最终回收 425 份，有效问卷 400 份，占回收问卷的 94.1%。调查对象为高校的大学生，性别、专业、年级分布比较均匀。

① 基金项目：2018 年西南交通大学科学研究基金（学生工作专项）（编号：XJXG2018－007）。

(一) 网络新闻舆论对大学生产生影响的现状

伴随着互联网时代的高速发展，新媒体也迎来了爆炸时代，尤其是在大学校园里，QQ、微信、微博、贴吧等新媒体工具，被大家广泛应用，向大家及时、快速地传播各种信息，给人们的生活和工作带来了极大的方便。

大学生网络舆论以大学生为舆论主体，各类网站为载体，针对同一事件发表具有代表性的意见，从而形成“舆论场”。目前，大学生网络舆论关注的内容十分广泛，从国内外重大时事要闻到社会民生话题，从切身利益问题到文体娱乐话题等（如图 1)。

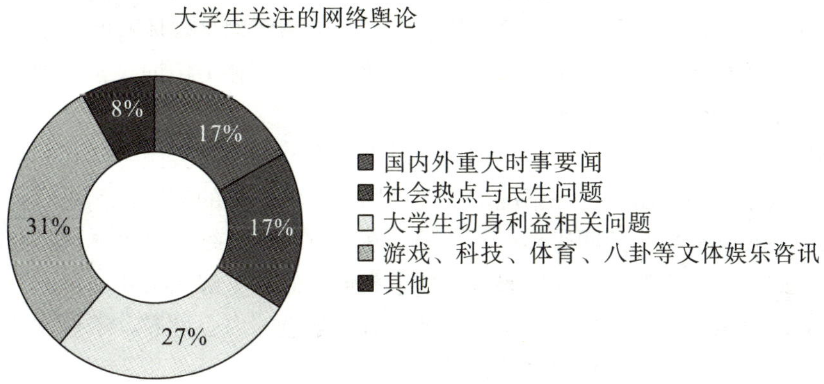

图 1　大学生关注网络舆论情况

随着新媒体的广泛应用，大学生在关注网络舆论的同时，也更加频繁地在网络上表达自己的观点。有 45.26%的被调查者表示自己会以强烈的谴责或者支持某一方的态度在网络上表达自己的观点。绝大多数受访者认为网络舆论影响了大学生对于社会问题和生活的理解，部分受访者认为网络舆论也会对自己的人生观、价值观、世界观产生影响（如图 2)。

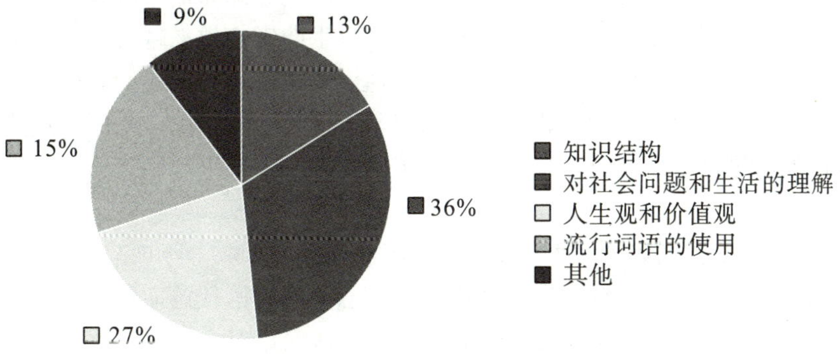

图 2　网络舆论对大学生造成的影响

互联网不但为当代大学生提供了学习的便利，而且丰富了大学生的课外生活，更主要的是，大学生可以通过互联网发表自己的个人观点，实现互动交流。然而，大学生群体由于自身的特点，在网络表达方面与其他社会群体有所不同。

1. 理性与冲动共存

作为一个独立的社会群体，大学生具有较高的文化素质和社会责任感，他们关注社会，知道如何捍卫自己的权利。大多数大学生具有责任感、使命感和正义感，渴望表达自己。但不能否认，大学生还没有真正成熟，缺乏生活经验，看待问题片面，缺乏理性分析的能力，超过60%的受访者表示，自己容易受到网络不当言论的影响，进而产生非理性的想法和冲动的行为。

2. 表达方式欠妥

由于大学生网络舆论监管不到位，部分大学生随意发表不负责任的言论和带有较强感情色彩的话语，造成了不良的舆论氛围。贴吧、微博等网络媒体有时会出现不文明的言论，11.2%的被调查者也表示自己会随意表达观点、不在乎用词是否合理，因而，需要加强对大学生的网络行为管理。

大学生关注的内容十分广泛，从国内外重大时事要闻到社会民生话题，从切身利益问题到文体娱乐话题。出现这一情况的主要原因是，大学生的上网比例极高，很多新闻和信息已经不再依靠传统新闻媒体进行传播，在这方面，网络新闻媒体已经超越了传统新闻媒体。因此，利用好网络新闻媒体，便于我们更好地了解网络新闻舆论对大学生的影响，做好应对策略研究，也有利于更好地了解大学生的内心世界，掌握大学生的思想动态，以便对大学生进行有针对性的指导。

在调查中，绝大多数受访者认为，网络舆论影响了大学生对于社会问题和生活的理解；部分受访者认为，网络舆论也会对自己的人生观、价值观、世界观产生影响。可见，网络新闻舆论深深地影响着大学生的思想观念及行为方式，不断改变着大学生的认知。

（二）网络新闻舆论对大学生产生影响所存在的问题

互联网的出现及发展使新闻舆论传播得到快速发展，逐渐深入影响着人们的社会生活。当前，网络新闻舆论凭借自身传播快、深、广的优势深深地影响着大学生的思想观念及行为方式，不断改变着大学生的认知，对大学生的影响越来越大。大学生对网络新闻舆论的意见表达一定程度上反映了自身的心理诉求，可以帮助我们了解他们内心的一些真实想法。网络新闻的传播过程中之所以出现大量的新闻舆论，是因为这些舆论满足了广大网民的心理需求。同时，过量的网络舆论对大学生人生观和价值观产生了严重的冲击。

1. 偏执的网络新闻舆论使大学生认知度发生偏差

互联网迅速发展的现今社会，网络新闻与信息的传播也日益加速，正处于青春期的大学生具有感性化、情绪化等特点，过量的网络新闻舆论对大学生人生观和价值观产生了严重的冲击，舆论倾向在很大程度上影响着网络的环境。因此，大学生的认知和行为能力难免受到影响，形成一定程度上的认知偏差。这对大学生的健康成长十分不利。

2. 过量的网络舆论影响了大学生的价值取向

网络是一个充分实现表达自由的现代媒体聚合平台，网络信息的来源纷杂多元，不同新闻信息的质量也参差不齐，网络新闻舆论庞杂的信息和管理水平的缺口形成了多种网络舆论共同存在的局面，部分网络新闻消息繁杂、虚假、不健康，这些都影响了大学生对网络新闻消息的认知，冲击了大学生的价值取向。

3. 网络世界的虚拟性与现实脱离

互联网是开放性的网络媒体，这使过量的网络新闻信息无限制地进入大学生的生活，但大学生缺少社会经验、鉴别能力不强、想法简单、情绪不稳定，往往不能正确辨别网络信息的真伪。网络世界的虚拟性和网络新闻舆论的隐蔽性与现实世界相对脱离，这都影响着大学生的生活态度和处事方式，网络成为大学生逃避现实世界的隐蔽所，某些大学生甚至沉迷于虚拟的网络世界无法自拔。

二、网络热点下的新闻舆论对大学生产生影响的应对策略

（一）构建高校官方网络平台，宣传党和国家的政策方针

“互联网+”时代的网络平台多样化，覆盖面广，而大学生更是网络平台的长期接触者，网络热点下的新闻舆论对大学生产生了潜移默化的影响，在此条件下，高校应该与时俱进，通过现实平台构建多渠道、多角度、多元化官方网络平台，如微信、微博、QQ、贴吧、B站等，让学生言论有平台，学习有阵地，从而正确引导大学生的思想走向，帮助大学生树立正确的世界观、人生观和价值观。

（二）健全高校网络舆论的信息反馈和处理机制

网络平台具有快速传播性，舆论往往由一个小事件发酵而成。高校应该健全网络舆论的信息反馈和处理机制，密切关注网络舆论。设立专门的机构或汇集人员研判网络舆论，时时关注网络舆论热点，在事件发酵之初有所察觉，并及时进行反馈；选拔有担当可信任的学生干部，成立学生舆论中心，提高信息反馈的即时性和有效性；把信息收集起来后，要对信息进行研判，然后利用网络平台处理实际问题，面对谣言应及时辟谣，面对疑问疑惑应及时做出相应的回复，尊重大学生了解事情真相的权利，主动发声，主动占领网络舆论阵地，进一步提高高校的公信力和权威性。

（三）提高高校思想政治教育工作者的网络思想政治教育能力

高校思想政治教育者是大学生网络思想政治教育的主要参与者，应该与时俱进，实现教育方式多元化，如开设个人公众号、微博等，融入学生网络平台，宣扬和引导主流思想价值观。课堂授课时，要结合时下最新的网络热点，多角度进行思考分析，搭建平台，与学生进行开放式交流，鼓励学生提出自己的观点，和学生共同探讨问题，建立和谐平等的师生关系，进而更好地引导学生培养正确的网络舆论思维。

（四）掌握舆论主动权，建立专门的网络舆论阵地

高校官方校园媒体应该掌握大学生网络舆论的主动权。现在，社会上网络平台众多，难以控制舆论的源头，高校应建立起自己专门的网络舆论阵地，如易班、BBS论坛等，给学生一个畅所欲言的平台，引导学生在学校建立的阵地上讨论、发言。学生的舆论与倾诉在学校平台上得到满足后，他们在其他平台的活跃度就会大大降低。同时，高校可以通过自己建立的网络舆论阵地，及时收集和分析学生的网络舆论动态及特点规律，有的放矢地做好学生网络思想引领。

（五）建立家校合作机制，形成网络合力

学校和家庭对大学生的健康成长起着极为重要的作用，教育引导大学生，只有学校单方面努力是远远不够的。父母是学生最好的老师，高校应建立起与学生家庭沟通的机制，发挥家庭与学生交流沟通的积极作用，引导学生家长为学生树立人生榜样，与学生分享探讨社会时事热点，在讨论中引导学生树立正确的价值观念，再结合学校的网络阵地教育，形成网络合力，引导大学生建立正确的思想价值体系。

三、结语

网络热点下的新闻舆论对大学生的人生观、价值观、世界观都产生着深远的影响，高校应该因事而化、因时而进、因势而新，构建高校网络舆论平台，提高思想政治教育工作者的网络思想政治教育工作能力，建立高校网络舆论阵地，建立家校合作机制，着力打造高校网络育人新模式。

参考文献：

[1] 刘猛，曾禛．高校思想政治教育视阈下的大学生网络舆情研究［J］．世纪桥，2012（13）．
[2] 蔡卉，都彦霏．热点新闻在大学生中的传播及其对思政工作的启示研究［J］．新闻传播，2016（21）．
[3] 张杏．高校网络舆论视域下大学生思想政治教育研究［D］．武汉：湖北大学，2014．
[4] 徐清．网络舆论热点聚焦场域中的高校网络思想政治教育创新研究［D］．合肥：安徽工业大学，2014．
[5] 李晓虹．新媒体环境下大学生思想政治教育实效性研究［D］．大连：大连理工大学，2016．

新媒体背景下大学生的网络行为与新媒介素养研究

李凌骄　宣景容　郭镇瑛[①]

四川大学锦城学院

摘　要：大学生行为是整个新媒体生态圈中不容忽视的一个子圈层，对于他们的网络行为研究将推进新媒体乃至互联网圈层中的行为研究更加细分化，对于文明网络行为、净化网络环境有着极大的现实意义。研究新媒体背景下的大学生网络行为与媒介素养已经成为当今社会必须面对的一项重要课题，我们只有更好地审视它，观察它，掌握它的发展动态，分析它的内涵原因，才能更好地引导它成为推动社会文化进步的力量。为了更加仔细、准确地把握相关问题，本文主要关注部分具有代表性的高校官方新媒体平台及知名校外教育类新媒体平台，对大学生在这些渠道的网络行为进行研究。

关键词：新媒体　高校　网络行为　新媒介素养

随着新媒体的发展及普及，越来越多的国内高校建立了官方新媒体平台。新媒体平台已成为高校传递信息、把握意识形态、引领校园文化的重要阵地。其中，使用最为广泛的当属微信公众平台和新浪微博，即"两微一端"中的"两微"。高校的"两微"粉丝从几千到几十万不等，在国内整个新媒体环境中占有重要的地位。本文主要关注一些具有代表性的高校官方新媒体平台及知名校外教育类新媒体平台，对大学生在这些渠道中的网络行为进行研究。

一、新媒体背景下大学生的网络行为分析

在本文选取的研究范围内，大学生的网络行为主要有以下几种：关注、阅读、点赞、评论、转发、私信、举报。大多数高校会要求在校大学生使用自己的私人新媒体账号关注校园的官方新媒体平台，这使得校园官方新媒体平台与学生的私人账号产生了联系，学生可以通过自己的私人账号获取校园官方新媒体平台所推送的信息。微博和微信都具有关注的功能，也是大学生使用频率较高的两个新媒体平台。

阅读，是指大学生在关注校园官方新媒体之后，通过移动终端或者电脑终端阅读官方新媒体平台推送的信息，信息本身包括图、文、视频、H5 页面等。

点赞是微博和微信都具有的一个功能，一般设置为心形的网页按钮，用户通过点赞

① 李凌骄，四川大学锦城学院宣传处新媒体中心主编、研究实习员；宣景容，四川大学锦城学院宣传处副处长、主任记者；郭镇瑛，四川大学锦城学院宣传处处长助理。

表示对发布信息的认可、喜爱、支持，点赞数也成为新媒体平台评价的重要指标之一。

评论是一种更加直观、准确表达意见的网络行为，大学生针对校园官方新媒体平台发布的信息在评论区发表自己的意见和看法等。微信的评论功能需要后台人工审核通过后才能显示在推送页面的下方，而微博的评论则不需要通过审核。值得注意的是评论区是网络舆情的高发地，是大学生表达意见的重要网络区域之一，是高校把握意识形态工作的主要阵地。

转发则是将官方媒体发布的信息链接通过自己的新媒体账号进行再次发布，是二次传播或多次传播行为，有时可伴随评论行为。转发数据同样也是衡量推送信息的重要参考数据之一。

在与校园官方新媒体平台的互动中，私信与前面几种行为相比使用频率较低，它的功能是直接与官方新媒体的后台编辑通过对话框进行交流，学生使用这个功能一般有以下两种情况，咨询问题和反映情况。面对学生的私信，后台管理人员一定要予以重视，因为一般只有比较重要和正式的事情，学生或家长才会采取私信的方式与校方取得联系。

最后一个功能是举报功能，这是微博和微信两大新媒体平台针对全网使用者所开设的功能，针对违反相关规章制度的内容，每一位网民都有举报的权利。这项功能对约束网民行为和净化网络文明环境有极大的意义。

此外，“爆料”也是一种特殊的网络行为，随着新媒体的发展，许多领域都出现了影响力较为突出的代表，如知名校园资讯博主“四川高校新鲜事儿”“四川高校咨询”“四川高校头条”“四川高校生活”等。其中“四川高校新鲜事儿”有粉丝102万，自2014年11月10日开博以来，共发布微博8520条（截至2018年6月6日）。他主持的微博话题“四川校园曝光台”累计阅读1989万，讨论6310。曝光方式为：①带话题“四川校园曝光台”+曝光内容（图文/视频最佳）+@“四川高校新鲜事儿”；②私信@四川高校新鲜事儿+曝光内容即可。爆料对于校方来说是一把双刃剑，一方面，能对高校的管理、教学起到监督作用；另一方面，“爆料”存在核实不严的问题，容易对校方或当事人造成不好的网络舆论影响，更有甚者会引发大范围的网络舆情，形成群体性网络暴力事件。要杜绝这些负面事件的发生，提高大学生的新媒介素养是当务之急。

二、大学生的新媒介素养概述

媒介素养（medialiteracy）的概念产生于西方，20世纪30年代由英国学者利维斯（F. R. Levis）和丹尼斯·桑普森（Denys Thompson）（1933）最早在合作出版的《文化与环境：培养批判意识》一书中首次提出，随后对于媒介素养的研究开始受到各界学者的关注。国内对媒介素养的研究起步较晚。按照1992年美国媒体研究中心的界定，媒介素养是指“人们面对媒体各种信息时的选择能力、理解能力、质疑能力、评估能力、创造和生产能力以及思辨和反应能力”。

李·雷恩尼（Lee Rainie）和巴瑞·威曼（Barry Wellman）在《网络化：新的社会操作系统》（Networked：The New Social Operating System）中提出了在互联网推动下的“网络化个人主义”时代，我们应该具有的新媒介素养（Networking Literacy）包括图像处理能力、导航能力、信息的组织和联通能力、专注能力、多任务处理的能力、怀疑精神以及道德素养。

本文将围绕以下几个方面对大学生的新媒介素养进行研究：使用能力、认知能力、判断能力、接受能力、处理能力、道德能力。

（一）使用能力

即大学生对新媒介功能的掌握情况、使用频率、使用偏好等。大学生是使用新媒介的主要生力军之一，新媒介的使用能力高于其他群体。手机等移动终端的发展为大学生运用新媒体提供了便利和条件，对于普通高等院校的大学生来说，对新媒体的使用不需多做研究。

（二）认知能力

从心理学角度讲，认知能力是指人脑加工、储存和提取信息的能力，本文指大学生对于新媒介平台发布信息的认识、理解、领悟能力。影响此能力的因素有很多，包括智力水平、教育背景、家庭背景、地理背景等。其中教育背景与学校息息相关，大学是学生走向社会的一个过渡阶段，他们接触的信息相较之前有所增加。大学教育对于学生的成长发展至关重要，因此，高校要重视大学生新媒介信息认知能力的提高。

（三）判断能力

本文指大学生对于新媒介信息所传达内容的鉴别能力，它直接影响着大学生下一步的网络行为，通俗来讲，即对好与坏、是与非的判断。

（四）接受能力

本文主要关注大学生在心理层面对于新媒介信息的包容、忍耐能力。现今，部分大学生在成长过程中内心脆弱，容易受到外界的影响和干扰。而新媒介信息中不乏网络暴力，锻炼大学生对信息的接受能力，有助于大学生的健康成长与发展，从而可以减少极端事件的发生。

（五）处理能力

具体表现为大学生对新媒介信息的点赞、收藏、转发、评论、回复等行为，是在前面的认知、判断、接受基础之上的综合性行为，最终反映新媒介信息与大学生之间的相互作用，也是最为直观的可供我们研究的表象。

（六）道德能力

本文主要是指大学生在新媒介圈层中的道德表现，比如是否有参与网络暴力、散布违法违规信息、偷窥他人隐私等不道德行为。或者正面道德能力，比如转发寻找失踪儿童的信息、传播社会正能量、答疑解惑、学术交流等。

三、如何提高大学生的新媒介素养

要提高大学生的新媒介素养，就必须开展行之有效的新媒介素养教育。

（一）高度重视大学生新媒介素养的教育工作

校方必须充分认识大学生媒介素养教育工作的重要性。从学校层面进行统一安排部署。以理论研究为支撑、以实际工作为载体，将大学生新媒介素养教育问题纳入学校的思想政治、意识形态工作中，由相关部门统一进行管理，制定工作细则，将具体工作贯彻落实到一线岗位。

（二）开展专业的大学生新媒介素养培训课程

学校要充分利用高校现有的教学资源，开展相关专业的大学生新媒介素养培训课程，如心理健康、网络法律法规、新媒体技术等与新媒介素养息息相关的学科。同时，还可将新媒介素养教育课程融入大学生的思想政治和形势政策课程中。

（三）全面提高大学生自我新媒介素养意识

通过大力宣传和学习，营造良好的新媒介素养意识氛围，使大学生在潜移默化中树立新媒介素养意识，提高自我学习能力，有效控制自身的新媒介行为，从而真正有效地提高大学生的新媒介素养。

参考文献：

[1] 崔梦珊．信息过载背景下大学生新媒介素养提升研究［D］．郑州：郑州大学，2017．
[2] 李冬霞．我国网民新媒介素养研究综述［J］．软件导刊，2014，13（02）．
[3] 李德刚，何玉．新媒介素养：参与式文化背景下媒介素养教育的转向［J］．中国广播电视学刊，2007（12）．